人大附中
整本书阅读取胜之道
让阅读与作文双赢

于树泉 吴凌 / 著

中国青年出版社
CHINA YOUTH PRESS

图书在版编目（CIP）数据

人大附中整本书阅读取胜之道：让阅读与作文双赢 / 于树泉，吴凌著.
—北京：中国青年出版社，2021.9
ISBN 978-7-5153-6463-6

Ⅰ.①人… Ⅱ.①于…②吴… Ⅲ.①阅读课—高中—升学参考资料
②作文课—高中—升学参考资料 Ⅳ.①G634.333②G634.343

中国版本图书馆CIP数据核字（2021）第131252号

人大附中整本书阅读取胜之道：
让阅读与作文双赢

作　　者	：于树泉　吴　凌
策划编辑	：周　红
责任编辑	：于明丽
美术编辑	：张　艳
出　　版	：中国青年出版社
发　　行	：北京中青文文化传媒有限公司
电　　话	：010-65511270 / 65516873
公司网址	：www.cyb.com.cn
购书网址	：zqwts.tmall.com
印　　刷	：大厂回族自治县益利印刷有限公司
版　　次	：2021年9月第1版
印　　次	：2024年6月第5次印刷
开　　本	：787mm×1092mm　1/16
字　　数	：380千字
印　　张	：28
书　　号	：ISBN 978-7-5153-6463-6
定　　价	：59.90元

版权声明

未经出版人事先书面许可，对本出版物的任何部分不得以任何方式或途径复制或传播，包括但不限于复印、录制、录音，或通过任何数据库、在线信息、数字化产品或可检索的系统。

中青版图书，版权所有，盗版必究

目 录

自序一　松树的种子 / 009

自序二　语文是什么 / 013

第一章　猝不及防，我成为"被告" ········· 017

 一、非常挑战 / 019

  1. 在校长会议室 / 019

  2. 搏什么？怎么搏 / 022

  3. 万事开头难 / 028

 二、我成为"被告" / 040

  1. 事件突发 / 040

  2. 心中百味杂陈 / 041

  3. 小象木桩的启发 / 045

 三、艰难的破冰 / 046

  1. 给刘校长的一封信 / 046

  2. 家长被猛然浇醒 / 054

  3. 一石激起千重浪 / 055

 四、终于破夔门，东流成大海 / 066

第二章　读书比什么都重要 ········· 071

 一、语文教育的根基 / 073

  1. 为什么语文沉疴难治 / 073

2. 语文的"根"是什么 / 074
　　3. 好书的标准 / 078
　　4. 教师和家长的作用 / 082

二、读书·写作·成长 / 083
　　1. 千万抓住孩子的"读书黄金期" / 083
　　2. 当"读破万卷书"变成"做滥万套题" / 088
　　3. 读书是写作之本 / 091
　　4. 功夫在诗外：从当下语文教材之争说起 / 092
　　5. 从一次读书报告会谈起 / 096

第三章　怎样阅读"整本书" ... 103

一、关于整本书阅读 / 105

二、激励创造奇迹 / 108

三、培养兴趣第一 / 119
　　1. 典型引路，激发兴趣 / 120
　　2. 营造气场，培养兴趣 / 122
　　3. 激活课堂，发掘兴趣 / 124
　　4. 点燃挑战的兴趣 / 129

四、自主阅读为"本" / 148
　　1. 重在唤醒内驱力 / 149
　　2. 循序渐进推荐作品 / 150
　　3. 耐心等待，因势利导 / 151
　　4. 自主阅读，贵在"自主" / 154
　　5. 自主阅读是读书的本色 / 156
　　6. 自主阅读是审美阅读 / 160

五、整本书阅读的九个注意事项 / 161

1. 别把读教科书混同"读书" / 162
2. 读垃圾书贻害无穷 / 162
3. 读书别好高骛远 / 163
4. 读书不是搞活动 / 164
5. 读书别搞庖丁解牛 / 164
6. 读书不是知识梳理 / 165
7. 读书不是扎作业堆 / 165
8. 读书不必细嚼慢咽 / 166
9. 读书不是题海训练 / 166

六、整本书阅读书单 / 167

1. 体现"海量阅读"理念 / 172
2. 体现"多元阅读"理念 / 172
3. 突出历史题材作品 / 173
4. 以健康、美、充满正能量为标准 / 173

第四章 红色经典阅读专题 …… 175

一、《红岩》专题阅读 / 177

1. 读书,关键在"读" / 178
2. 语文教育"首在立人" / 179
3. 从《红岩》到"《红岩》系列" / 182
4. 怎么读"《红岩》系列" / 185

二、红色经典阅读课程设计与教学案例 / 188

1. 课程开发及其价值体现 / 188
2. "红色经典"阅读存在的问题及思考 / 203

3. 引导阅读"红色经典"的过程与方法 / 210

第五章　以读促写，作文精彩 217

一、要读好书、多读书 / 220

二、养成写读书笔记的习惯 / 222

三、读和写要有机结合 / 223

四、要鼓励孩子写"放胆文"/ 225

　　1. 篇幅不限，写多少都行 / 225

　　2. 内容不限，写什么都行 / 226

　　3. 形式不限，怎么写都行 / 228

五、多读多写，必然成功 / 230

六、已发表的读书笔记范文 / 251

第六章　整本书阅读的评价方法 273

一、过程性评价为主 / 275

　　1. 读书笔记作业评价 / 276

　　2. 读书笔记范文讲评 / 277

二、功能化的考试评价同步兼顾 / 278

　　1. 在简答题中评价 / 280

　　2. 在综合阅读题中评价 / 282

　　3. 在"年级笔会"中评价 / 294

　　4. 在考试的片段写作中评价 / 314

　　5. 在期中期末考试作文中评价 / 316

第七章　重视阅读"无字书" 329

一、万物皆有情 / 332

二、经历即财富 / 355

三、世界风光美 / 375

四、触摸"活"的历史 / 386

五、影视剧中体验真实 / 405

第八章　走进名著　全面提升人文素养
——名著阅读课程建设成果报告 …… 417

一、名著阅读课程的开发与实施背景 / 419

二、课程内容设计实施的框架 / 422

三、课程实施过程与实施方式 / 422

  1. 把握时机，推进名著阅读"有力" / 422

  2. 整合教材，让学生"有空" / 424

  3. 设计梯度，让名著阅读"有序" / 425

  4. 明确标准，让名著阅读"有纲" / 425

  5. 讲究方法，让名著阅读"有趣" / 427

  6. 读写结合，让名著阅读"有法" / 427

  7. 开发资源，让学生举目"有得" / 428

  8. 创新机制，让教学评价"有谱" / 429

  9. 专题共读，让名著阅读"有场" / 429

  10. 积累提升，让名著阅读"有成" / 430

四、成果特色及创新点 / 432

  1. 以实践为基础，形成独具特色的书单 / 432

  2. 课内外联动，创新语文课堂模式 / 432

  3. 创新课程内容，引领学生"读整本的书" / 433

  4. 创新课程设计，推广名著阅读的课堂教学方法 / 433

  5. 发挥教师专长，开展富有创意的"名著阅读研修课" / 434

6. 提倡博览群书，推荐门类丰富的作品 / 434

7. 为学生铺设走近经典的台阶 / 435

8. 同伴激励，发挥名著阅读的"场效应" / 435

9. 读写结合，注重范文的引领作用 / 436

10. 创新评价机制和方法，推进全员阅读 / 436

五、成果应用及应用效果 / 437

1. 名著阅读活动激发了阅读兴趣，培养了读书习惯，提升了读写能力 / 437

2. 名著阅读涵养精神、陶冶性情的功用得以彰显 / 438

3. 与北京市教科院合办北京市名著阅读现场会 / 439

4. 起到名著阅读示范引领作用的现场课 / 440

5. 媒体广泛报道，读书成为热点话题 / 442

6. 人大附中名著阅读书单的辐射和引领作用 / 442

7. 携手《北京晚报》开辟"跟我读名著"专栏 / 442

8. 明显的辐射作用，广泛的社会影响 / 444

六、成果的完善与提升 / 444

附录　延伸学习视频集锦 / 445

1. 中央电视台中华诗词吟唱晚会《心灵对话》
（附《心灵对话》背后的故事）

2. 中国教育电视台名师讲堂《古诗鉴赏》

3. 中国教育电视台名师讲堂《诗词比较鉴赏》

4. 北京市第一届名著阅读现场会主报告《读书比什么都重要》

5. 北京市第二届名著阅读现场会主报告《语文教育的灵魂》

6. "国培计划"全国中小学名校长领航班会议讲座《我的大语文教育探索》

自序一

松树的种子

多年的高三把关,越来越觉得,这语文也太难了!任你用尽心思,磨破嘴唇,不辞辛苦地讲啊练啊,可就是收效甚微:阅读怎么也突不破,作文怎么也写不好,成绩怎么也上不去。非但如此,每逢年级大考后成绩分析,各学科谈起丢分因素,说来说去就说到"审题能力差"上,让语文无故躺枪。这也难怪,"数学是理科的基础,语文是基础的基础"——著名数学家苏步青先生早就有言在先。既然这样,那语文的根基又是什么呢?依个人之见,无非"读书"二字。要学好语文,说一千道一万,根本还在"多读书,好读书,读好书,读整本的书"(《义务教育阶段语文课程标准》)。其中的道理,和采集大量花粉才能酝酿成蜜一样简单直接。

阴差阳错,2010年暑期,自己从站了25年的高三讲台一下子被垂直降落到初一讲台。也好,这下可以带领孩子读一读书了。殊料,前景很诱人,现实很骨感。我在读书问卷调查中了解到,一个班四五十个学生,翻过几页《昆虫记》《草房子》或《城南旧事》的寥寥无几,多数不会读书、不愿读书,也不去读书。想引领读书,似乎有点异想天开:事非经过不知难。

有孩子说,自己就喜欢读图,一提读书,满眼铅字,就眼前发懵。有的说,书海茫茫,眼花缭乱,不知道该去读哪本。有的说,课本不就是语文么,为啥还要课本之外;读书——孩子不懂课本只是滴水,而语文是广阔的海洋,如果只学课本,就永远没法学好语文。有的说,让我们读书,考试考吗,给分吗——他们不懂得对自身的成长而言,读书比什么都重要;而只要多读书,成绩不会差。有的孩子,人迈进了初中,兴趣点还滞留在小学,仍抱着《这小子真坏》之类的少儿读物看个不停。有的则好高骛远,一上来就看起《道德经》;岂不知,再好的书,如果一时读不懂,就还不属于自己。有的网络游戏上瘾,不能自拔,对读书了无兴趣。有的盲目猎奇,杂七杂八貌似读了不少书,可除了记住一点稀奇古怪的情节,其余都变成了过眼云烟。有的只读不写,结果读的书都从沙漏中流出,什么也没留下;过后,反怪读书没用,从此拒绝读书……

不过,问卷调查中也有的让人眼前一亮,比如,十二三岁的年纪,读过中国古典"四大名著"的却差不多达到百分之百。可经了解得知,孩子所读多为"缩写"。名著一经缩写,和苹果滤出营养丰富的果汁只剩下粗劣筋络还有何不同?读了又能收获几何?更严重的是,多数孩子畸形偏科,每天刷题刷得天昏地暗,日月无光,语文课上昏昏欲睡,唯独不学语文,排斥读书。有个孩子甚至差到汉字写不成个儿,一百分的语文测验考了11分,还理直气壮地质问:语文一点用处都没有,学它干啥?更可怕的是,一批孩子是非不分,美丑不辨,精神世界一片荒芜,以致无论是民族英雄霍元甲、鉴湖女侠秋瑾,还是万民景仰动容的革命烈士江姐,一律予以轻慢嘲弄,肆意奚落,无情取笑,而没有应有的敬重。课堂上,那冷言冷语的讥诮和无聊之极的哄闹,令人脊背发冷。

以上种种,是一种多么遗憾的存在;对孩子的健康成长,又是多么不利。而寻求改变,除了读书,或许别无选择,然而这谈何容易。尤其是,在一个眼里只有奥数、外语,而对语文毫不重视的班级,想去引领读书,肯定难上加难。

然而，兴趣是最好的老师，激励可以创造奇迹。凭着十足的耐心，善巧的方法，不懈的努力，再加上老师们的集体智慧和家长的积极配合，不信东风唤不回！

终于，点点滴滴努力有了回报。开始孩子怕"读"，我们就让他们从薄的、浅的、动物类的入手；等兴趣上来了，便循序而渐进，逐渐换成了《四世同堂》《平凡的世界》《穆斯林的葬礼》。当孩子读书渐入佳境的时候，你会看到，无论课间、午休，还是在花园、餐厅，到处都有孩子手不释卷的身影；一些曾极力拒绝读书的孩子也变成了"书虫"。三年下来，人均读书二十多部，阅读量达两千多万字。孩子的视野大开，积淀大增，胸襟大展，语文综合素质有了质的飞跃。

我们还发现了让作文腾飞的一条捷径——读写有机结合。开始的时候，孩子既怕"读"，更怕"写"。对不少孩子来说，书嘛，读读还可以，但下笔之难，难于上青天。对此，我们应对的策略是：降低写作难度。读书时，不管你写什么，怎么写，写多少，以及写作质量如何，一概不限；每周一"篇"，百八十字就行，三五十字亦可，只要读写挂钩即可，以免孩子"提写色变"。如果按时写了交了，就充分肯定；偶有长处，就表扬鼓励。这样一来，孩子敢下笔了，从寥寥几笔、短短几行写起，渐渐越写越长。到这时，就加强写作指导，提高写作要求，并大张旗鼓，推出范文，树立典型。激励的作用是神奇的，榜样的力量是无穷的。孩子越写越顺，越写越活，越写越好，甚至那个汉字写得蝌蚪文般的孩子，也拿出了不错的范文。三年里，孩子们人均写出一两万字的读书笔记。其中一些优秀的"作品"还陆续刊登于《北京晚报》《写作导报》《中国政协报》《作文通讯》；有个孩子还正式出版了自己的文集，取名《螃蟹的壳》，热销全国。中国青年出版社和中国人民大学出版社先后出版了两本读书笔记专辑，把孩子的读书笔记推向全国。

读写的有机结合，让孩子的作文突飞猛进。人大附中从前有个惯例，考试时，再好的作文也不能给满分。40分的作文，最高36分"封顶"。如今，面对一篇篇好得不能再好的作文，老师不得不打破常规，频频给出满分。甚至还一次次突破满分，破天荒地给出"40+5"的成绩。

随后到来的中考，孩子们考出了全区最好的语文成绩。下面是中考状元与高考状元集于一身的周展平同学发来的微信：

初中三年，我读了三四十部名著，累计两千多万字，写下三万多字的读书笔记，储备了丰富的精神能量，形成了足以支撑自信的读写能力。升入高中后，由于读书习惯已经形成，再忙再累我也没放弃读书。于是，面对中考、高考语文试卷，我有一种居高临下、举重若轻的感觉。中考120分的语文试卷，我考了118分，作文满分。高考150分的试卷，我考了141分，作文满分。读书不仅助我圆了"双状元"梦想，而且会让我终生受益。

应该说，每个孩子都是一颗松树的种子，具备长成参天大树的先天基因。若把这颗种子栽进杯子里，就很难生根发芽；若把它栽进花盆里，它至多长成盆景；若把它栽在读书与实践的大地上，那么这颗种子在沐浴天地日月光华、汲取充足的生命能量之后，便会长得枝繁叶茂、高可凌云。

最后想说的是，如果不是刘彭芝校长的极力倡导和全力支持，就没有人大附中读书活动的蓬勃展开、逆境坚持和雨后彩虹。为此，我们心里对刘彭芝校长满怀崇高的敬意和由衷的感谢。同时，也向齐心协力、一路同行的刘成章、许晓颖、张璇、吕晓懿、林琳等几位老师深表谢意。

2021年4月26日

自序二

语文是什么

语文是对秦砖汉瓦的向往;

语文是对唐诗宋词的热爱;

语文是对史家绝唱的崇拜;

语文是对红楼一梦的迷恋;

语文是对"吾将上下而求索"的感佩;

语文是对"不为五斗米折腰"的叹服。

◇

语文是孔孟老庄的博大精深,

语文是诸子百家的开合纵横。

语文是五千年的文明积淀,

语文是中华民族的历史缩影。

语文是博大而丰满的精神元素,

语文是中国人审美性格的精灵。

语文是徜徉山川的脚步;

语文是品味书香的双眸。

语文是大江东去的气势；

语文是怒发冲冠的激情。

语文是小桥流水的婉约；

语文是大漠孤烟的雄浑。

语文是奇书骏马佳山水；

语文是青松翠竹白梅兰。

◇

语文是亲朋之间的随意聊天；

语文是论辩之际的从容应对。

语文是侃侃而谈的洒脱气象；

语文是笔端流出的锦绣文章。

语文是纯正的中国话；

语文是流利的方块字。

语文是举手投足的书卷气；

语文是字里行间的家国情。

◇

语文不是理化

——公式定义，逻辑推理；

语文不是训练

——陷身题海，埋头竞技；

语文不是语文课本

——蜗角论雄，滴水泛舟。

语文不是知识碎片

——东拼西凑,散乱支离。

◇

语文是百般红紫斗芳菲,

语文是万类霜天竞自由。

语文是赤橙黄绿青蓝紫,

语文是山水烟花雪月风。

语文是笔墨纸砚琴棋画,

语文是天乾地坤日月星。

◇

语文是体验,重在自主;

语文是积淀,难以速成。

语文是生活,无限丰富;

语文是世界,无边时空。

语文是大海,汪洋恣肆;

语文是山岳,峭拔纵横。

◇

语文是历史,

语文是传统。

语文是血脉,

语文是基因。

语文是情感,

语文是精神。

语文是生命,

语文是心灵。

语文是人的教育,

语文是你的人生。

◇

语文是读书,

读万卷书,行万里路。

语文是引领,

登高望远,路长履深。

语文,就是让每个学生:

说抑扬顿挫的中国话,

写方方正正的中国字,

书洋洋洒洒的中国文,

做堂堂正正的中国人。

(刊发于2016年第10期《教育家》)

第一章

猝不及防,我成为"被告"

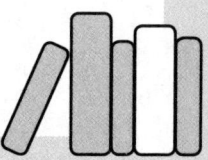

注:此章主要内容以"谁知破夔门,东流成大海"为题刊发于2017年第6期《语文教学通讯》。

一、非常挑战

1. 在校长会议室

在三十多年的教师生涯中，2010年对自己是个"坎儿"。

这一年，是自己参加工作以来连续高三把关的第25年，是人大附中连续8年高三把关的第8个年头。经过一年的苦苦拼打，最终迎来了连续8年的又一次大丰收。2010年，自己的两个任课班语文成绩分别高达125和127分，全校人均语文平均分再次突破120分大关，在全市遥遥领先、稳居榜首。

放暑假之前的一天，刘彭芝校长来了电话，约我去校长会客室一下。

推门进去，见刘校长和颜悦色地坐在那儿，服务员快捷地端过一杯咖啡，香气缭绕。

"你对下学期工作有没有什么考虑？"刘校长漫不经心，笑吟吟地开口了。

"没有，听凭学校安排。"回答云淡风清。

——切，我还以为啥事呢。刘校长这人可真有意思，一个工作安排的事，还整得这么郑重其事，正儿八经。

说到新学期的工作，我心里早就铁板一块。这些年，我也没干过别的呀，除了高三，还是高三，仿佛高三就是我的宿命。当前，高考竞争越来越激烈，学校压力越来越大。你连续8年高三下来，精力充沛，经验丰富，成绩一大把。在这种情况下，你不上高三谁上？想"逃离"水深火热的第一线，撂挑子？别异想天开了！

再说，老师任课的事不是归教务处管吗？每到期末，所有老师的任课安排便基本尘埃落定，俟教职工大会一宣布，大家便各安其位。像人大附中此等规模的学校，教职员工动辄百千，如果职能部门的工作校长也事必躬亲，还不累死？

忽然，又觉得事有蹊跷，莫非……

没等我发问，刘校长那里缓缓开口了：

"那好吧。"校长顿了顿，继续说道，"既然这样，那我想把你从高三撤下来，下学期去初一带两个班。不，一个初一，另一个是小学六年级，不过六年级还没招呢。"

语调轻轻的几句话，霎时如电闪雷鸣，惊得我回不过神来。我简直不敢相信自己的耳朵，大脑瞬间短路，会客室的气氛一下子凝固了。

太出乎意料了！即便自己再有想象力，也绝不会想到这一点。况且，自己之所以向来没考虑过新学期的工作，是因为这事个人根本无需考虑，也别无选择。记得刚参加毕业分配的1981年，自己便是一到岗便被安排去了高中。4年之后，到了1985年，自己教学稍稍有了点经验，又马上被派往高三毕业班把关，从此便"居高不下"，身不由己，陀螺一般狂转不停，成了名副其实的"老高三"。到了2010年，已经高三把关25年。在人大附中的连续8年高三把关，不仅班里出了4个北京市文理状元，而且作文的校平均分以及语文总平均分也在全市遥居榜首。高考是整个社会的关注焦点，高三工作直接决定着高考成绩，关乎学生命运，也是当下任何一所学校工作的重中之重。在这种情况下，你留任高三继续鏖战，不是天经地义、顺理成章吗？

这样说，倒不是因为自己对高三有多么的喜欢，多么的恋恋不舍，多么的一往情深，笃定坚执，而是觉得一直置身竞争惨烈、艰辛备尝的高三，定式已经形成，自己无力改变现实。难道学校会让一个具足高三一切优势的老师垂直下降六七个年级，去初一甚至小学任课？

"别急，要不你再想想。"心思细密、善解人意的刘校长见我面有难色，从旁说道。

我终于说出了自己的顾虑。

"我的经验、资源或者说财富全在高三，初一和高小完全是空白。可这一来，好像一个富翁摇身一变，成了一无所有的穷光蛋。再说，过两年我就退休了，倘若没站好最后一班岗，自己'晚节不保'倒在其次，您就不怕我砸了人大附中的牌子吗？"

"这个我不担心，你的素养、积淀、才华在那摆着。本来一开始还是打算让你留高三的，高三老师都说你是'定海神针'，有你把关，大家就非常踏实，充满信心，这些情况学校早都知道。可人才早期培养事关国家教育战略。学校掂量来掂量去，觉得还是非你莫属。"

刘校长句句中肯，身为校长把话说到这份上，自己还能再说什么呢？

"看来初中这课是非接不可了，这语文课我以后该怎么上？"我问。

刘校长微微一笑，说道：

"我就知道学校安排你不会拒绝的。现在孩子的突出问题是人文素养太差，这是他们的成才短板，你过去得给他们好好补补。至于课怎么上，你自己做主。"

果不其然，"一切为了学生！"这话在刘校长那里可不只是个口号。

不过，那几句关于增加人文素养的话，以及"课怎么上，你自己做主"的表态，还是很让人振奋。

这么多年，从早到晚，脑袋装满习题、分数、名次、命题点、得分点、必考点……徒有"语文教师"之名，唯有"高考培训师"之实。往后，有了校长的尚方宝剑，终可以放手一搏，做一回真正的语文教师了。

话虽如此，可每当静下来，想到将要离开奋战29年的高中讲台，空降六七个年级，去一个完全陌生的岗位，心里总还是有种怅然若失的感觉。

2. 搏什么？怎么搏

在人大附中拼过第八个高三之后，又迎来一个短暂的暑假，个把月的时间，终于又可以稍事喘息了。但是，今年情况却非比往常。从答应校长接课那一刻起，自己便陷入一种前所未有的应激状态。一想到即将接手的班级，一种莫名的恐慌便蜂拥而来。连续25年的高三，连梦里都在出题、做题、考试、判卷，突然下到不止初一，面对那群天真烂漫的十一二岁的孩子，自己事先该做哪些准备？又该怎么去充分准备呢？

曾经发生的一件小事是那样深深刺痛了我，以致10年过去了还一直耿耿于怀。自己当时写了一篇名为《解词儿》的小文，如实记下了事情的经过。

解词儿

小女儿上小学三年级。

再有半个小时就进入子时了，老师留的解词作业还有30多个没完成。小女儿有些烦躁，把书桌上大小厚薄5本字典轮番的翻来捡去，开合得噼啪作响。我告诉她解不完就甭解了，早点休息明天再说。小女儿说不行：老师说了，当天作业要当天完成，要不就不是好孩子！无奈，大女儿和妻担当了助手，视小女儿如发令员一般，她每说出一个词，两人便忙不迭地去查。于是，发令声声，纸声哗哗，午夜时分，家里打响了一场"解词"的人民战争……

"窟窿"——"洞"；"从此"——"从现在起"

解词顺利而高效地进行着。

"沉甸甸——"

"沉甸甸就是沉呗，这还用查？"大女儿终于按捺不住，脱口而出。

"不行，老师说了，必须以字典为准，不按字典的都算错，考试也不给分。"小女儿很坚决。

得，助手们只好遵命而行，从字典里找出了"沉甸甸"的解释——"形容沉重"。

解词在继续。

"绝不——"，听小女儿念出这个词，两个助手卡壳了，遍查5本字词典，"绝不"绝无踪迹。小女儿说老师告知查不着词时就查组成词的字，把字的解释合起来就是词义。于是查"绝"的字典解释为"绝对"，那么"绝不"自然是"绝对不"了。

下面几个词也只好做同法处理。

冻僵——冻，液体或含水分的东西遇冷凝结；僵，僵硬。"冻僵"：遇冷凝结而僵硬了。

赤褐色——赤，红；褐，像生栗子皮那样的颜色。"赤褐色"：比生栗子皮略红一点的颜色。

"小泡泡——"当小女儿嘴里蹦出这三个字时，两个助手——一个大学毕业一个高中生惊讶得张大了嘴巴。小女儿连忙说道："就是第5册第6课《翠鸟》里的'小鱼悄悄地把头露出水面吹了一个小泡泡'的'小泡泡'呀！"——那好，查"泡"。大女儿手疾眼快，念道："泡，气体在液体内使液体鼓起来的球状体。"小女儿听后一脸困惑，头摇得像波浪鼓。于是妻拍板说：小泡泡就是"比较小的气泡"。

伞包、机翼、平衡、蠕动……解词渐进尾声，沉沉的午夜里，伴着几声哈欠，几个人又舒展了一下慵懒的腰背和四肢。

"最后一个词——螺旋桨。"

小女儿这一声，仿佛万米决赛时结束信号从发令枪里骤然响起，腿如灌铅的运动员顿时条件反射般的加速向终点冲刺；仿佛耕犁千亩实千箱的一头羸牛，在举步维艰之际耳边突然传来一声牛虻的轻吟——两位助手精神即刻为之一振，两双手几乎同时迅捷地伸向词典，但又几乎同时停住了。

"螺旋桨解它干嘛？"两位助手发出了同声质问。

小女儿说凡是老师划定的词一个也不能丢，明天老师还要判。

"那你可听好了"，大女儿以不无威胁的口气不加停顿地一口气念出了"螺旋桨"的54个字的解释——产生动力使飞机或船航行的一种装置，由螺旋形的桨叶构成，旋转时桨叶的斜面拨动流体靠反作用力而产生动力，也叫螺旋推进器。

"当、当、当……"时钟敲响了十二响。随着钟声，漆黑的午夜融入了解词作业告捷的曙光。

次日下午，小女儿的解词作业在班里得到老师的当众表扬。

看着这"解词儿"的一幕，我感觉自己的心仿佛"遇冷凝结"，浑身被"冻得僵硬"，我真想从旁大喝一声"绝不——绝对不！"可无论如何也挥不去心中的"沉甸甸"……

此后，孩子解词儿作业的场景在脑海上总也挥之不去，真的是"痛定思痛，痛何如哉"。如今，个把月后，我就要面对一群孩子，我再也不想让孩子受那种毫无用处并且十分荒唐的作业折磨了。我要让如此丑陋不堪甚至令人恐怖的"语文"重新回到诗情画意、鸟语花香，变得暖如煦日、和如春风、美如甘霖，成为让孩子们流连忘返的学习乐园。

后来，一个偶然机会，又看到过一次比"解词儿"还让人惊悚的一幕。

有次去朋友家串门，唠着唠着话题就转到孩子学习上了。他家是个男孩，六年级了，语文怎么也学不好，成绩上不去。问孩子读课外书吗，朋友抱怨说：还课外书呢，光课内还忙不过来呢，哪有那空儿……

"这会儿孩子呢?"我问。

"一放学,就扎到自个儿屋写作业。"朋友说。

我推开孩子房门一看,果然。见有客人来,孩子礼貌地站起来道了声"叔叔好",就又俯身忙他的作业去了。我扫了一眼书桌,上面摊着本语文书(六年级上册,人教版),旁边放着几本练习册,孩子不时从中抽出一本翻翻,再去本子上写点什么。

出于好奇,我拿过课本看了看,发现有课文28篇,其中动物类内容的占了七八篇,比如《别饿坏了那匹马》《鹿和狼的故事》《老人与海鸥》《跑进家来的松鼠》《最后一头战象》等,篇幅短小,内容浅显,拿来读给学前班的孩子也未必听不懂。可旁边堆着那么多教辅书,都在"辅"什么,怎么"辅"呢?没想到抓过来一看,顿时眼界大开。

好家伙,一共9本。一本六年级课本,竟然配备了这么多教辅,内容全是清一色的各种训练,什么《随堂测》《天天练》《课堂直播》等,名目繁多,应有尽有。翻翻里边,随处可见的是——"枣":"椭圆形,熟时红色,可以吃";"饼":"扁圆形的面制食品";"胯":"指腰和大腿之间的部分";"咳":"呼吸器官受刺激而迅速吸气,又猛烈呼出,声带振动发声"……一个"婴"字,练习册居然用了"词性""字义""造字""结构"等12个项目和120多个字符作详尽解说,甚至还给出"婴"的组词参考:溺婴。

一本总共不过176页七八万字的语文课本，经过不断的发酵、注水、添加、"增殖"之后，便无限膨胀起来，形成至少9本总计1226页一百三四十万字的练习册，两者的文字量差不多是1∶20！再看看出版社，全是大牌社。而每本练习册都被冠以吓人的名字。颇有讽刺意味的是，连"默写"都配有两本专用练习册：一本是《默写达人》，一本是《默写小状元》……好像如果没有了它们，孩子语文学习的"天"就会塌下来。在教辅泛滥方面，语文学科还远不是最严重的，有的学科比语文不知要疯狂多少倍。有关部门对此多次整治，但屡禁不止。禁来禁去，终于禁到泛滥成灾，走火入魔。这里且不提那些如雨后毒蘑菇般冒出来的虎视眈眈、狮口大张的各种课外辅导班，单就教辅书泛滥一项，已经让家长和孩子们不堪重负、叫苦不迭。当孩子的拉杆箱中塞满了各色教辅，当各色教辅对孩子形成"垃圾围城"的态势，孩子的精神世界难道不会"垃圾化"？

　　在成年人的多重围堵中，孩子们深陷考试的紧张、焦虑和恐惧之中，完全被动地埋头于作业、训练，为了多考一分半分，多提升一两个名次，把童年的快乐、无边的时空甚至身心健康一股脑儿都搭进去了。孩子们多数无法明白，只要多读书，打好语文和精神的底子，形成出色的读写能力，面对低端的应试技巧和简单试题，完全可以居高临下，游刃有余。假如有那么一天他们真的懂了，恐怕一切也都晚了。就像到了非常时期的高三，如果不仅语文学习捉襟见肘、千疮百孔，而且头脑空空，精神苍白，思维混乱，见解偏执，认识侏儒，人格病态，价值混乱……这时才猛然警醒，想起"读书"，哪能来得及重拾书本，从头再来？

　　内侄孙不久前考入本地一所重点高中，学校实行封闭式管理，半个月休息一天。趁孩子难得在家时，我打去电话，过问一下语文学习方面的情况，以示关切。

下面是电话实录：

"小皓，语文学习感觉怎么样？适应吗？"

"还行吧"，孩子吭叽着。

"不过跟初中不一样了，我们现在用的是'三全学习法'。"

几分稚嫩的声音从那边飘来。

"'三全'？啥叫'三全'？给姑爷爷说说。"我有几分好奇。

内侄孙那边解释开了：

第一全，是说语文课本中所有的古诗文要全部背、默。

第二全，是说课本中所有的现代文全部删掉，一篇不留。

第三全，就是从高一开始，全天候做模拟试题和高考试题。

听到这儿，我登时无语……

难怪高三学生脑子里会荒凉得如同置身荒漠呢？难怪有人说我们教育的失败始于中小学呢？从前每听到这句话都会打心底不舒服——那可是自己毕生为之抛洒汗水之所在呀。可如今，心里虽然还不是滋味，但也无可奈何了。在批改高三学生练习时，往往会看到一些愚不可及、荒唐透顶的答案：什么"杜牧《赤壁》写的是周瑜兵败、二乔被囚的历史"啦，"苏东坡没学过生物，《红梅》诗就搞不清梅花和杏花的区别"啦，"李清照在南宋那么痛苦，为啥不搬回北宋去住"啦，如此等等，不一而足。有人还会把诗歌鉴赏当成数学题对待，说辛弃疾《最高楼》中的"千年田换八百主"写的是"平均每1.25年换一次主人"。甚至糊涂到分不清甲午海战与虎门销烟、八国联军与英法联军，辨不明瞿秋白与方志敏、杨靖宇和赵一曼。至于"全线崩溃"的作文，更是让人不忍直视。我国基础教育在校生每年上亿人，可谓当之无愧的智力资源大国。当远离读书、孤陋寡闻成为学生的普遍现实时，当除了做题便一无所长时，如此"培养造就"出来的学生，很难不出现批量的劣质品、残次品甚至废品，又遑论培养"大家"、形成核心竞争力？

思前想后，我终于决心下定，并在笔记本上留下这样几句话：

履职初一后，我不会用课本把孩子囚禁起来，不会把原本浅显的课文掰开揉碎、稀释成"流食"再"鼻饲"给学生，不会把那张罩得严严实实的大网收得更紧。我要为孩子"网开一面"，让他们走出蜗角竞雄、滴水泛舟的误区，让他们看见好书就像饿汉看见面包一样扑上去大快朵颐，以此储备厚积薄发的生命能量和一往无前的强大动力。

当前各地语文教改如火如荼。我觉得，任何一种改革，不管口号喊得如何震天介响，炒得热火朝天，只要不去引领学生读书，学生没有时间读书，没有兴趣读书，没有学会读书，到头来，落实到学生身上，在其丰富精神世界、提升写作能力、形成核心素养这个终极培养目标上，都将是镜花水月一场空。只有一切围绕"读书"二字，在"多读书，好读书，读好书，读整本的书"上做文章，才是语文学习的康庄大道。

3. 万事开头难

一个多月后，开学了。第一节课，铃声一响，我推开门，走进教室，迈上讲台，抬眼一扫：一片灿烂的红领巾！

参加工作29年，眼前这一幕还是第一次见到，精神不禁为之一振。于是，一首尘封已久的小诗涌上心头，情不自禁地吟诵起来：

我爱我的红领巾，

就像爱我的生命。

她是红旗的一角，

是烈士的鲜血染成。

……

吟诵完，我问道：

"同学们知道这首诗吗？"

"不——知——道——"响亮的回答，震耳欲聋。

"那我告诉大家,这是我小学一年级从课本里学到的诗。"

话音一落,掌声爆起,自己的初中教学之旅就此启航。

然而,万事开头难。刘校长说的"孩子人文素质太差,要好好补补"——到底差到什么程度?我很快就见识到了;刘校长的话分量有多重,我也体会到了。

第一节课,我把打印好的"读书问卷调查表"发到每个孩子手里。"问卷"中问到几个简简单单的问题,比如:"你喜欢语文课吗?""你爱读课外书吗?""你有读书习惯吗?""你最喜欢读哪些书?""你读过哪些中外名著?""让你难忘的是哪本书?""书中你最感动最崇拜的人物是谁?""你喜欢古诗词吗?"等等。我要求孩子们如实填写,并简单说明一下理由。

让人意想不到的是,表格一下发,原本热情洋溢的课堂一下子冷场了,一群活蹦乱跳的孩子顿时变得局促起来,有的咬着笔头,拧着眉头,半天下不了笔……

面对调查问卷结果,心里很不是滋味。

问卷中,"喜欢语文课"的只有3人,而讨厌语文课的却有7人。有孩子写道:"我不知道我们为什么要学语文";还有个孩子说:"因为小学时写错字被罚写100遍,从此就恨语文,再也不上语文课了。"在"读过哪些课外书"一栏,有的孩子写的是英语读物或者学科竞赛的书,还有个孩子写道:"我读过《我的奋斗》,希特勒是我的心中偶像。"孩子们"喜欢读的书"大体上可分四类:一是知识性的,如《上下五千年》、《野生动物大全》等;二是科幻、魔幻类,如《三体》、《哈利波特》等;三是少儿读物,如《笑猫日记》《女生日记》《小飞人卡尔松》《淘气包马小跳》《五三班的坏小子》等;四是中国"古典四大名著"。在四类读物中,以"少儿读物"与"古典四大名著"拥有读者最多。可是了解后发现,孩子们读的基本不是原著,而是所谓的"缩写版"。总之,小学阶段，孩子大多没读过一两本像样的书，且对语文学习了无兴趣，大量的时间精力几乎都花在了学习英语或竞赛训练上，以致有的孩子语文差得还写不出成个儿的汉字……

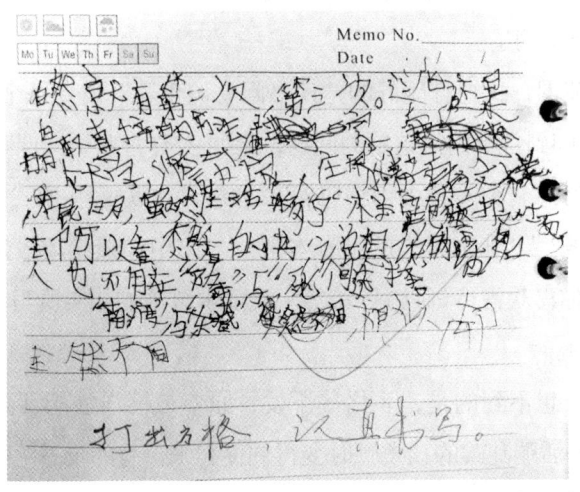

记得钱理群先生说过这样一句话：基础教育的全部任务，就在于为学生打开广阔的文化空间。自己眼前这个年龄段的孩子，正处在身心发展的关键期。在这个阶段，既要为身体发育提供充足的物质保障，也要为孩子心智成长提供足够的精神食粮，切不可畸重畸轻，偏废一端。而作为学生最为宝贵的精神食粮，莫过于读书。为此，我们启动了整本书阅读活动，同时还给孩子介绍一些名联、古诗词。

开始的几节语文课，孩子有的埋头数学，有的昏睡补觉，有的嬉笑打闹。

一次介绍民族英雄霍元甲的名联："同外国民族争强，方为好汉；对自家乡亲和气，乃是英雄。"当霍元甲的照片打在投影上时，立即引起一片哄笑，其中还夹杂着"贼眉鼠眼"的嘲骂；另一次是介绍西湖秋瑾墓的对联："化身作自由神，姓氏皆香，剑花飞上天去；呕心为长吉语,龙鸾一啸,诗草还让君传。"当幻灯打出秋瑾身着戎装、英武非常的照片时,"傻样!"一声尖利的叫声不知从哪个座位飞出来,课堂登时大乱。"怎么这么说话,难道不知道秋瑾是什么人?"没等我的话音落下去,"女人——"一声怪声怪气的回应,引起一场更大的哄笑。还有一次,在介绍红岩烈士的对联"歌乐山下悟道;渣滓洞中参禅"时,老师给同学讲了江姐宁死不屈的故事。当听到敌人由于恐惧,把江姐杀害后又扔进镪水池毁尸灭迹时,座位上不知谁冒出一句:"把墓地都省了。"

眼前的一幕幕,让人不由想起社会上的一些议论:"人大附中学生还用教?"如果从孩子人文素养的角度去看,这话实在是大谬不然了。

为了增加对联学习的兴趣,我让学生把对联的诵读、品味和了解背后故事融为一体。如此一来,一副副名联便顿时生动鲜活起来,极大调动了孩子的学习兴趣。课上,他们会自制幻灯片,登台讲解古圣先贤那些格高韵绝、文质兼美的名联,百副对联便逐渐熟读成诵。从"未出土时先有节,到凌霄处总虚心"讲到"海纳百川,有容乃大;壁立千仞,无欲则刚";从"身无半亩,心忧天下"讲到"铁肩担道义,妙手著文章";从"捧着一颗心来,不带半根草去",讲到"歌乐山下悟道,渣滓洞中参禅";从"心有三爱:奇书骏马佳山水;园栽三物:青松翠贮白美兰",讲到"失败膏黄土,成功济苍生"……这些名联,语言艺术精妙绝伦,给孩子美的艺术熏陶;而郑板桥、李大钊、方志敏、陶行知等作者的气度襟怀,也感染着孩子的心灵。

"鸟在笼中,恨关羽不能张飞;人活世上,要八戒更需悟空"、"若不撇开终是苦,各自捺住即成名"——有的对联哲理妙趣融为一体,让孩子受益匪浅。从"泉自几时冷起,峰从何处飞来"(杭州西湖),到"高山仰止疑无路,曲径通幽别有天"(昆明西山);从"白水如棉,不用弓弹花自落;红霞似锦,何须梭织天生成"(黄果树瀑布),到"对江楼阁参天立,全楚山河缩地来"(黄鹤楼)……一副副风景名胜联,更让孩子其乐无穷。当孩子有了几十副对联垫底之后，对洋洋洒洒长达180字的昆明大观楼联，孩子也不再怯惧了。

有了对联学习的兴趣之后，我们又引导孩子去创作对联。于是，一副副对联"作品"问世了。

温室气体多危害，来势凶猛
低碳生活少患忧，急需践行

立世界之巅，览天下雄伟之物
处思想之前，做天下可造之材

蛙泳　仰泳　自由泳　游泳健体
小书　大书　整本书　读书益智

呼风唤雨　驾雾腾云　惟江海能宿
轻飞曼舞　浴火重生　非梧桐不栖
　　横批：龙凤呈祥

清风缕缕，垂柳依依，百亩嫩荷谁个数
碧水潺潺，游鱼点点，一溪韶乐何人听
　　横批：湘水韶山

几副对联稚态可掬。我相信：亭亭修竹，有尖尖嫩笋的时候；斑斓猛虎，有柔弱如猫的岁月。谁敢说嫩苗栉风沐雨之后，不会迎来五谷丰登的金秋？！

除了对联以外，每天的早读，还用来朗诵古诗词，姹紫嫣红的古诗百花园让孩子们流连忘返。革命先驱的诗篇，孩子们也很喜欢。从"何当痛饮黄龙府，高筑神州风雨楼"，到"人间毁誉原休问，并世支那两列宁"；从"面壁十年图破壁，难酬蹈海亦英雄"，到"寄意寒星荃不察，我以我血荐轩辕"；从"欲知松高洁，待到雪化时"，到"一朝红日起，依旧与天齐"……这些激昂慷慨的诗篇及其背后故事，都深深地打动孩子的心。

对毛泽东诗词，孩子们更是情有独钟。毛泽东将半个世纪的艰苦卓绝、波澜壮阔的革命史熔铸到诗词之中，矗起一座空前绝后、无与伦比的艺术丰碑，让孩子惊叹不已。我自己的随笔中曾记下过这么几句：

孩子们对毛主席诗词喜爱到什么程度，从他们每天早读的背诵状态中就可以看出来。为了背得尽兴，他们创造了一种特殊的方法，美其名曰"一气贯通"背诵法。意思是说，老师选编的40首毛主席诗词，他们可以一鼓作气，一背到底。当毛主席诗词全部背下之后，每到晨读，不管教室原来多么人声嘈杂，各自状态多么涣散，只要"独坐池塘如虎踞，一二！"的领诵声音一起，就像嘹亮的冲锋号在耳边骤然响起，孩子们迅疾各就各位，全神贯注进入背诵。于是，50个童音，汇成了一股清亮悦耳、上冲云霄的声流。大家从第一首至第四十首，首尾相接，前后贯通，顺序而下，一贯到底，一气背完。那种兴奋喜悦陶醉之情，溢于言表。置身其中，听着这声震林木、响遏行云的背诵，真是一种难得的享受。

"文史不分家"是语文学习的优秀传统。刚到初一，我就为学生开了一门《史记》选修课，平日里，也总喜欢利用点滴时间，见缝插针地把一些历史故事讲给学生。比如从"挥剑决浮云，虎视何雄哉"的秦皇，讲到宏韬大略的汉武；从卫青、霍去病，讲到岳飞、文天祥；从一介文官智擒坐拥十万重兵叛王的王阳明，讲到万里奔波橘子洲夜访盖世奇才的林则徐；从"抬棺出征新疆"、收复相当于今日中国六分之一国土的左宗棠，讲到"去留肝胆两昆仑"的谭嗣同、"不惜千金买宝刀"

的秋瑾……尤其是讲到惊天地泣鬼神的红军长征以及杨靖宇、赵一曼等抗日英烈的英雄业迹，孩子们更是钦敬不已。

无论孩子还是老师，最具考验性的无过于整本书阅读了。

多少年来，人们一直都是面对篇幅短小、内容浅显的课文，慢条斯理、掰开揉碎地去教去学。可突然之间，一部部背景宏大辽阔、内容错综复杂、动辄几十万字的长篇摆在眼前，怎么教，怎么学，都没有经验可谈，难免一时之间手足无措，不知所以。但我相信，孩子的潜力是无限的，只要把兴趣调动出来，任何艰难险阻都不在话下。果然，不过两三周时间，好多同学对整本书阅读就基本适应了。一旦喜欢起来，就会越读越快，展现出惊人的爆发力。

一个叫志同的六年级孩子写道：开始读"红岩"时，比蜗牛爬还慢，一字字一句句地抠，就像深一脚浅一脚地在沙漠中跋涉一样，又累又慢，1个小时也读不了几页。一本三四十万字的《红岩》，竟然花了一个多月时间才啃完。后来就不一样了，等看上瘾，慢看根本不解渴。80

与可爱的学生在图书馆阅览室。

多万字的《四世同堂》，我只用了两个星期，就一鼓作气地看完了。

一个学期下来，我们带领孩子陆续读了《红岩》《狼图腾》《重返狼群》《城南旧事》《四世同堂》《平凡的世界》《穆斯林的葬礼》等长篇小说，孩子读书兴趣被极大地调动出来，读书热情空前高涨，心智水平明显提升。在阅读过程中，孩子们时而被深深感动，时而被强烈震撼，时而动情流泪，时而喜悦非常，情感获得滋养，价值观得到引领，精神经受洗礼，心智获得提升，生命获得成长。仅仅几个月的时间，相信初一孩子文学名著的阅读数量，已远远超过当下一味埋头刷题的高三学生。

一边带领孩子读整本书，一边积累名言警句，学习古代寓言故事，每周还带他们走进阅览室，去书海中漫游……有时，还和他们走进鲁迅、老舍、郭沫若等名人故居，去亲近大师；或者走进现代文学纪念馆、国家博物馆、卢沟桥中国人民抗日战争纪念馆等地，去感受活的历史，丰富文化积淀。

在读书的同时，孩子们还写下了数量可观的读书笔记，养成了勤于动笔、读写结合的好习惯。这种经典阅读"作业"，其意义和作用，不是以应试为目的的《检测与训练》作业可以相提并论的。课上，我们有时带领孩子就名著中的内容进行讨论，有时让孩子分享优秀的读书笔记，孩子对读书越来越喜爱，读书笔记越写越像样。

按照要求，每周至少交一篇读书笔记，我们从中选出范文，打印出来发给每个学生，这种做法对提升全体同学的读写水平作用很大。对于出范文的同学来说，是一种莫大的激励；对其他同学来说，有了借鉴的目标、学习的榜样，于是孩子们的读书笔记越写越好。每周批改两摞厚厚的读书笔记，我已不觉得是沉重负担，而是一种精神享受。因为对老师来说，没有什么能比看到孩子的进步更高兴的事了。

名著阅读活动，得到了不少家长的支持和肯定，下面是他们发来的一条条热情洋溢、充满感激的短信：

带领学生参观北京市东城区灯市口西街丰富胡同的老舍故居——丹柿小院。

组织学生参观中国人民抗日战争纪念馆。

（1）非常欣赏语文老师的教学方法给孩子们带来了一种全新的语文学习方式，孩子们开阔了视野，对毕生都有影响。

（2）继续发挥大师作用，对孩子进行国学素质培养，做一个"读经传、看史书、能文章、明道德、讲责任"的高素质人。

（3）于老师引领学生读书，是一种纯素质教育，有利于实现培养"大家"的教学目的。

（4）素质教育非常重要，于老师的理念是对的，我们要在人文精神中升华孩子的心灵，让他们成为有健全人格、深邃思想、高尚道德的人。

（5）于老师带着孩子学习了许多对联和古诗，精讲了三字经，孩子从中学到了许多做人的道理，非常感谢于老师。

（6）老师重视培养孩子们的语文素养、热爱语文的学习习惯以及人品的教育，我们举双手赞成。

一个学期很快过去了，孩子们的整本书读得渐入佳境。

丁子扬同学写道：

要知道，我上小学时，除了漫画、绘本之类，连"茅盾文学奖"都还不知道呢。可进入人大附中半年，我读书的兴趣完全转变了，一连读了《红岩》《狼图腾》《四世同堂》《平凡的世界》等好几部名著。如今，我已经由一个从前只会奶声奶气叫"妈妈"的"妈宝"，变成了一个有独立思想与人格的少年。

语文科代表陆天明同学说：

进入人大附中，语文课是最独特的体验。

于老师不会照课本按部就班地讲下去，他只选些重要的课文和古诗文详细讲解，大部分时间我们读书或者分享同学们的读书笔记。语文课变成了一个开放的课堂，琳琅满目的中外名著成了我们主要的自学内容，这些书为我的小小世界打开一扇扇窗户，让我看到一个个奇异多彩的世界，乐趣无穷，想象无限。

孙嘉悦同学的体会是：

读《红岩》，我开始对抛头颅洒热血的英雄们抱以敬仰之心；读《狼图腾》，我开始敬畏自然和生命；读《四世同堂》，我懂得了什么是民族大义；读《苏东坡传》，苏轼的洒脱与"不合时宜"让我心怀敬意。慢慢地，我学会了敬畏一本书，因为，一本好书就是一种精神的浓缩与升华。

高鹏昊同学对语文课由衷喜爱，他说：

我喜欢我们的语文课堂！

我们的语文课堂上，没有"课文生字天大"的无聊，没有枯燥的词语抄写三遍，没有绞尽脑汁的段落分析，也没有无限拔高的中心思想概括……有的是朗朗的书声，浓浓的墨香，以及讨论的欢声笑语与不同看法的交锋碰撞。

我喜欢和我的同学我的老师一起读书！

杉杉同学写出了自己的精神成长：

上初中之前的我们几乎没读过名著，什么"爱国""民族大义"等等，在脑子里完全是抽象的概念。尽管在心里知道对烈士是该尊敬的，可是在实际上却用调侃的态度对待他们，不经意间嘲弄甚至亵渎了我们的革命前辈。

我们的幼稚、浅薄和无知，让老师的脸上一次又一次地罩满了阴云……

自从读了名著之后，我们渐渐懂得了是非、美丑、善恶，精神有了巨大的变化。我读的第一本名著是《红岩》，小说带给我强烈的心灵震撼，我懂得了其实口头上的嘲弄就是心中的不敬。我们诅咒的本该是杀人不眨眼的军统特务呀！从此，我再也没有过对烈士的不敬，这就是名著的力量。

孩子的喜悦感染着我，孩子的进步鼓舞着我，孩子如饥似渴的读书热情督促着我。在课本禁锢被打破、经典名著走进课堂之后，孩子的读书兴趣被激发出来,读书习惯逐渐形成,写作能力也随之提高,仅仅一个学期的时间,就发生了这么大的变化!

如此坚持下去,孩子们的视野将一天天打开,人文积淀将一天天增加,精神世界将一天天丰富,如同一棵棵小树,在吸吮充足的营养、沐浴雨露阳光之后,终有一天会长得高可参天,浓荫蔽日。

元旦到来,一个叫郑逸杉的孩子别出心裁,自制了一份贺卡,把近一个学期读的书列在上面,并写了几句话,表达自己的喜悦和感谢。

新学期开学了,在上学期的基础上,我又给孩子们推荐了几部新书,包括《茶馆》《左宗棠》《老人与海》《瓦尔登湖》等,相信会给孩子带来更多的惊喜,取得更大的进步。

然而,天有不测风云。名著阅读活动表面上顺利展开,成效初显,背后却暗流涌动,潜藏危机。

二、我成为"被告"

1. 事件突发

当名著阅读活动开展得如火如荼的时候,在自己毫无精神准备的情况下,在从教的第30个年头(高中29年,其中高三25年,另有初中半年),家长群体告状事件还是猝不及防,突然爆发,自己第一次被"家长"推上了"被告"席。

清楚记得那是开学第一周的2月25日上午,连上了4节课后,接到了马上去刘校长办公室开会的电话,我和吴凌老师顾不得吃午饭,匆忙赶过去。踏进校长办公室,发现除刘校长外,常务副校长、初中主管副校长以及两位年级组长也在,办公室里气氛肃然。

见我进来,刘校长递过一个鼓鼓囊囊的牛皮纸档案袋,说了句"你先看看"。

抽出一看,原来是某班家长写给刘校长的来信,共有十几封,集中反映的是自己语文课的问题。概括起来,有以下几个方面:

(1)语文课本讲得太粗,有的课文一带而过,有的课文甚至根本不讲,让学生自己去学。

(2)课堂时间本应用来学习课文,可是老师却让孩子去学古今名联、唐宋诗词、寓言故事,还让学生去讲解背诵,占用了学习课文时间。

(3)老师很少布置课下作业,对《语文阅读和训练》之类的语文练习册几乎不做处理。

(4)老师对应试教育不重视,不仅不讲答题技巧方法,还向孩子灌输"不要过分看重考试成绩"的思想。

(5)老师让孩子读《红岩》《四世同堂》,这些书属于红色经典,为什么让孩子读这些书?

（6）《狼图腾》《平凡的世界》不是考试范围，对提高分数没有帮助，如果读这些书影响了考试成绩，谁负责？

（7）"名师"也不等于什么都行，如果没有初中教学经验和中考经验，就不适合初中教学。陈景润可当科学家，在四中当中学教师就不合格。

（8）强烈要求调整现任语文老师，改由具有丰富初中教学经验和中考经验的语文老师任教。

一封信中还写道："上学期的语文课没讲的课文，家长聘请老师去讲；上学期没做的知识训练，我们也自己聘请老师去补。所用课酬均由家长承担。但是，希望学校能认真考虑家长提出的调整语文老师的要求，不然人大附中很可能保不住这批优质生源。"

——表态很鲜明，也很强硬：过去的事就算了，家长不再计较。但是，如果现在学校还不答应家长的要求，那么"这批优质生源"将集体转学，给人大附中以重创。话虽不多，但字里行间火药味十足，很有一种剑拔弩张、势不两立的架势。

就怎样妥善处理这次家长告状事件，刘校长和大家进行了认真研究。最后决定：先争取做通家长的工作，尽量不调整老师工作；如果工作实在做不通，再对老师的工作作出调整。

"你还有什么想法吗？"刘校长问我，一脸关切。

"没有。"我平静地回答。

"那好，散会。"刘校长宣布道。

2. 心中百味杂陈

嘴上说没有"想法"，其实心里想法很复杂，简直有点翻江倒海的味道，只是三言两语说不清。

严格说来，这不是自己第一次成为"被告"，而七年前的那次和这次情况明显不同。

　　那是2004年，当高三学生走进高考考场之后，自己便被派去参加了中国人民大学支教团，赶赴井冈山、瑞金等地的"手拉手"学校上课。十几天后，支教结束，飞回北京。立足未稳，刘彭芝校长便打来电话，说学校有紧急工作，赶紧到学校来。于是不敢怠慢，匆匆打车来到人大附中。没想到推开高中楼七层贵宾室玻璃门的瞬间，被眼前的场面吓了一跳：七八个身着西装或警服的人员在正色以待。

　　"人家把我们告了！"我刚推门进来，刘校长便愤愤不平地说起来。"今年我们语文成绩考得太好了，有人气不过，说人大附中高考集体作弊。你是备课组长，知情人。让你来，就是为了配合调查。"接着，刘校长又把事情的来龙去脉简单说了说。原来，随着高考成绩揭晓，一封封"人大附中高考语文集体作弊"的举报信也由海淀区教委、北京市教委一直捅到教育部，网上也一路炒作，四处疯传，举报内容大体如下：

　　高考全校作文平均分突破50，这等于每个人都是一类文；语文总平均分突破120，这等于人人成绩都是优秀。人大附中这样的高考成绩，简直是天方夜谭，打死我也不信。我们成年累月，费了九牛二虎之力，也不一定能提高三五分。可人大附中手眼通天，明修栈道，暗度陈仓，让学生高考试题考前做，高分得来全不费工夫。否则，怎么平时练的文言文题、诗歌鉴赏题和作文题，会和高考题一字不差、一模一样呢？这种赤裸裸的犯罪行为，真是胆大包天，国法难容。如果不受到严厉惩处，道义何在，天理何存？强烈要求有关部门迅速破获这起重大高考舞弊案件，严惩罪犯，给社会一个心服口服的交待。

　　举报信言之凿凿，信誓旦旦；案情重大，刻不容缓。教育部对此高度重视，立即责成北京市考试院协同市公安局组成联合调查组，赶赴现场核查落实，限期破案。于是，便有了眼前这一幕。

　　我不敢稍有怠慢，赶紧按照调查组的要求，把高三全年的练习搬来，以供查证核实。工作人员仔细认真地搜罗翻检，每一次练习、每一张试卷、每一道大题，统统拿来和高考试卷比对。虽发现两者之间不乏似是而非、若有若无的关联之处，但只能说明平时复习方向正确，知识落实到位，不足以构成作弊证据。可查着查着，高考文言文"辛公义"语段、林和靖的《山园小梅》以及与高考几乎相同的作文题"宽容"，一个接一个地浮出水面。这下好，白纸黑字，铁证如山！

尤其严重的是，"辛公义"的练习是我出的，《山园小梅》的试题是我命的，"宽容"的作文题目是我拟的，所有的案情疑点都集中到一个人头上。至此，案情可谓水落石出，真相大白。当下人赃俱在，"拿个正着"。

一时间，贵宾室的气氛有些异样起来，办案人员脸上的些微笑意也悄然隐去。我虽然吃惊不小，但心里无鬼，胸中一片坦然——"辛公义"那段文言文，是半年前我为高三摸底考试出题时，四处搜寻，最后从《隋书》中偶然发现的一段话；没想到事出偶然，文本撞上高考；5道小题也是自己拟的，但考题和高考全然不同。那道《山园小梅》诗歌鉴赏题，是我为海淀区"二模"出的；当试题在海淀进修学校集体打磨时，有老师提出"二模"题不宜太难，便因此弃用。可我回头让人大附中学生做了，结果是阅读文本部分相同，但两份考题迥异。还有那个让人倍感蹊跷的"宽容"，题目是我在一次作文讲座中偶然提到的，不少有心的学生便拿去练了。没想到高考作文题"包容"的字典解释是："宽容"。

这些陈述，字字确凿，有理有据，不由人不信。最后，联合调查组拿出结论：举报者所言查无实据，纯属诬告。不久，嫌犯落网，捕风捉影、造谣诽谤者罪有应得，受到法律的制裁。

这件往事早就风一般飘走了，人大附中的高考语文成绩倒是从此登顶，声名远播。此后，作文平均50分以上、语文总平均分120分以上便成了学校每年高考成绩的既定目标，高三老师为此竭尽努力，终于守住底线。在学校的高考成绩一直稳踞全市榜首的同时，我也深深体味到了什么叫高处不胜寒。

从教30年，自己见过太多太多高智商的孩子，终日被囚禁在课本的蚕茧中去死记硬背，被训练考试搞得手忙脚乱、焦头烂额，但就是没有真正的读书，不知道课本之"茧"外有无限广阔的大地和蓝天。

而就语文教育而言，读书即语文，语文即读书。教育本来是用于开启智慧、提升生命的，可是，十几年的枯守课本，不去读书，让教育走向了反面，把聪明的孩子教笨，笨的孩子教傻。小学、初中、高中一路学下来，不仅不会读书，不会写作，语文成绩一塌糊涂，而且有不少孩子连人格都出现问题，成了情感苍白的贫血人，精神缺钙的软骨人，认识低幼的侏儒人，食不果腹的空壳人，颠三倒四的乱麻人，神思恍惚的迷瞪人，疯狂刷题的纸篓人，钻牛角尖的偏执人，价值扭曲的变态人……

30年的高中教师生涯，送走了23届毕业生，日复一日，年复一年，步履匆匆，气喘吁吁，主要精力几乎全部围绕着高考，去传授答题技巧，培养应试能力，从未引导学生完完整整地读过一本名著，这充其量只能算作"应试教育"，而不是"教育"，因为不读书的教育算不上真正的教育。

从这点上说，自己这个所谓的"基础教育工作"者，其实从未做过真正意义上的"教育"；身为语文老师，只是个应试技巧辅导老师，实在有愧"灵魂工程师"的称号。而今去教六年级，可以引领学生读书，让自己有了第一次真正做教育的机会……

我一直以为，对于教师而言，引领孩子读书，既是一种职分，也是一种功德。从大处说，是肩负着为国家、民族培养"拔尖创新人才"的使命；从小处说，是为了每一位家长每一个家庭——为他们孩子的健全发展破冰，为他们的终生发展奠基。

然而自己的一腔热诚，却遭遇兜头一瓢冷水。

其实对自己来说，工作调整与否，都无所谓。果真重回高三，于我是如鱼得水、求之不得的事。之所以心中五味杂陈，就像一个农民，在付出了巨大艰辛、淌下了很多汗水之后，幼苗已经破土而出，茁壮生长，但一阵冰雹过后，一片生机的田野刹那间落花流水，美好的希望顿时化为泡影……

3. 小象木桩的启发

在大象还是小象的时候，被拴在一根木桩上，身单力薄的小象发现自己无法挣脱那根木桩。

这时候，给小象换一根比较小的木桩，它仍无法挣脱。

再过一阵子，又给小象换一根更小的、依然无法挣脱的木桩。

久而久之，在小象思维里，就会生成一个结论："凡是木桩形状的东西，都是我不能挣脱的"。

当小象的结论成形之后，即使用一根最小的木桩系住它，小象也不会逃走了。当小象长成大象、力量足以挣开木桩束缚时，由于自由的企图已经失去，即使形状像木桩的小木棒，也能使力量无穷的大象屈服，让它们不再向往辽阔的草原，无边的蓝天，无限美妙的大自然。

由小象的故事，我想到了语文学习。

几十年来，我们的学生多像那头小象啊！他们自小被拴在语文课本的"小木桩"上，每个学期换一根"小木桩"。十多年一根根"小木桩"换下来，便习惯成自然，被"拴着"的生活方式已经成为一种思维定式，导致孩子们不但失去了挣脱小木桩的能力，而且失去了挣脱小木桩的愿望。一旦学生在这种教育环境下长大，成为家长，他们便开始用小木桩来"规范"自己的孩子。在不少家长的眼里，语文就是语文课本，语文课本就是语文，只有学习课本才是天经地义的，离开课本去读名著就是离经叛道。

很多家长不懂得"语文学习应该以整本书的阅读为主,以单篇课文学习为辅"(叶圣陶);不懂得语文学习应该以世界为课本,而不能以课本为世界的道理;不懂得如果不挣脱"小木桩"的束缚去大量读书,孩子的视野就会狭窄,情志就会苍白,精神就会软骨,心智就会萎缩,头脑就会乏氧,心灵就会沙化……到头来,不仅学不好语文,而且不能成为一个健全发展的人——因为一个被小木桩禁锢的生命,他的人生格局是无法打开的,终身的发展必将受到极大的限制。

也许多少年后有的家长会幡然醒悟,但已经悔之不及,一切皆成定局;也许有的家长最终也不清楚,是把孩子囚禁在课本里的做法让自己有意无意之间成了束缚孩子成长的"木桩"。几十年来,"小象"的悲剧不断上演,然而,一旦有人想要拔出那棵木桩,便会引起轩然大波。

思绪纷飞,夜不能寐,于是挥笔疾书,把一腔思考化作一封长信,第二天一早上班时,把信交给了校长秘书。事情办完,心里就像一块石头落了地。面对"最可怕的千百万人的习惯势力",一个人毕竟势单力薄,既然已经努力过,一切只好听其自然了。

三天之后,我正在办公室专注地备课,手机铃声突然急促响起,一看来电显示:刘校长。

三、艰难的破冰

1. 给刘校长的一封信

一个春光明媚的日子。

在人大附中的中心花园,摇曳的迎春花已经一片璀璨,几株玉兰也高高擎起玲珑剔透的尖尖花蕾,浓密的松荫下绿草如茵,阳光流泻而下,在草地上留下了一片美丽的斑驳。三只杜鹃婉转流利地啼唱着,勤快的啄木鸟抱住树干，不时发出笃笃的叩击声，拖着长尾巴的灰喜鹊欢快地飞来飞去，几只长着艳丽羽毛的叫不上名字的小鸟也偶然贵客般地前来拜访……整个校园弥漫着生机勃勃而又祥和宁静的气氛。

然而，在高中楼七层第二会议室里，却是一种紧张、压抑甚至明显敌对的气氛……

为解决一位老师的去留问题专门召开家长会，这在人大附中的历史上前所未有。

2011年3月2日下午，原本宽敞的第二会议室挤满了参加家长会的人群。对于自己的课，家长意见褒贬不同，形成鲜明对立的两派，双方互不相让，几成势不两立、不可调和之态：一方高度肯定，坚决主张"留"；一方极力否定，强烈要求"换"，甚至向学校"叫板"，大有不达目的不罢休的态势。家长之间矛盾重重，家长的诉求与学校师资安排的初衷更是相去甚远。这件事能否妥善处理，不仅事关语文教育的方向，而且关系到学校整个人才培养的目标。

面对如此错综复杂的矛盾，与会的领导老师都担着一份心，不知刘彭芝校长如何破解。意见各异的家长们也心中没底，不知刘校长对这件事将如何处置，各个惴惴不安，但又只能拭目以待。

两点整，刘校长宣布"开会"，会场气氛一下子紧张起来。殊料，刘校长只字没提家长告状的事，而是说了句："请听一听于树泉老师的信。"

随后，朗诵的声音在会议室响起……

尊敬的刘校：

您好！

看过家长的来信后，我反思良久。

我觉得，对学生来说，读书，尤其是名著阅读，是语文学习之根，也是心智成长的至途。它不仅决定孩子的语文学习能力，而且为孩子提供巨大的精神力量，促进其精神品质的形成，最终对其毕生事业发挥影响。但是，小学阶段，由于受年龄、心智水平、接受能力的限制，读书往往不能很好地开展。到了高中，课业负担很重，学生已经无暇他顾。所以我觉得，培养阅读能力的黄金时间在初中，尤其初一初二。一旦在初中阶段没有进行有质有量的课外阅读，错过了这一读书的黄金时间，指望到高中、大学或走上工作岗位后再提升读写能力，实际上已经意义不大。因为，一旦初中阶段学生的读书兴趣没激发出来，读书习惯没有养成，视野没有打开，那么在今后的日子里，他们就会对读书心存障碍和抵触，不想读书，不去读书，不会读书，其阅读理解能力也将因此被终生"定格"在一个很低的层面上，再难补救。

二十几年的高三教学中发现，由于经典阅读的缺失，每每遇到成批这样的学生，他们头脑相当聪明，理科优势相当明显，但在语文学科方面千疮百孔，提升起来举步维艰，学生本人无可奈何，语文老师也一筹莫展。不仅如此，经典阅读的缺失，还导致不少孩子人文素养的严重欠缺和人格面貌的严重欹斜，譬如情感苍白，精神疲弱，价值偏斜，认识低俗，行为偏执等等，这些必将给他们的终身发展带来负面影响。

依据刘校长的"涵养大家气象、提升综合素质、培养拔尖创新型人才"的要求，在上学期到初中接课之初，我们便为孩子自编了校本教材《五个一百》，其中包括名联100副，名诗100首，名言100句，寓言100则，领袖、先驱诗词100篇，带领学生去读去背，为学生打开视野，增加人文积淀。另外，引领学生走进名著，仅仅短短的一个学期，学生已经读了《红岩》《狼图腾》《林海雪原》《四世同堂》《平凡的世界》《穆斯林的葬礼》《保卫延安》《血色黄昏》《决战朝鲜》等多部名著。孩子们的读书兴趣被充分调动出来，经典阅读的热情空前高涨，心智水平和精神品质明显提升。几个月的时间，在文学名著的阅读数量和质量上，初一的孩子已远远超过全国高三学生的平均水平。

初一初二是孩子读书最为宝贵的时期，两年的时间一闪即逝。我决计抓住孩子这个读书的黄金时期，引导他们进行大量的经典阅读，努力打开视野，同时以读带写，以写促读，力争读写结合，双获丰收。在阅读内容方面，除了古诗词对联、文学名著外，还打算引导孩子走进时政、经济、科普、文化、史哲、名人传记等文化经典，为他们放大人生格局、终身发展奠定基础。

我首先想让孩子走进史传文学。

"读史使人明智""以史为鉴，可知兴替""青年一代对历史的集体失忆是非常危险的""忘记过去就意味着背叛"……古往今来，读史的重要性被人们一再强调，而文史不分家是语文教育的优秀历史传统。我想让孩子既读中外历史,又读古今历史,尤其是反映1840年以来中华民族的苦难与辉煌历程的"红色经典"作品,是中华民族无比宝贵的精神财富。这些作品,既是文学,又是历史,读这些书对学生情感、态度、价值观所产生的积极影响,可以说难以估量。我会把《红岩》《长征》《四世同堂》《南京大屠杀》《毛泽东诗词》等作品推荐给孩子,读这些作品,有利于孩子铭记历史,砥砺志向,锻造精神,开阔胸襟,深邃眼光,熔铸品格,放大人生格局,增加孩子的民族使命感。

我想让孩子们走进优秀当代作品。

从获得茅盾文学奖的《平凡的世界》《穆斯林的葬礼》,到获得其他奖项的《狼图腾》《补天裂》,一切值得读、应该读的作品都是孩子宝贵的精神食粮。陕北高原一片荒凉,人民生活困苦不堪,窑洞简陋,衣服破烂,但《平凡的世界》的真善美却带给孩子刻骨铭心的感动,这就该是孩子阅读的重点作品。因为读书的过程就是一个情感滋养、精神洗礼的过程。

我还想让孩子尽量关注一些时政、经济类作品。

"风声雨声读书声声声入耳,家事国事天下事事事关心"。阅读《现代化的陷阱》,他们能体会"有良心的"经济学者何清涟直面现实的勇气;阅读《猎杀中国龙——中国经济安全透视》,他们能感受作者江涌那炽热的民族情怀,这样,孩子从小就会在心里平添几分以天下为己任的主人翁意识和敢于担当的精神。

我也想让孩子们走进传记文学。比如《鲁迅传》《毛泽东传》

《林肯传》《贝多芬传》《居里夫人自传》《假如给我三天光明》等，让孩子在阅读中去砥砺志向，磨练意志，感受伟大，在幼小的心灵中埋下不甘平庸、奋发有为的种子。

我也想让孩子们陆续走进世界文学名著。从《牛虻》《简·爱》《瓦尔登湖》《钢铁是怎样炼成的》《悲惨世界》等作品中，去品读亚瑟的坚强，简·爱的尊严，梭罗的澄静，保尔的不屈，冉·阿让的善良，从而开启心智，提升人格。

我想让孩子尽可能地张开心灵的眼睛，穿越时空，去拥抱无限广阔的蓝天。既走近孔孟老庄与古典四大名著，也翻开周国平的《人生演讲录》，王开玲的《精神明亮的人》，余秋雨的《文化苦旅》，史铁生的《我与地坛》等等，从中拓宽视野，感受哲理，品悟人生。

我还想让孩子继续吟诵千锤百炼的唐宋诗词，脍炙人口的名人楹联，同时，又不停留在一般的吟诵层面。"飞流直下三千尺，疑是银河落九天""青山横北郭，白水绕东城"的美妙诗句令人神往，但青山、绿水、飞瀑、流泉的醉人美景今已不在。环境在污染，矿藏在透支，水源在枯竭，土地在沙化……让孩子从小懂得对美好事物的珍视，懂得可持续发展的重要。

语文学科的人文特征决定了语文教育资源的无限丰富性，对学生的生命成长而言，课本充其量只是滴水，课外世界则是浩瀚的海洋。这滴水不该成为语文学习的限制和禁锢，也不该去提纯和蒸馏，而是应该把它融进海洋，尽最大的可能，让学生五官开放、神驰八极，去拥抱整个世界。

钱氏家族人才辈出的现象一直让世人关注。有人用一个绕口令来形容钱家的人才谱：一诺奖、二外交家、三科学家、四国学大师、五全国政协副主席、十八两院院士……据不完全统计，当代钱氏家族仅科学院院士国内外就有100多人，分布在50多个国家。在中国，除了"三钱"外，人们熟知的还有钱穆、钱钟书、钱玄同等人。著名的钱学森、钱三强、钱伟长，"三钱"的大名，更是如雷贯耳。

钱家人才荟萃原因何在呢，《钱氏家训》揭示了个中奥秘。

1. 道德修为："孝于家""忠于国""兄弟相同，上下和睦"。利在一身勿谋也，利在天下必谋之。

2. 人文积淀：子孙虽愚，诗书必读。读经传则根底深；看史书则议论伟；能文章则称述多；蓄道德则福报厚。

《钱氏家训》这种对孩子的人文素养和读书积累的重视，显示了钱氏家族的家庭教育和家长眼光多么地富有远见。

我觉得，每个学生都像一颗松树的种子，具备长成参天大树的先天基因。但是，如果把这颗种子放进杯子里，它就很难生根发芽；如果把这颗种子放进花盆里，它至多长成盆景；如果让这颗种子植根大地，去充分汲取水分营养、沐浴日月光华，这颗种子总有一天会长成参天大树。孩子走进名著，博览群书，去饱吸精神的"水分""营养"和"阳光"，就是在为长成参天大树储备丰富的生命能量。反之，如果把他们禁锢在语文教科书的"杯子"

和"花盆"里，无异于蜗牛角上比拳脚，小水沟中赛龙舟，在狭小地盘上，永远演不出威武雄壮的剧来。

真希望人大附中在"尊重个性、挖掘潜力，一切为了学生的发展，一切为了祖国的腾飞，一切为了人类的进步"的教育理念引领下，我们的语文教学走出一条充分体现人大附中名校气派的道路——不靠繁重的作业，不靠频繁的统练，不靠时间精力的苦耗，不靠反反复复的低水平的知识技能检测，而是真正抓住语文教育的根本，注入生命教育的内涵，对学生进行广泛而深入的读书引领，从而达至一种理想的语文教育境界。同时，若所有学科皆然，那么，我们将会看到，在人大附中教育理念的辉映下，我们培养的孩子一个个将展现出大家气象，他们学业优异，视野开阔，人格高尚，气概不凡。他们既有家国精神、民族情怀，又有天下眼光、世界胸襟。在未来的日子，在政治、经济、军事、科技等领域，他们将逐渐崭露头角，不仅撑起共和国的蓝天，而且活跃在广阔的世界舞台。

然而，中考毕竟是无法绕开的坎儿。关于中考，我的想法是：初一初二，先侧重抓好高质量的经典阅读，为孩子筑实语文学习的根基，打好人文精神的底子；初三则集中精力应对中考。基于此，上一学期，我对教材大胆取舍，主要引导学生进行大量的课外经典阅读和读书笔记的写作，学生们收获颇丰。我觉得，有了初一初二的大量的读写积累，面对中考，孩子们将会居高临下，举重若轻。有的家长也认为：广泛的经典阅读，不仅对孩子的语

> 文学习有利,对中考以及未来的高考也有利,而且会让他们终生受益,因为读书实实在在是在为孩子的终身发展奠基。
>
> 在一个学期的读书引领中发现,孩子们的求知愿望强烈,读书兴趣浓厚,生命能量强大,学习潜力无限,心智成长很快。如果把这样一群富有天赋的孩子封闭在狭小逼仄的课本蚕茧里,为了中考的一分半分,不厌其详地进行知识讲解,不厌其烦地进行检测训练,而不把主要的时间精力放在教他们破茧而出的努力和练习蓝天本领上,就育人而言,这是多么的浅见功利;对孩子而言,这是何等的生命浪费;对社会而言,又是多么令人痛惜的宝贵民族智能资源的虚掷。而这,又怎能不让钱学森发出"新中国培养不出大师级人物"的叹惋?
>
> 以上所谈难免不妥,诚请校长批评指正。
>
> 即颂
>
> 春安!
>
> 于树泉
2011年2月29日

2. 家长被猛然浇醒

三四千字的长信,一字一顿,读了半个多小时,会场仿佛凝固了一般,静得人可以听到自己的心跳……

"今天,我想说说什么是真正的教育。"

——突然,刘校长的声音破空而来,整个会议室为之一震……

真正的教育改革是变教为学,变被动为主动。学生的真本事是会自学，有自主学习的能力，会读书，多读书，能写得一手好字，又能把自己所见所闻所想写出来，写得一手好文章。为什么中国学生竞赛奖牌一大堆，到最后却上不去，比不过发达国家，就是因为外国名校重视读书、写作，而中国学生读书少，没底气。我们不能把自己捆起来，整天背啊考啊，这样得了高分算什么本事！于老师带孩子们读书，就是要解决孩子们未来发展的短板问题。你们家长联合起来，又是买练习册，又是组织课外班，又是让班主任组织收作业，干啥呢这是？

说到这儿，刘校长稍微顿了一下，缓和了一下语气，继续说道：

再说，请高三语文这根定海神针于老师来教你们的孩子，学校承受了多大压力和损失，现在高考压力多大！高三那边还在和我要人。你们不领情不说，还要换老师！好，我马上答应你们，于老师明天回高三，给各位另请高明。

一番话语，底气十足，理直气壮，电闪雷鸣，暴风骤雨。

家长们终于坐不住了，纷纷站起来表态，请求刘校长收回成命。家委会主任也代表所有家长频频鞠躬，道歉，自责……至此，一次险些胎死腹中的"大语文教育"探索，终于得以顺利分娩，发育成长。

3. 一石激起千重浪

家长会过后，我以《猝不及防，我成为"被告"》为题，把"家长告状事件"的整个经过梳理成文，分三期上传到我个人公众号，孰料一石激起千重浪，在社会上引起强烈反响。短短几天时间，收到读者几百条多达数万字的留言。

目睹一句句从心灵流出的"读者留言"，当那些充满真知灼见、闪光智慧、理解信任、鼓励鞭策的话语，带着滚烫的温度、鲜明的个性和感人的情怀波涛般涌来时，宋代曾公亮的两句小诗便在脑际徘徊起来：

要看银山拍天浪，开窗放入大江来。

成千上万的读者和数万字的"留言",汇成了一股不小的洪流,展现了人们对教育现状的高度关切、心底诉求和可贵思考。

在读者群中,有学生、家长、老师以及社会各阶层心系教育的人。学生里面,又包括在校的小学生、中学生、大学生以及曾经的学生;家长,包括眼下各学段的学生家长以及从前的家长;老师,则不局限于语文老师或中小学老师。因为年龄、阅历、身份的种种不同,每位读者的"留言",其看问题的角度与深浅层次自然也不同。但是,这恰恰使留言显得色彩斑斓、多姿多彩。尤其是那一律的热诚、坦率、眼光独具,更使这些留言显得价值不菲。

丰富的留言,内容涉及语文教学、语文教育乃至教育的方方面面;对语文教育现状、学校教育弊端等诸多问题,进行了相当广泛而深入的认识和思考。不论感性认识还是理性思考,也不论针砭批评还是倡导建议,都不乏智慧,具有深度,启人思考。从陆续的留言中,我看到的是对中国教育的高度关切,是对教育发展方向的热切探求。

下面照录几段留言片段,以飨读者。

@青铜

我们所经历的教育,就是教科书,练习册,各种模拟,应试技巧,直到现在,仍然如此。实在是可悲!还有更可悲的,因为有名著阅读考试了,好吧,那就是背梗概,背重点,背人物关系。老师没读过,学生没读过。语文课要讲课文,讲卷子,讲练习册啊,哪有时间读书?而且考试就是几分,布置作业让学生们自己去读吧,写写读后感,再做点名著阅读填空。天啊,各种理直气壮,大言不惭,在于老师面前,几近文盲了!却抱残守缺,实在可悲可叹。

为什么我们的语文需要改变，为什么我们的孩子们不喜欢语文？不就是因为语文课在脸盆里扎猛子，在沙漠里种树吗？语文教材只是例子，这句话为什么只是一个口号，我们的语文老师为什么不能静下心来读书？太多太多的疑问，于老师给我们的启示岂止如此？如果我们的语文教育就这样毁人不倦下去，我们到哪里去找有思想、有品位、有素质的人？

初高中的语文读书课，过去了，就再也无法弥补！这个损失，我们承受不起！感谢于老师，更希望有越来越多的语文老师实践起您的理念和行动，把那些自以为有用的语文知识、技巧、方法、梗概能力、试题统统放弃吧！

我们确实需要改变了，救救我们的孩子！

@申华

才知道现在孩子们初一初二读经典的背后有着这么多的波折，庆幸有刘校这样的睿智远见的教育家，有于老师这样一心为孩子为教育未来的优秀的教育者。会把这篇文章讲给孩子，让她知道，她读书背后，是老师们怎样的付出，从而更加珍惜。

充满浩然正气的好书蕴藏着无穷的智慧和能量，启迪着孩子的心灵，中学阶段的孩子通过读好书，会带给他们无穷的创造力，也会带给他们幸福快乐和勇气。

@海纳百川

> 作为家长,我们已经悔之不及,我们被教育体制绑架,被奥数劫持,被名校囚禁,把孩子束缚在成长的"木桩"上,失去阅读的黄金时间,结果孩子身体长得高高大大,但精神上却是个永远长不大的侏儒,实在惨痛不已。希望在路上的家长们不要让"小象"的悲剧再次上演。

@文竹

> 于老师,作为家长,我非常羡慕您的学生能有幸遇到您这样一位"打基础"的人生导师。我的小孩今年五年级,一直更喜欢漫画之类的书,我很焦虑,只恨自己没能力将他的兴趣引导过来,要是我的孩子能有您这样一位导师,该有多好!一个孩子只有在经典的引领下,成为一个独立思考的人,才会有美好的未来;一个民族,只有培养出一群能独立思考的青少年,这个民族才能屹立世界之林。

@观察者

> 怎么把学生变成独立思想者和终身学习者?学校和课堂怎么来实现这个目标?欧美有的国家为什么能培养出世界级的人才,

在基础教育阶段，他们对这些人做了什么，没做什么？有时，没做什么比做了什么更重要。有些国家的教材学习内容比中国教材学习内容浅显（某些AP课程除外），特别注重呵护学生学习兴趣，他们的学生可能考试成绩不如我们，但他们不会考完后撕书、烧书，然后从楼上天女散花般地撒下去。

我们的学生看起来很优秀，考试也出色，但考完后恨不得从此告别学习，基本不具备终身学习的愿望和兴趣，仿佛学习只是阶段性的使命。何谓"落实"？就是教师要控制学习结果，保证其质量，保证知识和技能被大多数学生掌握并能运用。听起来这是有百利而无一害的事情，实际上，过分强调落实是以伤害学习兴趣和想象力、创造力为代价的。

我认为，从根本上来说，落实，是十分功利、十分无趣的一件事情。比如，在看一部精彩的电影之前，如果你被要求做以下事情：1.找出这部电影有多少处用了特技？2.这部电影的结构有什么特色？3.这部电影让你发笑的地方有几处？然后，看完电影逐一回答以上问题。这些问题虽不算难题，但当你带着落实任务的使命看电影时，你还有看电影的兴趣吗？至少兴趣大减。而这部电影原本是精彩的，是你感兴趣的。我相信，一旦看电影被要求落实完成任务，电影院迟早变得空空荡荡。

@如月

1. 人大附中的孩子幸福，有您这样为他们终身发展负责的全国著名特级教师的引领。

2. 人大附中的家长幸福，有刘彭芝校长这样睿智、坚定、敢为人先的领导，站在学生的发展、祖国的腾飞、人类的进步的高度，给学生真正的教育。

3. 首都的全国著名中学的家长，应该多数是高级知识分子，竟然对应试教育这样抱住不放，可见，中国的教育改革有多难。

4. 文章引人入胜，入情入理。通过阅读激发学生潜能，培养正确的三观，增强核心素养，于老师在全国带了一个好头，做了一件功在当代利在千秋的好事，应该在全国推广。

5. 建议此文发表于重要报刊，建议文章传给朱永新和温儒敏两位先生阅。

@68779

《猝不及防，我成为"被告"》看后思绪万千，感慨万千。中国的教育和教学确实需要改革，从少年开始培养多读书、爱读书、会读书、自选书的风格，才能人才辈出。于老师与您相识恨晚，以于老师的教学魅力，将会成为今后中国教育和教学改革的一面旗帜。这是本人的一孔之见。

语文学习是培养人的素质和人格形成的基础。是一个人精神境界的引领。看什么，学什么，想什么，做什么，是内心世界的源头。从少年抓起，从少年培养，这是一个国家、一个时代的育人工程。今天的年轻人酷爱玩手机不爱读书，今天的少年心灵脆弱不经风雨，小小年纪实施暴力，一点挫折轻抛性命。怪异现象说明什么？反映出什么？又急需什么？育人要重要。

@密歇根大学包宇轩

感谢，感恩！感谢您的付出和坚守，感恩孩子能遇到您，您的大语文教学，经典阅读，还有独特的教学魅力，使孩子开阔了视野，丰富了心灵，对孩子的成长产生深远的影响，一生受益。

@阿亮

一代一代中国人只读课本不读书，还要牺牲下一代！可悲！我个人觉得这些案例有写进中国教育史的价值。可喜的是这些年您开创的道路逐渐成大道，福荫众生。北京市名著阅读展示活动连续两年在我们学校举办，至今和一些同行好友交流名著阅读教学，他们盛赞我们学校名著阅读活动开展得实，我们就是朴素地读，整本整本地读，读书笔记一篇一篇地写，有扎实的做法，没有什么花招，没有什么妙计，甚至不追求统一进度，每个学生有自己的节奏。我的第二轮名著阅读教学已经过去一年，我高兴地

> 发现有一批同学已经始见格局和境界，相信一批一批的学生会跟上来。现在几乎没有人再争论要不要读，但回顾前路，我不敢想如果没有您当年以一人之勇力独挽狂澜，现在名著阅读会是什么局面。这些细节应该让更多的人了解。感恩。

@好运的家长

> 没想到于老师面临过这么大的挑战与压力。您就像一个斗士，在向传统开战，您做的这件大事让早培的孩子受益了。您做的这件大事让现在的中学语文教学开始发生变化了。孩子们现在的考试中融入了大量名著与传统文化的内容。孩子回想过往在您的教导下学习过的两年，"心有幸焉"。
>
> 于老师的大语文观是辟大道，帮助孩子树立大格局，建立独立思想的大道。孩子们在关键的时候能得到您的指导，是孩子一辈子的幸福。尤其是您指导的读书笔记的交流点评，孩子说学习到最多，收获颇丰。感慨良多，孩子能得此厚待，唯有珍惜。唯有坚持读书，丰富自己。并祝于老师身体健康，心情愉快。

@sh

> 引导学生阅读名著、学习大语文，不为暂时的考试分数，使学生终生受益。不仅需要水平和能力，还必是德高之人。

@小雨

现行的评价机制也像木桩,拴着很多老师和家长……名师尚且有如此压力,道阻且长。

@先锋

我女儿在您的教导下,读了不少名著,获益匪浅。那份读书单后来被我广为推荐给各位朋友及其子女,受到一致好评。在此特别感谢于老师,感谢人大附中!

@子麒

您让我们读的书让我们受益匪浅。我这两天在美国这边写文章,才觉得国内高考体系里对于阅读和写作的普遍要求实在是太低了。

@铉

致校长的信本就振聋发聩,再加上刘校长的棒喝之声,摧枯拉朽,自是必然。

@戎禹

"文化大革命"期间上初中，课程和教材都乱了。同院有个女孩，在市图书馆上班，当时图书馆不开放，因此得以每天到她上班的地方去看书，几乎把所有的书都看遍了，甚至连医学和农学的书都看。这段经历对我的一生有极大影响，插队，当工人，恢复高考以后上了师范大学，工作被安排调换了多次，但初中读书形成的思维对人帮助极大，我觉得最重要的一点，就是对人的理解和对社会的理解比较深厚（当然也得益于工农兵的社会经历），而理解力强了，思维能力自然也强了。但是我也有一个很大的困惑，就是自己知道读书的重要性，家里也有几千册书，从中挑选了自己认为比较重要的，从小学到初中就给孩子推荐，但是由于北京的诱惑比较大，学校作业的压力也很大，孩子实际上很多书并没有看或者看的很糙，因此他没有产生很好的思考。而且让我事后感觉无法挽回的是，初中这个阶段过得非常快，自己在单位有事，孩子也很忙，一眨眼就过去了，真是事后想弥补，想追加都很困难。虽然孩子也读了硕士，工作也还可以，但每每交流起来，都会觉得，他当年要是再多读一点书，或者能读得好一些，何至于工作后感到费劲呢。转眼他又要有孩子了，更没有精力再去读书了。所以我觉得如果能有老师主导，家长做个配合，孩子在这个阶段读书的效果一定是最好的。如果双方拧着劲儿，一方主导，一方反向，可能就会像我的孩子那样，功半事倍。衷心谢谢您这样有思想的老师。

@老教师

你记叙的事情令我感触颇深：真理是一定能被人们认识和接受的。你的观点总结了古今中外成才的根本之路，而不仅仅是语文教学的问题。你的大语文观点有很高的思想价值。一个人如果能够在青少年时期阅读大量古今中外的文学名著，其意义远远超过语文本身，它将极大地提高阅读者的整体素质。试想众多的先贤名人不就是在不倦的阅读中汲取精神营养，净化心灵，终于成就了大业吗？这是大语文思想的首要意义。

再者，儿时的阅读会养成静心读书的良好习惯，提高读者的文化素养，知书达理，视野开阔，而这是人生最宝贵的财富。前辈的道路告诉人们：良好的文化素养是青年们成功成才的基础。

你的大语文思想最直接的效果是提高了学生们的语文水平，他们对文学作品的思想性和艺术特色会有较为准确的理解，他们能够较为准确地表达自己的思想感情，他们能够写出思想清晰语言流畅的文章。

@亮眼哥

告状事件的理想解决，或是大语文教育的真正开始，抑或是语文教育的一次改写？愚以为就其意义和价值来看，"告状"这一案例是完全应该写进中国教育史的。

四、终于破夔门，东流成大海

家长告状的事解决完，在接下来的日子，在学校领导的支持下，全组老师齐心协力，大力推进名著阅读活动，在语文课程改革方面取得突破，教育教学成果显著，美好的愿景一个接一个变成了现实。

从2010年起步，人大附中的阅读经典名著的语文教学改革从一个班级到一个年级，再从一个年级到全校，进而带动全市，影响全国。

"告状风波"一年之后，一位学生家长给我写来了一封信。

> 尊敬的于老师：
>
> 您好！
>
> 在家长会上，听到您对孩子作文的点评，作为家长，我被深深地震动了。没有想到，初中年级的孩子们，读书笔记写得如此的得心应手，无论是读书笔记的题目，还是文章里面渗透出来的孩子们的思想和见解，都让作为成年人的我感到惊讶！惊讶于孩子们的文笔，惊讶于孩子们对名著的深刻理解，惊讶于孩子们独到的视角！我被孩子们的才气深深折服了。
>
> 我的孩子非常有幸，有您教他们语文，家长私下沟通时，别的年级的家长都非常羡慕我们。我们家长愿意全力配合您，一起提升孩子的语文水平。

几年前播下的种子终于开花结果了。

三年下来，初一孩子人均读书二三十部，阅读量千万字以上；人均写读书笔记两万多字。2013年7月，《走进名著——人大附中学生这样读书》出版发行；2015年1月，《人大附中学生这样学语文：走近经典名著》出版发行。这两本书收录了近两百篇人大附中初一、初二学生的读书笔记。

中国教育学会副会长朱永新在为《走进名著——人大附中学生这样读书》一书写的序言里，写了这样一段话：

在应试教育的大环境中，在相当程度上，教育已退化为教学，教学已退化为传授知识，传授知识已退化为追求考分。素质教育如此节节败退，也推波助澜地让以考分高低判断学生优劣、决定学生命运，成为较为普遍的社会现实。许多父母甚至学生自己都认为，名著阅读哪怕千好万好，但对提升考试成绩没有立竿见影之效，耗这么多时间读书，远不如用来做习题。

在这种情况下，去引导学生走进经典、阅读名著，是要承担风险的，也很容易招致非议，是件受累不讨好的苦差事。但是，人大附中的于老师和他的伙伴们知难不退，充满自信。他们坚信阅读的力量，坚信教育的规律，并且通过创造性的工作，让学生们与那些伟大的灵魂对话。因为他们坚信，任何劝导规训的金玉良言都比不上他自己翻开书页，亲身体验书本中奇妙而广博的世界。

2014年11月19日，由北京教育科学研究院基础教育教学研究中心、人大附中、北京市海淀区教师进修学校联合主办的"走近文学经典名著，推进语文课程改革——北京市名著阅读现场会"在人大附中举行。

人大附中"名著阅读走进课堂"引起社会各界的极大关注。一时间，于树泉老师在现场会上的主题发言《读书比什么都重要》和人大附中学生读书书单成为《光明日报》、微信公众平台、网络等媒介争相转发的社会热点。

一年之后，也就是2015年的12月27日，北京市委常委、教工委书记苟仲文、北京市各区县教委领导、部分学校语文教研组组长和教师再次

2014年11月,北京市首届名著阅读现场会在人大附中举行,于树泉在会上作了题为《阅读比什么都重要》的主题报告,人大附中的名著阅读经验从此引领北京,辐射全国,在课程改革和考试改革中发挥了重要作用。

一年之后(2015年11月27日),北京市第二届名著阅读现场会(《红岩》专题)再次在人大附中举行,于树泉在会上作题为《语文教育的灵魂》的主题报告。照片中,吴凌和刘成章两位老师在作课程说明。

走进人大附中，参加"北京市红岩主题阅读现场会"。人大附中"名著阅读走进课堂"经验再次引起了社会各界的关注，会议主题发言《语文教育的灵魂》成为《光明日报》、微信公众号、新闻网站等媒介争相转发的社会热点。在2015年课程改革优秀成果评比中，人大附中的"走进名著，博览群书——提升学生人文素养实践研究"的研究报告获得北京市二等奖、海淀区一等奖，在北京市语文课程改革以及中高考语文改革方面发挥了积极的引领作用。

几年的读书生活，孩子们涵养了"阳光心态、健朗精神、书生气质、家国情怀"。同时，他们的读写能力同步提升，语文学科由短板变长板。于是，在中、高考时，孩子们如虎添翼，身手不凡。正应了语文教材总编审温儒敏先生的那句话：只要多读书，成绩不会差。

一个叫俊尧的孩子通过麻省理工学院面试后，家长兴奋地发来短信：

教授的提问很意外，他们对孩子学科竞赛、获得奖牌等并不感兴趣，却专提一些文史哲方面的问题。孩子谈起《悲惨世界》《瓦尔登湖》《大秦帝国》《长征》《心学大师王阳明》等滔滔不绝，于是面试顺利通过。

多亏六年前刘校长顶住压力留住了您，感谢读书为孩子重铸了生命！

在引领学生读书的同时，老师也下真功夫，长真本事。在脚踏实地的努力中，不断地探索、积累、总结、升华。通过积极参加研讨会、做课，撰写学术论文，出版教学论著，取得一个又一个教学成果，促进了个人专业发展，真正地实现了教学相长。

回首过去，展望未来，不由想起陈毅的一首诗：

三峡束长江，欲令江流改。

谁知破夔门，东流成大海！

第二章

读书比什么都重要

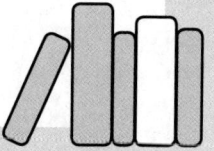

一、语文教育的根基[1]

2014年11月19日,北京教育科学研究院基础教育教学研究中心、人大附中和北京市海淀区教师进修学校联合举办"北京市名著阅读现场会",北京市各重点中学的教师代表、各郊区县的教育主管领导、市教委领导及所属各教育科研部门以及北京市委常委、市委副书记近800人参加会议,全国政协常委朱永新先生到会讲话,北京市及全国各大媒体作现场报道。会后,北京市名著阅读活动迅速展开,北京市语文课程改革、中考高考考试改革也随之推进。

1. 为什么语文沉疴难治

应该说,我们语文老师一直勤勤恳恳,努力工作。

我们的各种教学改革繁管急弦,紧锣密鼓。

但是,我们的工作效果一直很不理想,问题多多。

学生不会读书,不会写作,不会学习,语文综合能力每况愈下,人文素养状况着实堪忧。

人们一番又一番的期待、关切,等来的是一番又一番的失望、沮丧。

于是,社会各界忧思重重,焦虑不堪,舆论诟病此伏彼起,风起

---

[1] 本节内容系2014年11月19日在北京市首届名著阅读现场会的大会主题报告,主要内容以《读书比什么都重要》为题刊发于《光明日报》《中国教育报》等多家报刊媒体。这里略有改动。作者为于树泉。

云涌。

语文教育总是处在社会的关注焦点、风口浪尖：

——"语文教育少慢差费"。

——"误尽天下苍生是语文"。

——"中学生作文全线崩溃"。（温儒敏）

——"语文教育已经支离破碎"。（王旭明）

那么，问题到底出在哪儿呢？

万事万物都有"根"，根是事物的决定因素。譬如一棵树，如果缺失了水分营养，枝叶就会枯蔫萎黄；一个人，如果身染重病，就会面黄肌瘦。这时，要紧的是从根本上采取救治措施，而不是舍本求末，为枝叶上喷洒营养液，去脸上涂抹胭脂。

2. 语文的"根"是什么

其实，这本是个不是问题的问题，因为不少专家学者的教育经典论述中对此早有明确阐述。

著名教育家苏霍姆林斯基说过："应该让孩子生活在书籍的世界里"。著名学者、书香校园的首倡者朱永新先生则说：没有阅读，就没有学生的精神成长。这些话告诉我们：孩子的生命之树是要植根于阅读之中的，如同小树要植根在沃土里，孩子的精神则植根在书籍里，读书便是语文教育、学校教育之根。对此，北大资深教授钱理群先生和温儒敏先生有更为明确、直接的表述："学好语文有很多要素，但最核心最根本的方式就是阅读"（钱理群）。"阅读最接近教育的本质，是语文教育的灵魂，是语文教育之本"（温儒敏）。反之，由于学生不读书，就造成了当前"语文教育的最大失败"（温儒敏）。当下语文教育乃至中国教育出现的种种问题，都可以直接或间接地从丢失了读书之"根"上去找到原因。在这种情况下，不从"根"上去寻求解决办法，而是舍本逐末，头痛医头,脚痛医脚,如同"伐根以求木茂,塞源而欲流长"(魏征《谏太宗十思疏》),是无济于事的。

——因为,"根"比什么都重要。

有句古语,叫作"山定泉,树定根,人定心"。读书之于语文教育,就如同树根之于枝叶,源泉之于河流,基础之于大厦,血脉之于躯体,灵魂之于生命。树根萎缩则枝叶枯黄,源泉枯竭则河流干涸,基础不牢则大厦倾危,血脉不足则躯体羸弱,灵魂缺位则生命失色——语文教育的"根"丢了,语文教育就难免百病丛生、久治不愈了。

多少年来,初中3年,600多个课时,我们的老师和学生围着6本教科书,百多篇课文,从早学到晚,经冬复历春。3年的时光,注意力高度集中在中考考试范围的1000个词语、22首诗词、18篇古文上。3年的1000多个日日夜夜,平均每天落实一个词语,每50天落实一首古诗,每60天落实一篇课文。全国情况,也大同小异。老师尽管不厌其繁、不厌其详地去分析,细嚼慢咽、掰开揉碎地去讲解,可到头来,总有一种"过尽千帆皆不是,斜晖脉脉水悠悠"的失落。教来教去,语文被教成了一条风干的丝瓜,干瘪丑陋,食之无味;辛辛苦苦的零敲碎打之后,本该血肉丰满、魅力无限的语文变得瘦骨嶙峋,面目可憎,让人生厌。问题还不止如此,更为严重的是,初中的三年,正是孩子智力发育、身心成长的关键期和"精神饥渴期"(朱永新);当今世界激烈的竞争归根结底是教育的竞争、人才的竞争,而我们却画地为牢,让数以亿计的学生把全部的精力、智力、体力封闭在极其有限的应考知识上,几十年日复一日年复一年地去苦苦打拼而无暇他顾,这无论于个人发展、社会进步,还是于民族前途、国家未来,都是一个多么巨大的智能浪费和无可弥补的惨重损失。追根探源,主要还是丢失了读书这个教育的"根本"。

或许有人要问:我们的学生一天到晚手不释卷地捧着"书"在读,怎么说是丢了"根"呢?难道教材不是"书"吗?

"教科书"是不是"书"？两者能不能划等号？这正是问题的关键，是个亟待解决的问题。厘清两者关系，在当下有着非同寻常的意义。

古人说"博览群书"，是让人去博览"教科书"吗？杜甫说"读书破万卷"，是让人去读破万卷"教科书"吗？即便读破万卷"教科书"，能下笔有神吗？苏东坡有"腹有诗书气自华"的名言，一个人肚子装满"教科书"，能抵达"气自华"的境界吗……由此可见，自古以来，人们倡导博览群书的"书"，让人下笔有神的"书"，能让人气质华美的"书"，都不是指当下的"教科书"，"书"与"教科书"两者完全两码事。"教科书"是什么，用叶圣陶的话来说，"语文教材无非是例子"，也就是说，教科书只是教师在教学活动中用来指导读写的范本、"模本"。在教学过程中，老师基本采取文章学的教学模式，即以"生理解剖"的方式肢解文本，以获得"生理解剖"结果为认知目的，把学生的学习活动仅仅作为"仓储式"的简单的积累手段。再加上目前符号化、技术化、标准化的教学和考核，日甚一日地消解着语文学科所特有的情感和魅力，"让本该快乐的读写变成了苦不堪言的负担"（钱理群）。而古往今来人们所推崇的"书"，则是指那些可以"开茅塞，除鄙见，得新知，增学问，广见识，养心灵"的书（林语堂）。这些"书"和"教材"完全不是一个概念。国学大师林语堂就曾明言："教科书并不是真正的书。"朱永新先生也说过几乎完全相同的话："教科书并不是真正意义上的书"。

关于"教科书不是书"，从《义务教育语文课程标准》中也能找到佐证：

"要重视培养学生广泛的阅读兴趣，扩大阅读面，增加阅读量，提高阅读品位，提倡少做题，多读书，好读书，读好书，读整本的书。"这几句关于读书的重要表述中，有连续四个"书"字，如果把"书"理解为"教科书"，几句话就变成了"多读教科书，好读教科书，读好教科书，读整本的教科书"，这显然是十分可笑的。几句话中的"书"所指十分明确、十分肯定，一定不是"教科书"，而是教科书以外的"书"。

由《课标》强调要读教科书以外的书可知，教科书并不是语文课程的全部，语文并不等于语文课本。所以在语文教育中，必须不断加强课程建设，而其重要途径就是读书。关于如何开展课程建设，《课标》"前言"中有明确的表述："语文课程应该是开放而富有创新活力的。""语文课程应注重引导学生多读书。"相对于语文教育而言，语文课本充其量只是滴水，课本之外则是浩瀚的海洋。而真正的语文教育必须扩大阅读面，增加阅读量，去引导学生"读整本的书"，把世界当作课本，而不是把课本当作世界。否则，以课本画地为牢去培养"人"，就如同玻璃杯里栽松树、小水沟中赛龙舟，到头来，至多养养绿萝、放放纸船。一直以来，不是《课标》没做要求，而是我们有所忽略；不是《课标》没说到，而是我们没做到，以致陷在教科书里，不能自拔。用王旭明先生的话说，是我们自己把路走歪了。因为远离了读书的滋养，学生的精神土地就会板结，情感的田园就会荒芜，心灵的泉眼就会枯竭，最终难免视野狭窄，情感苍白，精神软骨，认识侏儒，心灵乏氧，变成"字纸篓"和"机器人"。

我和我的一群志同道合的同事不想带着孩子整天在蜗牛角上较雌论雄，我们渴盼抓住孩子初中一闪即逝的成长黄金时期，对教材进行取舍整合，把古今中外的名著引入课堂，带着孩子们跳出题海、畅游书海，加强人文积淀，培补精气神，并同步提升读写能力及语文综合能力，为其终身发展奠定根基。我们觉得，这种做法不是一时心血来潮，标新立异，更不是另起炉灶，剑走偏锋，而是一条在《课标》指引下正本清源的康庄大道。感谢人大附中为我们创造了条件，提供了环境，搭建了舞台，并给予了全力支持，让我们走在了实现这一梦想的路上。

我们坚信，即便有一天，教材更新了，增加了容量，也提升了质量，但局限其中仍不能学好语文；还是要突破教材，去博览群书。如同一只鸟笼，尽管更新后，笼子空间比原来大了，材质也由铁丝换成金丝，但百灵鸟还是被禁锢其中——始知锁向金笼听，不及林间自在啼。

3. 好书的标准

把好书推荐给孩子，是教师的神圣使命。教师的眼光、趣味、经验、格局和境界，决定着所推荐作品的质量。

我们给学生推荐读物时，着眼文学而不限于文学。

让学生读书，并非为培养作家，而是着眼于增加人文积淀，提升语文综合素养，进而获得全面、均衡的发展。所以给学生推荐的读物范围较广，不限于文学作品。

传统文化精华方面，先后推荐了《论语》选读、《庄子》寓言、《诗经》、《楚辞》精选、《菜根谭》以及古诗百首、对联百副、名言百句、寓言百则等，利用早读时间去读去背。历史方面，先后推荐《大秦帝国》《蒙古帝国》《1901》《1911》《左宗棠》《南京大屠杀》《苦难辉煌》等。哲学方面，推荐"老庄"、《王阳明》、周国平等。经济方面，推荐《现代化的陷阱》《猎杀中国龙》等。社会学方面，推荐《中国在梁庄》《出梁庄记》等。军事方面，推荐《长征》《解放战争》《决战朝鲜》《西路军》等。心理学方面，推荐毕淑敏、卡耐基等人的作品……

我们推荐读物时，以经典为主而不限于经典。

"经典是时代、民族文化的结晶。人类文明的成果，就是通过经典的阅读而代代相传的。"学校教育就应该"用人类、民族文明中最美好的精神食粮来滋养我们的下一代，使他们成为一个健康、健全发展的人。"（钱理群）在给学生推荐作品时，首先考虑经典但又不能拘泥经典，要同时兼顾其他优秀作品。读书活动能否开展起来，培养兴趣是第一位的。《第56号教室的奇迹》的作者、获得"全美最佳教师"称号的雷夫说过：培养读书兴趣要有一个漫长的过程。所以在给学生选择读物时，要充分考虑到学生年龄、接受程度、兴趣特点等因素，而不能搞"唯经典论"，错过一些暂时并非列入"经典"的好作品的阅读。

古今中外堪称经典名著的作品浩如烟海，有一些作品偏深偏难，不要说孩子，就是成人接受理解起来都有相当困难。比如老子的《道德经》、王阳明的《传习录》、歌德的《浮士德》等，初中的孩子不是一下子就能读得进、读得懂的。如果上来就给孩子推荐此类作品，孩子很可能一下就会呛水，进而产生畏难排斥心理，从此拒绝读书。有时学生走近经典要有一个由浅而深、由低而高的渐进过程，这就需要老师去给学生搭一个台阶。比如：为了让孩子走近《老子》，先让孩子读蔡志忠的漫画《老子说》；为了让孩子走近《庄子》，先让他们读《庄子》白话寓言故事；为了让孩子走近《传习录》，先把《明朝一哥王阳明》推荐给他们……待产生强烈的兴趣后，孩子们就会一步步走近名著。

推荐一本书之后，我们的做法是让孩子径直走进去，在一个完整而丰富的语境中，完全自主地去读，无拘无束地去读，轻轻松松地去读，充分沉浸在书中，和作者、和书中的人物同喜悲、共忧乐，尽享读书的快乐。这样坚持下来，兴趣就会自然产生。兴趣一旦形成，孩子的读书爆发力就会产生，他们的理解能力、领悟能力、读写能力都会获得令人难以置信的提高。走进人大附中，你会发现一道美丽的风景：无论课间、午休，还是楼道、操场，总有三五成群的孩子抱着一部大部头在专注地捧读，或在热烈地议论；一本刚读完，就追着老师去推荐下一本……如果学生还没翻开书，老师就滔滔不绝地讲起读书诀窍、提分妙招，这就如同面对一个饥肠辘辘的人，不去把饭菜端上来，而是喋喋不休地去讲筷子文化和淀粉结构，让人兴味索然。

孩子们代表希望，他们延续着民族的发展方向，续写着祖国的未来。因此所推荐的读物，既要符合孩子的年龄特点，又要有利于精神成长，切不可一味地厚古薄今、舍中趋外、偏深偏难、盲目随意、好高骛远，让孩子一上来就产生排斥和拒绝；更不能"花里胡哨，小里小气，旁门左道，歪门邪道"（钱理群）。

我们会把一些反映现实生活、时代色彩很强的作品推荐给学生，这些作品可能一时还不能成为经典，但一定是同类作品中的精品，或者有望成为未来的经典。比如，我们给孩子推荐了两部关于狼的书，都取得了很好的阅读效果。从《狼图腾》中，他们懂得了狼性的价值和环保的重要；从《重返狼群》中，他们懂得了什么是超越族群的大爱。《重返狼群》是80后作家李微漪创作的纪实作品，记述作者自己舍生忘死，历经艰险，把小狼放归狼群的真实经历，它创造了迄今为止历史上首例成功放归的神话。这本书文笔优美，故事传奇，孩子们沉醉其中，既陶冶精神，又开启心智，李微漪也因此成了孩子心目中"最让人佩服的人"。这本书虽然眼下不能称为经典，但未必不能成为未来的经典。正如《狼图腾》的作者姜戎在《重返狼群》序言中所言："我已经精读四遍《重返狼群》，仍想再读。这部狼书经常让我冷汗淋漓，或热血沸腾，抑或潸然泪下……给了了我精神上空前的震撼。"序言中还预祝《重返狼群》走遍中国，冲出亚洲，长啸世界。

我们希望孩子们关注社会，思考生活，热爱人生。风声雨声读书声、家事国事天下事都装在心里。我们给孩子推荐大气磅礴的《四世同堂》、"茅盾文学奖"获奖扛鼎作品《平凡的世界》、《穆斯林的葬礼》，战争文学系列、历史传记作品、世界文学名著。民族大义、美好心灵、血与火、成与败、善与恶……让孩子们精神受到强烈震撼，情感得到丰富滋养，智慧获得深刻启迪，读写能力随之明显提高，这从已出版的《人大附中学生这样学语文》收入学生的200篇读书笔记中，可以得到印证。

我们给孩子推荐经典以外的读物时掌握这样一个标准：就是作品一

定是健康的，美的，可以带给孩子正能量。

一次，某部作品荣获大奖，举国仰目，媒体记者也登门采访：

"你们是怎样带领学生读某作家的作品的？"

"我们从没给学生推荐他的作品。"

记者一怔："为什么？"

"我们给学生推荐作品有一个标准，就是：健康和美、正能量。比如，陕北高原一片荒凉，人民生活困苦不堪，窑洞简陋，衣服破烂，但饱浸真善美的《平凡的世界》，让孩子们一打开，魂就被吸进去了。读书的过程就是一个情感滋养、精神洗礼、境界升华的过程。我们就把它作为重点作品推荐给孩子。如果走进公园，看不到蜂围蝶阵，只看见苍蝇；置身辽阔草原，看不到鲜花盛开，只发现屎壳郎，这样的作品，即便炒作再响、奖项再高，我们也不会让孩子去读。"

尽管社会并不完美，人性也有不少弱点，但是我们希望孩子通过读书，能提高对假恶丑的抵抗力，对真善美的欣赏力，从而能离庸俗远一点，和高雅近一点，离浮躁远一点，和宁静近一点，离邪恶远一点，和善良近一点，离网络泥潭远一点，和古今中外的智者贤达近一点，进而培养高雅情趣，健朗精神，书卷气质，家国情怀。

我们觉得：贪心太重，功利心切是读书的大敌。不要总想着书一打开，就分数一大把，轻而易举，手到擒来。"合抱之木，生于毫末；九层之台，起于垒土"。再好的饭，吃急了也会噎；再好的书，催急了也会产生排斥。读书是慢功，习惯和兴趣的培养都需时日。但只要持之以恒，读着读着，难以想象的奇迹就会发生，所谓瓜熟蒂落，水到渠成。在读书过程中，我们形成了一份有特点的书单。一般书单都是出现在阅读之前，而这份书单却是形成于阅读之后，孩子最喜欢、最爱读、收获最大的书都在其中，它经过了连续四届成百上千学生阅读实践的检验，一如沐浴阳光雨露之后，枝头绽出的花朵。

4. 教师和家长的作用

最后说说教师因素。

语文教师决定着语文教育，名著阅读活动开展得如何，老师是关键。对语文老师来说，孤陋寡闻是致命的。"对一个老师来说，最大的危险就是自己在智力上的空虚，没有精神财富的储备"，因为"能力只能由能力培养，志向只能由志向培养，才干也只能由才干培养"（苏霍姆林斯基）。

在读书方面，习惯也只能由习惯来培养，兴趣也只能由兴趣来培养。有喜爱阅读的老师，才会有喜爱阅读的学生；有视野开阔的老师，才会有视野开阔的学生。因此，要引导学生阅读，老师自己首先要阅读，不仅要进行职业阅读，还要对文史哲、时政、经济、社会、心理等领域广有涉猎，以不断充实智库，裨补精神。这样，教学才会出现一片新天地，抵达到一个新境界，逐渐做到举手投足之间，一笑一颦之际，都给学生以潜移默化的影响。如果陷入"缺失性认知"，让课本、考试障住双眼，库存贫乏，心智枯竭，即便想去带学生走近名著，也会力不从心。朱永新先生在《我的阅读观》中写道："更为可怕的是，教师作为最应该阅读的职业群体，有许多人也放弃了阅读，不少教师只靠几本教参在课堂上打拼。有些教师顶多不过读几本流行杂志，更不用说教育学和心理学了。在宽广的人文领域中，能够阅读最基本著作以及文章的教师究竟有多少呢？这种精神的荒漠化，导致的是教育的贫瘠，使大批学生在离开校园的时候精神相当贫瘠。教师不阅读，从某种意义上是整个社会缺乏阅读的缩影。"并大声疾呼："拯救阅读，请从拯救教师阅读开始！"钱理群先生说："中国教育的最大失败是教师不读书……"

除了老师的因素外，引领学生读书还会遇到其他困难和阻力，其中首先是来自家长的阻力。2010年，我在人大附中连续教了8年高三后，被刘彭芝校长空降到初一,去"加强人文积淀,涵养大家气质",引领孩子开展名著阅读。孰料几个月后,家长的告状信铺天盖地飞到校长手里,家长们众口一词:既然中考只考上千个词语、十几首诗、二十多篇古文,那老师为什么要领着孩子们去读名著?如果孩子因为读书使中考受到影响,没能升入重点高中,这个责任谁来负?声声质问,咄咄逼人,火药味十足:强烈要求校长撤掉现任语文老师,换上富有中考辅导经验的老师。在这种情况下,学校召开了家长会。在会上,刘彭芝校长给家长讲了很多读书的道理,还让老师朗读了我就读书问题写给家长的信,最终风波止息,名著阅读活动才得以坚持下来。可见在关键时刻如果没有领导的支持,开展名著阅读活动会举步维艰。尤其在现有中考方向的"指挥"下,面对严峻的升学现实,从老师、学生到学校、家长都有诸多的无奈,即便懂得通过读书可以"种下龙种",也只得屈从现实去"收获跳蚤"。

朱永新先生这样说过:如果我们的孩子在10多年的教育历程中,还没有养成阅读的兴趣和习惯,一旦他们离开校园就将书永远地丢弃在一边,教育一定是失败的;相反,一个孩子在学校的成绩普普通通,但是对阅读产生了浓厚的兴趣,养成了终身学习和阅读的习惯,一定比考高分的孩子走得更远。非常钦佩北京教科院刘宇新等老师的气魄和眼光,把语文教改的着力点放在了读书这个根本点之上,把推进全市的名著阅读放在了课程改革的高度。而此举受到市委、市教委主要领导的高度重视,更让人倍受鼓舞,我们由此看到了北京市教育乃至全国教育的希望。

二、读书·写作·成长

1. 千万抓住孩子的"读书黄金期"

在孩子漫长的人生岁月中,1—18岁最神奇,最宝贵,最美好。这

18个年头里,学前6年,小学6年,中学6年,三个"6"排列起来,是个寓意美好的"666"——特别棒!这三个"6",还是个循序渐进的"读书黄金期":学前启蒙,小学开智,中学跃迁。尤其中学阶段,可谓"黄金期中的黄金期",抓住这稍纵即逝的宝贵时光,去"多读书,好读书,读好书,读整本的书",这将在很大程度上影响着孩子的未来。

这个"读书黄金期中的黄金期",指的不会是启蒙阶段的学前6年,也不会是小学的6年,或者说至少不在初小的4年里——因阅读、理解能力所限,孩子这时的课外读物通常是绘本、卡通、动漫之类。即便到了阅读能力有所提升的五六年级,有的孩子或多或少读了点《草房子》《昆虫记》《城南旧事》《假如给我三天光明》,但主要读物还是诸如《洋葱》《那小子真帅》《大战僵尸》等少儿读物;就算接触了所谓的中国古典四大名著,往往也是"青少版"。可见,整个小学6年,学生还处在阅读准备阶段,而没进入真正的"读书黄金期中的黄金期"。

最后,就剩下了中学的6年。这时,学生已经进入"精神饥渴期",求知欲望强烈,心智发展迅速,"三观"逐渐形成。这是"恰同学少年,风华正茂"、"指点江山,激扬文字"的岁月,也是"少年智则国智,少年强则国强"的希望之所在,正需要通过博览群书来广视野、厚积淀、拓胸襟、立志向,激荡情怀,点燃梦想,在生命中播撒远大理想的种子,提升格局和境界,为成就远大前程蓄势,为终身的发展奠基。由此可见,"读书黄金期中的黄金期"非中学阶段莫属。

我觉得,所谓"读书黄金期",应该同时至少满足以下三个基本条件,即:大量阅读经典作品的时间保证、精力保证与阅读能力保证。如果没有时间,就没空读书;如果没有精力,就不能读书;如果有了时间与精力,却没有基本的阅读能力,就读不懂书。何况阅读习惯的培养必须假以时日,不会一蹴而就。如果没有持续性、连贯性与一定阅读数量的积累,就不可能形成阅读能力。所以说真正的"读书黄金期",应该时间、精力与能力三者缺一不可。缺失其中任何一个条件，都难以进行有质有量的阅读，称不上真正的"读书黄金期"。

中学的6年，本该是多么美好、多么重要、多么令人神往的"读书黄金期"啊！

可是，多少年来，高中生活的普遍状态是："高一学点知识，高二忙联考，高三全部刷题"（温儒敏）。有不少地方，一升入高一便开始了抢跑，学生终日绷紧每根神经，陷身题海不能自拔，精神高度紧张，随时处于临战状态。久而久之，致使情感贫血，精神软骨，认识侏儒，头脑空壳，认知偏执，甚至价值观变态、人格扭曲者也不乏其人。可见，到了高中阶段再去奢谈读书实在为时已晚。这样一算，中学的6年就只剩下初中短暂的3年了。而有一项关于全国学生读书情况的调查显示：学生一过初二，读书情况就会急转直下，原因在于初三面临水深火热的中考备考，读书已无暇他顾。至此，在1~18岁当中，称得上"真正的"读书黄金期中的黄金期的，就勉勉强强只剩下初一初二两年了。

由此可见，初一初二便是那个真正的无比珍贵的"读书黄金期中的黄金期"。

如果没抓住这宝贵的黄金期中的黄金期，错过这稍纵即逝的两年时间，而把所有时间都用来刷题、训练，或者疯狂地跑课外班，没有进行无比重要的有质有量的阅读，指望到高中、大学或走上工作岗位后再去提升读写能力，实际上已经意义不大，很多人会为此悔之莫及，抱憾终生。

记得一个智商很高的理科生，到了高三下学期，数理化英等科目已经到了无需再学的程度，英语课时甚至去自学阿拉伯语，每天无所事事，只是语文150分的试卷只能得七八十分。于是主动提出想看看书，我便把自己的《平凡的世界》借给他。高考后他却说："老师对不起，这本书我没看。"这么好的书，又有的是时间，怎不看呢？一问才知道，原来他"一看满眼的铅字,连一个图也没有,就崩溃了"。可见一旦初中阶段的读书兴趣没激发出来,读书习惯没有养成,视野没有打开,那么在今后的日子里,学生就会对读书心存障碍和抵触,不想读书,不去读书,不会读书。由于错过了初中阶段的"黄金期中的黄金期",一个学生的阅读理解能力,很可能终生"定格"在一个很低的层面上,再难补救。

最后还要说明的一点是,之所以称初一初二为真正的"黄金期中的黄金期",不是说其他阶段不重要,而是说此阶段比其他任何阶段更重要。是学前的启蒙、小学的基础让初中的阅读成为可能,而初中的阅读习惯一旦养成,高中阶段学习再忙也会去挤时间读书。人大附中有"双状元"之称(2013年海淀中考状元、2016年北京市高考理科状元)的周展平同学的事例也证明了这一点。他曾在微信中写道:

初中三年里,我读了三四十部名著,多达一两千万字,写下3万多字的读书笔记,储备了丰富的精神能量,形成了足以支撑自信的读写能力,考场上不免有一种居高临下、举重若轻的感觉。中考120分的语文试卷考了118分,作文满分。升入高中后,再忙再累我都不放弃读书,因为读书已经成了一种生活方式。高考150分的试卷,我考了141分,作文满分。相信多读书、读好书、读整本的书一定会让我终生受益。

从2019年暑期开始,"专治不读书"(温儒敏)的统编语文教材已经在全国投入使用,这给语文教育带来了福音。通过抓住读书黄金期勤奋读书,增加文化积淀,涵养阳光心态、健朗精神、书卷气质、家国情怀,全面提升语文核心素养,就可以打下语文和精神的双重底子,从而促进生命健全发育,最终形成一种强大的发展动力。如同一颗松树的种子植根大地上。应该说,每个孩子都是一颗松树的种子,具备长成参天大树的先天基因。若把这颗种子栽进杯子里,就很难生根发芽;若把它栽进花盆里,它至多长成盆景;若把它栽在读书与实践的大地上,那么

第二章 读书比什么都重要

2016年10月,人民教育出版社首届名著阅读成果展示会在南京举行,于树泉应邀在会作主题报告《读书比什么都重要》。

于树泉2016年在广东召开的全国语文名师大讲堂上讲读书。

在上海召开的全国语文教师名著阅读研讨会上,于树泉作题为《大语文时代,读书比什么都重要》讲座。

在北京航天航空大学"国培计划"全国中小学名校长领航班会议上,于树泉作题为《我的大语文探索》讲座。

这颗种子在沐浴天地日月光华、汲取充足的生命能量之后，便会长得枝繁叶茂、高可凌云。

2. 当"读破万卷书"变成"做滥万套题"

多年来，提起每况愈下的中学生作文，就像提起每战必败的中国足球，社会各界口诛笔伐，舆论诟病此伏彼起，愤怒混着焦虑，责难伴着忧思，无奈掺着失望……

为了寻求改变，人们煞费苦心，竭尽努力，在一番番花样翻新的变革中，各种理念与流派应运而生。然而，当形形色色的训练序列、完美精致的技巧方法、包打天下的规矩套路形成之后，当"作文满分妙诀"、"快速构思技巧"、"出奇制胜要窍"满天飞的时候，学生作文却江河日下，走到了"作文教学全线崩溃"（温儒敏）进而导致作文"全线崩溃"的今天。

之所以"崩溃"，在于我们的作文教学犯了一个常识性的但又是致命的错误：不再引领学生去"读破万卷书"，而是把读书的时间和精力花在"做滥万套题"上——不只基础知识陷身题海，作文教学也在"模板""套作"之类的练习上打转。

谁都知道，要一朵花绽开，不能只着眼"花"的本身，而需关注花绽开所需的水分、营养、阳光等根本的生存条件。否则，你即使在改变花色、花味、花形、花瓣、花蕊的外在形态上花再大力气、下再大本钱，也无济于事；即便花开了，也是瘦弱的、病态的。可是多年来，我们改变作文现状的努力一直不从"读书"这一根本处入手，而是舍本逐末，致力于技巧、方法、篇章、结构、开头、结尾、变换角度、一材多用的训练，让学生为作文而作文。最终使出浑身解数，也只是装扮出苍白、丑陋、僵化的"花"。

虽然中学生作文"全线崩溃"的现状已经让人倍感沉重，但是，我仍想在这句话的后面加上一个"中"字:我以为,中学生作文目前只是处在全线崩溃"之中",还远没有跌落崩溃的"谷底"。这样说是因为,这种"崩溃"并非始于今日,也远不会止于今日,而是正处在"进行时"。至少十几年前这种崩溃迹象便已经很明显。我参加过2006年北京的高考作文阅卷,当时就发现高考作文已经溃不成军。(见《中学语文教学》2006年第9期《一个鲜亮而苍白的符号》一文。)

当然,这种"全线崩溃"也不会终于今日。要想写好作文,"唯勤读书而多为之",此外没有别的道路可走。不读书却想写好作文,和蜜蜂不采花粉却想酿蜜一样荒唐。因此,"读破万卷书"变成"做滥万套题"的现状一天不改变,学生作文的崩溃趋势就一天不会逆转。

当"读破万卷书"变成"做滥万套题","崩溃"的不仅是作文。有人认为:考试是一种较低级的能力(叶开《对抗语文》)。可是,当为了获得这种能力而付出全部精力去"做滥万套题"时,人之所以为人的至为宝贵的东西就会被忽略。如同一个饥肠辘辘的乞丐,当他把全部心思都用于讨得一点残羹冷炙充饥时,便再没有任何"带宽"去安排更长远的发展。当前学生作文暴露出来的种种问题,大都可以找到精神因素的某种对应:内容的肤浅源于认识的肤浅,内容的空洞源于心灵的空洞,内容的狭窄源于视力的萎缩,内容的"软骨"源于精神的"缺钙",内容的局促源于心灵的"乏氧",内容的苍白源于情感的"贫血",作文中的不着边际、不辨东西、不知所以,折射出的是认知的懵懂、心智的昏聩、神思的恍惚……

"读破万卷书"变成"做滥万套题"是教育的巨大悲哀。教育的伟大与神圣本来在于可以使生命更美好,可是这一变化,却导致人生视野的一天天萎缩,精神土地的一天天板结,情感田园的一天天荒芜,心灵泉眼的一天天干涸,以致让作为精神动物的人,渐渐变成胸无点墨、头脑空空的"空壳人",死记硬背、盲目刷题的"机器人",见解肤浅、视野狭窄的"侏儒人",眼睛斜视、钻牛角尖的"偏执人",情感苍白、心灵沙化的"贫血人",心乱如麻、神思恍惚的"迷瞪人",甚至价值扭曲、心理晦暗的"变态人"。

"读破万卷书"变成"做滥万套题",更会严重削弱一个民族的核心竞争力。当今世界,无论科技的竞争、人才的竞争、教育的竞争,归根结底是民族素质的竞争,而"读破万卷书"变成"做滥万套题"对人的素质所产生的负面影响,是怎么说也不过分的。当几千年的人类智慧失去传承、优秀的民族传统文化根脉断流之后,心灵将变成可怕的精神荒漠。爱因斯坦在《论教育》中早就说过,一味的专业训练,可以让人变成一种有用的机器,甚至一只受过很好训练的狗,但不会成为一个和谐发展的人。当下,国人也忧心忡忡,担心这种教育现状不改变,中国恐怕连"人种都会退化"(资中筠)。

什么时候中学生作文的"全线崩溃"会被点了刹车停一停呢?我以为,当教育正本清源,"做滥万套题"变回"读破万卷书"时,当"多读书,好读书,读好书,读整本的书"的要求不只写在"新课标"中,而且成为一种教育现实,一个个中学生因读书而变得精神饱满、意气风发,此时,中学作文就真的有了希望,中国教育就有了希望,中国的前途也就更加光明。

正是出于这种考虑,自2010年开始,人大附中的名著阅读活动正式启动。几年来,每届学生人均阅读古今中外名著约30部,近千万字,并写下两三万字的随笔。通过"勤读书而多为之",学生在丰富人文积淀、打开文化空间、发展核心素养、获得生命成长的同时,读写能力也获得同步提升,在中考时接连取得世人瞩目的好成绩。在此基础上,我们撰写了《人大附中中考作文取胜之道》一书,希望借此告诉社会上为写作问题而痛苦不堪、愁肠百结的老师、学生和家长,多读书、勤积累是写好作文的筑基功夫和不二法门。有了这个基础,再加上适当的写作指导，每个学生都会突破写作的瓶颈，获取应有的成功，而除此之外一切所谓的写作"妙法""诀窍"，都不过是虚幻诱人却终无所获的水中月、镜中花和沙滩上的海市蜃楼。

3. 读书是写作之本

读书是写好作文的决定性因素，就像曹文轩所说，"写作是支箭，读书是把弓"。箭能否射得远，很大程度上决定于弓的质量。

虽然并非每个读书的孩子都能写好作文，但能写好作文的孩子肯定都读了很多书。

尤其需要说明的是，这里所说的"读书"，不是"读教科书"，而是读教科书之外的书，也就是《义务教育语文课程标准》中"多读书，好读书，读好书，读整本的书"所说的"读书"。

从"读书破万卷，下笔如有神"（杜甫），到"博览而约取，厚积而薄发"（苏轼）；从"腹有诗书气自华"（苏东坡），到"阅读是吸收，写作是倾吐"（叶圣陶）……从前人的经典论述中，我们完全可以明白读书对于写作是多么的重要。

关于读书与作文，欧阳修说过几句很有权威性的话。

一次，有人请教欧阳修怎样才能写好文章，欧阳修答道："无它术，惟勤读书而多为之，自工。"欧阳修的回答斩钉截铁，毫不含糊：一个人要想写好文章，没有任何其他的技巧与诀窍，只有两条道路可循，一个是博览群书，一个是勤奋练笔。只要做到了这两点，写好文章便是自然而然的事情。

接着，针对时人的通病，欧阳修毫不客气地批评道："世人患作文字少，又懒读书，每一篇出，即求过人，如此少有至者。"即，当下世人的弊端在于：一方面很少去动笔写作，一方面懒得读书增长见识，丰富积淀，却异想天开，希望自己的每一动笔都能一鸣惊人。这样做的人，很少有达到写好文章目的的。

时隔千年,欧阳修这段话仍有着很强的现实针对性。

读书是写好作文的"筑基"功夫,是写好作文的根本。不去读书却期待写好作文,如同不去掘井却奢望清泉喷涌而出一样,"好作文"永远是水中月、镜中花、沙滩上的海市蜃楼,缥缈而虚幻,可望而不可及。

如果说写作是酿蜜,那么读书就是采集花粉。

如果把蜜蜂关起来,终日传授酿蜜技巧,却不让它们去采得百花,那么,无论技巧多么高超,蜜蜂也不可能酿出蜜来。当下,社会上铺天盖地的作文高分技巧训练班,就是这样的"蜜蜂培训"。难怪学生的作文越训越糟、越写越垮了。

一棵大树缺失了水分营养,枝叶就会枯黄枯萎;一个人食不果腹,就会面黄肌瘦。这时,要紧的是从根本上采取救治措施,而不是舍本求末,去为枝叶喷洒营养液,去脸上涂抹胭脂。同样,当学生失去了"读书"这一写好作文的根本条件时,也绝对不是给病病歪歪、带死不活的作文去涂抹喷洒什么"写作技巧""修辞手法""开头结尾"的营养液和胭脂,而是引导学生去读书,使读和写融为一体。

2002年4月,美国国家写作委员会(National Commission on Writing)向国会递交了一份报告书,力陈在全国各级学校进行写作改革的必要,提出了"写作重要,阅读第一"的理念,认为读写结合是提升写作能力的最佳途径,这为我们倡导已久的读写结合提供了新的理论支撑。

鲁迅先生说过:"人立而后凡事举。"作文即是做人。一个人不读书,情感、精神、心灵就不能获得健全发展,"人"就"立不起来",作文写不好也就在所难免了。

4. 功夫在诗外:从当下语文教材之争说起

每一次的篇目变动都引人瞩目,每一次的课文调整都牵动人心,每一次的内容取舍都激起波澜,为什么史地政、理化生、音体美等其他学科就很少有语文教材变化带来的这种轰动效应呢?这是因为语文到底是要具有"工具性""人文性"还是"语文味"?

我的答案是:语文是母语。

作为母语的语文是什么?我曾在一首小诗里写下过这么几句:

语文是血脉,

语文是基因。

语文是审美,

语文是寄托。

语文是情感,

语文是精神。

语文是生命,

语文是心灵。

语文是人的教育,

语文是你的人生。

语文既有学科综合性很强的特点,也有直通心灵的一面。因此,语文课就不只在学语文,也在学历史、地理、哲学、文化、传统、伦理、做人……久而久之,学生渐渐明白了什么是美丑善恶、是非曲直。靠了这种真正的"启蒙教育",语文课本成了几百万中小学生认识世界的重要窗口和共同的精神家园。由此可见,编写出一套尽可能理想的教材有多么重要。然而,一部再好的教材也不过是"教材",因为"语文教材无非是例子"(叶圣陶),而作为"例子",其容量及功用就有限得很。在语文的广阔天地中,教材充其量只是一滴水,教材之外则是浩瀚的海洋。要想真正学好语文,"功夫在诗外"。

尤其是,初中阶段正是学生身心成长的关键期,当孩子的身体进入青春期的同时,精神也进入关键的"饥渴期"。在生活中,人们会格外看重孩子的饮食均衡以促进身体发育，却常常忽略精神滋养对于孩子心智发育的极端重要性。而阅读，正是心智发育的关键因素。然而，现实中相当普遍的情况是，在初中这足以影响人的一生的三年关键时光中，在学生处于精神高度饥渴的时候，在学生的心智发育亟待通过阅读名著和与古今中外大师进行对话来获得滋养的时候，摆在他们面前的精神食粮往往只有区区6本教科书，每本教科书中只有并非篇篇值得一读的二三十篇课文，总计两三万字，其他几乎无书可读。如同一个处于身体快速发育期的孩子，每天饥肠辘辘，摆在眼前的却只有几颗浓缩的多维糖丸。

至此便不难理解，为什么经过多年的语文学习，学生的心灵土地会那样贫瘠，人文田园是那样荒芜，一个个视野狭窄，情感苍白，精神软骨，认识侏儒，无异于"字纸篓"和"机器人"。我觉得，现行语文教材固然并不完美，但再完美的教材也不能改变令人极度不满的语文教育现状，因为我国语文教育的最大问题并不在教材，而在于"教材至上"，那句耳熟能详、为害甚剧的"以本为本"就是明证。本来，"语文即读书"，读书是语文教育之本，这属于语文教育的常识——从叶圣陶、钱理群、温儒敏，到朱永新、钱梦龙、郝明义（中国台湾学者）……不知有多少著名的专家学者说过类似的话。"多读书，好读书，读好书，读整本的书"几句话更是明确写进"课标"。但时至今日，语文教育的普遍现状依然故我。如果不能"努力使语文教材形态这一块成为虚框"（王荣生《语文科课程论基础》），最终突破语文教科书的限制，把世界当作课本，而仍然画地为牢，把课本当作世界，语文教育就难有根本的转变。

基于如上思考，人大附中自2010年起在初中全面开展名著阅读活动，活动有以下几个突出特点。

首先是"海量阅读"。在初中的三年里，我们推荐的"必读""选读"作品不下50部,学生人均阅读古今中外名著达30部,人均阅读量达2000万字。从展示读写成果的《人大附中学生这样学语文:走近经典名著》(于树泉、吴凌编著)一书中,可以看到学生读过的书超过百部。时至今日,人大附中的名著阅读活动已经扎扎实实地开展了10年。通过读书,学生的眼界大开,胸襟大展,丰富了人文积淀,提升了语文素养。

其次是"多元阅读"。"基础教育的全部任务,就在于为学生的成长打开一个广阔的文化空间"(钱理群)。中学生既要读文学经典,也要读文化经典,包括历史、政治、军事、经济、天文、地理、哲学、心理等,一切值得读的书都在可读之列。在传统文化方面,我们先后推荐了《论语》选读、《庄子》寓言、《诗经》、《楚辞》精选、《菜根谭》以及古诗百首、对联百副、寓言百则;哲学方面,推荐老子、王阳明、周国平;社会学方面,推荐了《现代化的陷阱》《猎杀中国龙》《中国在梁庄》《出梁庄记》;心理学方面,推荐了毕淑敏、卡耐基的经典作品……通过广泛涉猎,博览群书,来培养学生的阳光心态、健朗精神、书卷气质和家国情怀。

最后是开展了丰富多彩的"专题阅读"。譬如由《狼图腾》《重返狼群》《藏獒》组成的动物专题,由《大秦帝国》《大秦将军》《蒙古帝国》组成的历史专题,由《鲁迅传》《毛泽东传》《钱学森传》《贝多芬传》《林肯传》《拿破仑传》《海伦·凯勒自传》组成的人物传记专题,以及由反映中国近现代史、中华民族的苦难与辉煌历程的作品构成的"红色经典"专题等等。

"红色经典"的大量阅读,有利于学生的人格培养和精神成长,也有利于把"继承和发扬中华优秀文化传统和革命传统,体现社会主义核心价值体系的引领作用"的课程建设目标落到实处。走进"红色经典",不仅是回归读写本源、同步升华读写的有效途径,更是形成核心素养、

为终身发展奠基的必然之举。(见2019年11月18日《光明日报》)

5. 从一次读书报告会谈起

几年前的一天下午,我在阶梯教室给高中学生作了一个读书讲座。

上来先是互动:

"读过《四世同堂》的同学请举手。"

一声下来,沸腾的阶梯教室静了下来,二百多名高中生面面相觑,没有一人举手。

或许几部获奖的当代长篇小说的情况会好些?我随后问道:

"那么,《狼图腾》呢?"

"《平凡的世界》和《穆斯林的葬礼》呢?两部在读者问卷中并列第一的茅奖作品?"

坐得满满当当的阶梯教室里,只举起几回手,稀稀落落,无精打采。

"那你们不读书哇?"我禁不住问。

"读!"回答一片响亮。

"好,说说都读的什么?"

《如何速记英语单词》——一个同学回答。

《如何巧解数学应用题》——又一个同学回答。

《高考作文满分宝典》——第三个同学答道。

一时间,七嘴八舌,沸沸扬扬,都是五花八门的教辅书名,偶尔夹杂着"三重门""花季雨季"的声音。

对眼前的一幕,我并不意外。

北京电视台有一个名为"SK状元榜"的栏目,每周一期,是高中生展示才情的舞台,初一18班的程昊同学看了之后,这样写道:

每周我都会收看"SK状元榜"节目,这周六晚我又准时打开了电视。

在收看最新一期的"SK状元榜"时，一位主持人询问参赛选手一部长篇小说的名字。

第一个条件：这部小说描写的是1975年至1985年中国城乡社会的巨大历史性变迁……

我几乎脱口而出——《平凡的世界》。

第二个条件：主人公孙少安、孙少平……

这时，答案已经十分明了，我相信我们初一（18）班的任何一个同学都能脱口而出，可那四个高中生选手还是很茫然地看着主持人，没有一点反应。

第三个条件：这是路遥的作品，该作品获得茅盾文学奖。

可是即使说出如此多的条件，那四个选手还是面面相觑，无人回答。

节目很快结束了，可它留给我的印象却久久不能散去。

《平凡的世界》，这是一部多么经典的名著啊，而他们居然没看过，这是路遥用生命写出的巨著，可他们甚至都没听说过。

面对如此简单的提问，几位过关斩将荣登"SK状元榜"大赛擂主的高中生居然张口结舌、目瞪口呆，全国中学生名著阅读情况怎样，也就可想而知了。

本来，每个学生的发展都有着无限的可能性。对学生的生命成长而言，语文课本充其量只是滴水，课本之外则是浩瀚的海洋。一旦远离了读书的滋养，学生的精神土地就会板结，情感的田园就会荒芜，心灵的泉眼就会枯竭，最终难免视野狭窄，情感苍白，精神软骨，认识侏儒，心灵乏氧，变成"字纸篓"和"机器人"，这无论于学生、家长，还是于社会、民族，都是一个不幸。我和我的一群志同道合的同事不想带着学生整天在蜗牛角上较雌论雄，我们渴盼打破课本的禁锢，带着他们跳出题海、**畅游书海**，加强人文积淀，培补精气神，顺带提升读写能力及语文综合能力，为其终身发展奠定根基。感谢人大附中为我们创造了条件，提供了环境，搭建了舞台，并给予了全力支持，让我们走在了这一逐梦的路上。

在实践中，我们体会到，以下五点是引领学生读书的关键所在。

第一是激发兴趣。

开展好名著阅读活动，培养兴趣是第一位的。面对一本好书，最好让孩子径直走进去，在一个完整而丰富的语境中，完全自主地去读，无拘无束地去读，轻轻松松地去读，充分沉浸在书中，和作者、和书中的人物同喜悲、共忧乐，尽享读书的快乐。这样坚持下来，兴趣就会自然产生。因此，牵着孩子们的手，"把他们引导到这些大师、巨人的身边，互作介绍以后，就悄悄地离开，让他们——这些代表着辉煌过去的老人和将创造未来的孩子在一起心贴心的谈话，我只躲在一旁，静静地欣赏，时时发出会心的微笑。就为这个瞬间，无论付出什么代价，都是无怨无悔的啊！"（钱理群）兴趣一旦形成，孩子的读书爆发力就会产生，他们的理解能力、领悟能力、读写能力都会获得令人难以置信的提高。走进人大附中，你会发现一道美丽的风景：无论课间、午休，还是楼道、操场，总有三五成群的孩子抱着一部大部头在专注地捧读，或在热烈地议论；一本刚读完，就追着老师去推荐下一本……

第二是读什么书。

孩子是祖国的花朵，延续着民族的发展方向，续写着祖国的未来。所推荐的读物，既要符合孩子的年龄特点，又要有利于精神成长，切不可一味地厚古薄今、舍中趋外、偏深偏难、盲目随意、好高骛远，让孩子一上来就呛水；更不能"花里胡哨，小里小气，旁门左道，歪门邪道"（钱理群）。我们希望通过读书，让孩子离庸俗远一点，和高雅近一点，离卑琐远一点，和阳光近一点，离浮躁远一点，和宁静近一点，离邪恶远一点，和善良近一点，离网络泥潭远一点，和古今中外的智者贤达近一点,进而培养高雅情趣、大家品性、健朗精神、书卷气质。我们最早推荐给学生的是《红岩》《狼图腾》《重返狼群》等几部书。惊心动魄的革命史诗,让孩子们觉得"魂儿一下子就被吸进去了",他们怀着深深的感激与崇敬走进历史,明白了"五星红旗为什么鲜红"。而充满传奇色彩和理性思考的狼故事更让孩子们着迷。接下来,是大气磅礴的《四世同堂》,"茅盾文学奖"获奖扛鼎作品《平凡的世界》、《穆斯林的葬礼》,战争文学系列、历史传记作品、世界文学名著。民族大义、美好心灵、血与火、成与败、善与恶……让孩子们精神受到强烈震撼,情感得到丰富滋养,智慧获得深刻启迪,读写能力随之明显提高,收录出版的200篇读书笔记就是一个印证。

第三是阅读心态。

古人说:"读书切忌在匆忙,涵咏功夫兴味长。"还有学者说:我的案头永远只摆着一部书,说的都是一个道理:读书是一种精神劳动,贵在专注和投入。为此,切不可急急忙忙,慌里慌张,鸡飞狗跳;不能连追带赶,步履匆匆,气喘吁吁。我们每次只给孩子推荐一本书,同学、亲子、师生共读,以便形成一个强力气场。读着读着,难以想象的奇迹就会发生。如果一下子推荐一堆书,又强制性地规定进度,孩子的读书乐趣就会变成苦不堪言的劳役,或者像逛书市,东张西望,浮光掠影,浅尝辄止。

贪心太重、功利心切是读书的大敌,不要总想着书一打开,就分数一大把,轻而易举,手到擒来,贼不走空。"合抱之木,生于毫末;九层之台,起于垒土"。再好的饭,吃急了也会噎;再好的书,催急了也会产生排斥。读书是慢功,习惯和兴趣的培养都需时日。但只要持之以恒,读着读着,难以想象的奇迹就会发生,所谓瓜熟蒂落,水到渠成。在读书过程中,我们形成了一份有特点的书单。一般书单都是出现在阅读之前,是阅读购书的指南。这份书单却是形成于阅读之后,孩子最喜欢、最爱读、收获最大的书都在其中，它经过了连续四届上千学生的阅读实践的检验，一如沐浴阳光雨露之后，小树绽出了花朵，结成了果实。

第四是读写结合。

以阅读带动写作，以写作深化阅读，这是我们一直坚持的做法。每周一篇的读书笔记，学生想写什么就写什么，想怎样写就怎样写，长短不限，内容不限，写法不限，只让真情实感从心底流出。随后，老师从学生的读书笔记中发现亮点，选出范文，在讲评中真诚赞美，热情鼓励，顺便做一点读写指导。最初，有的孩子只能写几十字，坚持一段时间，从几十字写到几百字，再到后来，一两千字也一挥而就。胡雨石同学曾这样写道："阅读让我现在能在纸上挥洒自如，让我能有自己的见解和思想，并自如地表现。"几年下来，同学人均读书30多部，其中多为古今中外名著，有的虽不属名著，但也是同类中的精品，或是通向名著的桥梁（如《明朝一哥王阳明》）。人均写下读书笔记2万字左右，集结出版的图书中所选的200篇读书笔记见证了同学们写作能力所达到的水平。

第五是教师和家长的作用。

名著阅读活动开展得如何，老师是关键，语文教师决定着语文教育。"教师不阅读，从某种意义上是整个社会缺乏阅读的缩影。拯救阅读，请从拯救教师阅读开始。"（朱永新《我的阅读观》）朱永新先生的话读来着实振聋发聩。

先哲有言："水之积也不厚，则其负大舟也无力。"朱熹的《观书有感》也以水、船为喻，对读书与成就事业的关系作了生动形象的哲理阐释。

昨夜江边春水生，

艨艟巨舰一毛轻。

向来枉费推移力,

此日中流自在行。

在枯水季节,舰船在江上推移吃力,行进艰难;一当春潮涨起,就轻如羽毛,迅疾如风了。名著阅读,无论对孩子还是老师,不都是为人生之舟扬帆远航而蓄积的"春水"吗?

第三章

怎样阅读"整本书"

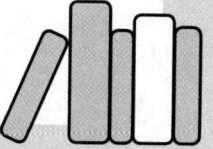

第三章　怎样阅读"整本书"

"国文课程应以整本书为主体"——从叶圣陶先生提出这一主张至今，已经八十年过去了。直至2020年，整本书阅读终于走进了教育部统编语文课本。尽管相对于"以整本书为主体"而言，这一改革还是一小步，但终归是八十年来的第一步——堪称历史性的进步。

长期以来，由于被"单篇短章"式的语文教学捆住了手脚，形成了思维定式。突然面对"整本书"这个庞然大物，该怎样去循序展开、具体指导？一时间，难免手足无措。整本书阅读之路究竟该怎样走，成了当下亟待解决的现实问题。

一、关于整本书阅读

整本书在语文课程中应居于主体地位的教育理念，最早是由叶圣陶先生提出的。接近80年前，论及"国文课程标准"，叶老这样说道："把整本书作主体，把单篇短章作辅佐"（1941年《论中学国文课程标准的修订》）。此后，叶老又多次反复强调过整本书阅读的意义，认为通过阅读整本书，不但可以激发阅读兴趣、养成阅读习惯、拓展阅读空间、习得阅读方法，而且有助于锻炼思维能力、丰富学生心灵等等。可见，无论是语文学习方面，还是提升人的综合素养、促进生命健康成长方面，整本书阅读都有着极其重要的作用，在语文课程中占据主导地位也该是顺理成章的事情。

然而让人奇怪的是，在相当长的一段时间里，我们的课程设置却反其道而行之，以致"整本书"与"单篇短章"的地位完全颠倒，叶老倡导的应居于"主体"地位的"整本书"几乎消失不见，而应处于"辅佐"地位的"单篇短章"却一家独大，占尽风情。即便课本中偶有几篇整本书节选出现，在教学中，也与整本书无甚关联，而与单篇短章无异。更有甚者，还出现了"以纲为纲、以本为本"的颇具权威性的口号，以致"单篇短章"的课本完全被视为语文教育的"根本"，无论平日教学还是最后考试，都须紧扣课本进行，一切围着课本转——"语文即课本、课本即语文"成了语文教育的普遍现实。

按说，身为语文课程标准的制定者，至少也该是大半个读书人，未必不知道整本书阅读对于学好语文的重要，也未必会对叶老的话置若罔闻。以叶老在语文界泰山北斗的地位，他对整本书阅读的极力倡导，理应得到课程标准制定者的足够重视，在教材编写中得到充分体现，并努力付诸教育实践；而后，在反复的实践中不断积累经验，使整本书阅读的教学水平不断提高。然而实际情况却恰恰相反，实在让人始料未及，这究竟是为什么呢？

我觉得，相对于单篇短章的阅读而言，整本书阅读有着很大的不同，是很难用划一的课程标准将其框定的。同时，整本书阅读课程化对于我们来说，又是个完全陌生的事物，毫无经验借鉴可谈。最终，也只好退而求其次，走了单篇短章一统天下的路，而把叶老"整本书做主体"的教育理念束之高阁了。

整本书阅读的缺失，导致语文教学变成了一味研读"单篇短章"的拘谨逼仄、小里小气"微雕"课，这对培养具有大视野、大格局、大气象的人才，是多么的不利！并且，这种状态一直持续达七八十年之久，而接受这种教育的在校生每年近亿，对于一个教育大国而言，这该是多大的一笔损失！钱理群先生曾痛心疾首地说过："中国教育的失败在于学生不读书。"为倡导学生读书，温儒敏先生更是奔走呼号，殚精竭虑，力主将多部长篇作品纳入部编教材必读书目，并坦言："新教材不是教学标准与蓝图，部编教材和以往教材比，更加注意向课外延伸。部编教材专治不读书。"显而易见，这里的"读书"二字，是指向课外的"整本书阅读"。

这种从课程层面的自上而下的整本书阅读推动，对引领语文教育走出蜗角论雄、滴水泛舟的狭小境地毫无疑义是大有好处的。我觉得，整本书阅读和单篇短章课文学习具有完全不同的特点。即便部编教材规定必读的所谓进入课程的整本书，也不宜套用单篇短章的教学模式，不能对教学目标、教学内容、教学活动、教学设计等程式化的过程一一照搬。如果把整本书阅读教成了单篇短章课文学习，整本书阅读就完全失去了它应有的意义。

整本书阅读说起来似乎很复杂，甚至让人望而却步，其实并非如此。人大附中的整本书阅读活动自2010年起步，至今已有十个年头。实践告诉我们，引领学生阅读体量巨大、内涵丰富的整本书，最好的方法就是以"兴趣"和"习惯"为两个支撑点的"自主阅读"。因为兴趣是最好的老师，有了兴趣，学生就会乐此不疲；而好的读书习惯一旦形成，就会坚持读下去，收获满满。一个人从小到大，谁没读过几本书呢？面对一本好书，只要喜欢读，爱不释手，就读进去了；只要读得进，奇迹迟早发生。激发兴趣、培养习惯是整本书阅读的牛鼻子，扭住它，什么问题都不是问题，一切都会迎刃而解。

钱理群先生曾经这样动情地描述："牵着中小学生的手，把他们引导到这些大师、巨人的身边，互作介绍以后，就悄悄地离开，让他们——这些代表着辉煌过去的老人和将创造未来的孩子在一起心贴心的谈话，我只躲在一旁，静静地欣赏，时时发出会心的微笑。就为这个瞬间，无论付出什么代价，都是无怨无悔的啊！"——这便是名著阅读的动人情景。阅读整本书，不需什么高妙艰深的技巧，没有秘不外传的玄机，只需把学生的兴趣调动起来，把良好的习惯培养起来，让他们走进名著去，和伟大的心灵对话，教育的伟力就发生了。而引领学生多读书，好读书，读好书，读整本的书，不仅关乎语文教育的根本，也关系到"人民有信仰，民族有希望，国家有力量"的目标早日成为现实。

二、激励创造奇迹

初中的孩子，正处于生命迅速成长阶段，不甘人下、追求上进是其共同性格特征。因此，每个孩子都希望得到老师的肯定，不管这个孩子是特别优秀还是比较一般乃至缺点很多的问题生，都无一例外。如果老师的肯定不仅及时、真诚，而且热烈、巧妙、发自肺腑，对孩子成长产生的积极作用有时超乎人的想象。教育部原副部长、工程院院士韦钰就说过"激励可以创造奇迹"。在整本书阅读中，不管是孩子读书讨论时的一次争抢发言，还是读书笔记中的一个亮点，都为老师提供了激励学生的宝贵契机，也可以成为孩子进步的一个台阶。可以说，激励就是每个老师手中的教育法宝。

对读整本书有困难、有抵触、不热情、不主动的孩子，如果不把他们的读书积极性调动起来，他们就会在成长中掉队，也影响到班级的整体读书氛围。这时，老师鼓励的作用就很大。

下面几首小诗是写给读书存在困难的孩子的。

1. 致晨轩

晨轩晨轩，潜龙在渊。

一朝飞举，满眼河山。

2. 致鹏飞

鹏飞鹏飞，振翮高飞。

扶摇万里,比肩者谁?

3. 赠思远

思远思远,志存高远。

雄关可越,高峰可攀。

4. 赠程荃

程荃程荃,勤可成全。

日积月累,注定不凡。

5. 致雪萌

仙葩萌雪中,玉洁且冰清。

一朝旭日起,笑靥别样红。

6. 赠嘉禾

嘉禾嘉禾,志不可夺!

习字精进,读书有得。

晨轩同学怕写读书笔记,我写了一首《致晨轩》鼓励他:你不是写不了,而是没有动笔;一旦拿起笔来,一定表现不凡。一番鼓励之后,孩子很快动起笔来。

鹏飞、思远两同学对读书有畏难情绪,《致鹏飞》与《赠思远》两首小诗借两个同学富含寓意的名字来激励孩子:一个有鲲鹏之志的孩子,自当展翅高飞,扶摇万里;一个志存高远的孩子,眼前就没有不可逾越的困难。从此,孩子的读书热情焕发出来。

程荃同学平时学习成绩一般,对自己要求也不高,《赠程荃》用

"程荃"的谐音"成全",鼓励她勤奋努力,"成全"自己,追求卓越。孩子读书的热情就上来了。

雪萌是个腼腆、怯弱的女孩,课上同学读书讨论时从不敢举手,没说话先脸红。《致雪萌》中写道:花朵在雪中萌发,秉性定然超凡脱俗。一当旭日东升,红妆素裹,那该是一道多么美妙的风景。雪萌读懂了老师的那片心意,渐渐增强了勇气和自信,在读书活动中变得积极起来。

嘉禾同学的情况很是特殊。第一次读书笔记,她只写了几十个字,而且凌乱不堪,无法辨认,有的老师戏称她的字为"蝌蚪文"。我给她写了两句批语,一句是"很好,继续努力"——只写了几十个字,而且字写得那么乱,居然有交上来的勇气,难道不值得肯定吗?另一句批语是"下次请把横格打成方格,把每个字都放进格里"。下次,她果然照做了,不仅横格打成方格,字写得有了进步,而且篇幅也增加了一些。于是,我在《赠嘉禾》中这样鼓励她:古人说"三军可以夺帅,匹夫不可以夺志",你也是这样。你看,你不仅字写得好多了,书也读进去了。经过一次次的鼓励,嘉禾进步很快,越来越喜欢读书,后来居然写出了范文。

同样,遇到孩子表现出色,也为他们大声喝彩,比如下面这首有些诙谐色彩的打油诗:

赠杜码

杜码杜码,为人不嘎。

老实厚道,从不虚假。

杜码杜码,绝不松垮。

踏实认真,马虎在哪?

杜码杜码,能耐不假。

加起油来,一个顶俩。

杜码杜码,学贵有法。

背诵如流，眼也不眨。

杜码杜码，无关能卡。

成功路上，万难能咋！

杜码是个非常朴实的孩子，不仅读书认真，写读书笔记也很自觉。于是，我写了这么一首诗，把他身上的许多优点都展现出来。课堂上一读，引起掌声一片，笑成一片。此后，孩子读书更起劲了，师生配合也更默契了。

在不断的鼓励声中，一部部长篇在孩子眼前展开，从《红岩》《狼图腾》《重返狼群》，到《四世同堂》《平凡的世界》《穆斯林的葬礼》，一步步走进了日益广阔的整本书天地，读的书越来越厚，胃口越来越大，速度越来越快，越读越上瘾，越读越深入，读书笔记也慢慢写得有模有样了。

但是也有例外。身为理科竞赛班，多数孩子的精力和兴趣都用在竞赛做题上。比如一凡、达麟两个孩子，每天一头扎进竞赛试题中，头也不抬，无暇他顾。对这样的孩子来说，普遍性的读书号召作用不大。而一味地做竞赛题，不去读书开阔视野，孩子未来人生发展的舞台就很受局限。为了让他们走进整本书，我有时也会写首小诗，激励一下。

赠一凡

一凡一凡，着实不凡。

浓眉大眼，额阔如山。

胸藏丘壑，眼底波澜。

读破万卷，驰笔万言。

理堪折桂，文可夺冠。

蓄得春水，行得舰船。

  长风破浪，高翔凤鸾。

  我先用"浓眉大眼，额阔如山"夸他相貌堂堂；再用"读破万卷，驰笔万言"鼓励他读写并进，用"理堪折桂，文可夺冠"鼓励他完全可以文理兼优；最后用"蓄得春水，行得舰船。长风破浪，高翔凤鸾"激励他应该努力去创造更加美好的未来。孩子从此大踏步地跟上了全班的读书步伐。

赠达麟

  达麟达麟，赤子之纯。

  书生本色，男儿精神。

  眼前名著，笔底风云。

  山河常美，日月常新。

  小诗中"赤子""书生""男儿"的热烈夸赞，为达麟注入了强劲的读书动力，从此爱上了《平凡的世界》，前后读了5遍之后，又别出心裁，去给《平凡的世界》写续集。读书笔记也进步明显，一篇篇累积下来，形成了《平凡的世界》的读书笔记系列，孙少平、孙少安兄弟也成了他的心中偶像。

  一旦读书的良好氛围形成，每个同学都会从中受益。王忻然是个很内向的同学，整天少言寡语，对读书、写作都不感兴趣，可后来的变化简直判若两人。有一天，我发现自己的办公桌上放着一本《浅笑》，书中夹着一张纸条："老师，送您一本我的自选文集。如果能得到您的一首诗，这将是对我几年来进步的最高奖赏。"落款是"王忻然"。

  翻开《浅笑》，是她本人写的《小序》："《浅笑》是我的自选文集，收入读书笔记、生活随笔、亲情故事、游记等57篇，其中多篇为年级范文，并有数篇在《北京晚报》读书专栏发表。两年来，我读古今名著

30多部,有2000多万字,并写下七八万字的读书笔记。我最爱沉静在写作中,仿佛我的世界只剩下笔尖白纸,纸上是我描绘出的思绪世界。写作让我学会观察生活,记录点滴,在沙沙的声音中静下来思考。很多事情写成文章,就仿佛一颗种子破土而出,绽出幼芽,并开出摇曳美丽的花朵。"

2017年2月1号是正月初五,在家里翻找一本书时,又看到了孩子这本《浅笑》,那张索诗的纸条仿佛还带着体温。赶上春节有空,便给王忻然写了下面一首小诗。

丁酉正月初五致忻然

浅笑幽微舞千帆,风光满眼涌波澜。
倒海翻江云变色,低眉颔首漱流泉。
于无声处弹锦瑟,也有暇时绘嶂峦。
豆蔻花开无限好,一赏一叹一忻然。

小诗从孩子的文集"浅笑"起笔,一二句是对文集的总体称赞。中间四句写她文章多姿多彩的风格:有的如翻江倒海,有的如清澈流泉,有的如弹奏锦瑟,有时如描绘嶂峦。收篇两句,先写她年少生命的无限美好,再以"一赏一叹一忻然"句,写尽自己的无比叹赏和赞美;以"忻然"二字收尾,意在点出小作者的名字,也写自己的喜悦心情。在结构上,"忻然"与开篇的"浅笑"二字前后呼应,浑然一体,语意双关,意味悠长。

收到这首诗后,王忻然回复:"老师,您的诗不仅是我春节的最好礼物,也是我两年多初中生活的珍贵留念。"

在鼓励声中,越来越多的孩子爱上了整本书阅读。

在牛晓东同学的随笔中,那种对读书的喜爱之情溢于言表:

我喜欢我们的语文课堂!

我们的语文课堂上,没有枯燥的生字词抄写三遍,没有绞尽脑汁的分段分层,也没有无限拔高的中心思想概括……有的是朗朗的书声,浓浓的墨香,以及讨论的欢声笑语与不同看法的交锋碰撞。

我喜欢和我的同学我的老师一起读书!

许久以来,初中的3年,上千多个日子,陪伴孩子的,是薄薄的6本教材,百多篇短小课文,20多万字的阅读量,以及碎片化的阅读,碎片化的知识,最终带来的,是碎片化的思维、碎片化的"素养",甚至,碎片化的"人格"……

开展整本书阅读活动之后,3年之中,孩子人均阅读整本书达30部,阅读量达2000万字,接近课本阅读量的百倍以上。其实,数字比例的悬殊还不是最重要的,重要之处在于:3年之中,课本学习基本属于碎片化阅读,零碎、散乱,内容之间缺乏关联,没有整体性。而整本书阅读则以名著为主,通过大量阅读,一大批古今人物形象走进孩子心中——孩子们眼界洞开,胸襟大展,打开了人生格局,提升了精神境界。赞美与挞伐、感动与思考在孩子的笔尖流淌。在这一过程中,孩子们丰富了积淀,陶冶了性情,砥砺了精神,净化了心灵,滋养了灵气底气正气浩然之气,生命底色日渐鲜亮。而考试成绩与读写能力的提升,不过是副产品而已。3年之中,孩子人均写读书笔记2万字左右。我们从中精选一小部分,先后出版《人大附中学生这样学语文》(中国青年出版社)、《走进名著》(中国人民大学出版社)、《初中教材名著导读》(北京教育出版社)等3部著作。中考、高考时,孩子们如虎添翼,身手不凡,考出了海淀区最优语文成绩。这正应了语文教材总编审温儒敏先生的那句话:

"只要多读书,成绩不会差。"

下面是志桐同学的《书香满路》,稳重生动地再现了自己与书为伴、健康成长的快乐与幸福。

书香满路

志桐

站在充满书香的小路上,我回头望去,却怎么也看不到头。但我还依稀地记得我的这条充满书香的小道……

坦白地说,在上中学之前,除了胡乱翻过几页法布尔的《昆虫记》,别的书我是丝毫没碰过。可以说,我小学毕业后在这条道路上还只是个幼童。

上了中学之后,我在这条路上发生了极大的改变。在短短两年,区区几百日中,我从一个刚刚诞生的"幼童"一跃成为了一个"青年"。在这条路上,我奋力奔跑,从遥远的后方超过了同龄人,又跑到遥远的前方。

记得我接触的第一部名著就是《红岩》。但是我的阅读之路却有一块红色巨岩在挡着我。原因很简单,当时我的阅读量几乎为零,所以导致我的阅读速度如龟速一般缓慢。仅仅读上一页《红岩》就要耗费我五六分钟,再说还有读书笔记这块"巨石"压在身上,更令我倍加苦恼。

在起点处的这块"巨岩"上,我几度摔落,甚至想放弃。但当我想到在这块"巨岩"前面的光明与鸟语花香时,我还是迎着"巨岩"而上。

第一周,也是最辛苦的一周。我花费了五六个小时在阅读上。出乎意料的是,我再也不觉得阅读烦闷无趣了,而是觉得十分快乐有趣。在这短短的一周中,我的"精神世界"收获颇多。更令我惊奇的是我的阅读速度也"突飞猛进",从当初四五分钟一页变为了3分钟一页。

我努力地向上攀爬，却觉得越爬越轻松，越爬越快乐。终于，在一个月后，我成功"登顶"，走出了历史性的一步。

爬过高高的"红岩"后，我才发觉更广阔的世界正在召唤着我，那里有《四世同堂》的抗争与无奈，有《林海雪原》的恶斗与智谋，有《穆斯林的葬礼》的不幸与悲剧。在我这一段旅程中，我从一个幼童成长为一个少年，感受着阅读中的真情实感。

但是，毕竟还只是一个少年。真正成为"成年人"的道路还要从《平凡的世界》这部有分量的作品开始，这部著作是堵在"少年"与"成年"之间的"大山"。

初见《平凡的世界》着实吓了我一跳——这书居然有三大本！随便拿起一本，就可以与《红岩》《林海雪原》相媲美，这让我怎么读？只是初见，就把我震住了。细读几页后，更觉得无趣——这分明就是讲一个无起无落的"白水"故事啊！它没有《红岩》的激情，没有《四世同堂》那大起大落的情节，更没有《穆斯林的葬礼》那样令人揪心的故事……"我读不下去！"我索性将书扔在一旁。

我停在了这座"大山"边。但是，当我看着同学们都纷纷翻过去后，心中十分疑惑：为什么我不能翻过，但其他人都能翻越呢？那边的世界是何样的？出于好奇，我又拿起了这本书，迎难而上……

读过一段后，我竟觉得不再烦躁，于是我倍加努力，终于攀上了大山的顶峰。在顶峰，向下俯看，突有"会当凌绝顶，一览众山小"的感觉，站在《平凡的世界》这座高山上，那些小山包对我来说已经不在话下。

读过《平凡的世界》后,我又读了有些悲伤的《野葫芦引》,读了令我热血沸腾的《长征》,读了激情飞扬的《决战朝鲜》……

在读书路上,我收获了巨大的精神财富,也收获了巨大的快乐与自豪……

【点评】

自己是怎样走上读书这条"充满书香"的路的?又是怎样喜欢上写作的……小作者充满真情地讲着自己的故事:

上中学之前,自己不知名著为何物,只是胡乱翻过几页法布尔的《昆虫记》。到了初中,刚刚捧起《红岩》时,每读一页就要耗费五六分钟,尤其还要写什么读书笔记,常常是冥思苦想半天,也写不了几行。

而今,两年过去,对于读书,自己早已从开始的痛苦不堪到爱不释手,读下了二三十本名著。对读书笔记也不再有畏难情绪,一千多字的文章也可以一挥而就了。

想到读书给自己带来的读写进步,小作者满怀感慨地写道:

读书让我"从一个刚刚诞生的'幼童'一跃成为了一个'青年'。在这条路上,我奋力奔跑,从遥远的后方超过了同龄人,又跑到遥远的前方"。

其实，一个教师，如果认识到整本书阅读对于孩子生命成长的重要性，心中盛满慈悲大爱，就会去创造性地开展工作——想方设法去激励孩子"多读书，好读书，读好书，读整本的书"。这样一来，无论时间地点，也无论方式方法，只言片语，举手投足之间，都将成为实施鼓励教育的契机，所谓"有道无术，其术自生"。

反之，如果把整本书阅读功利化，读书的路就会走歪，经典名著就会沦为考试训练的材料，甚至被肢解为稀奇古怪的"命题点""得分点"，孩子就会苦不堪言，从此恨死读书。所谓"有术无道，其术易变邪"。

在一次《红岩》的公开课上，老师就投影了这样两道训练题：

1. 给下面每道小题选出一个正确答案。

（1）监狱之花出生后谁第一个抱起她并亲吻了她？

A. 孙明霞　　B. 江姐　　C. 李青竹

（2）《彗星报》的主编是哪个特务？

A. 黎纪纲　　B. 魏吉伯　　C. 郑克昌

（3）《囚歌》是谁带给楼七室的？

A. 龙光华　　B. 叫挺　　C. 刘思扬

（4）被绑押过来的炮厂纵火犯是谁？

A. 工人　　B. 特务　　C. 共产党员

2. 给下面每道小题选出一个正确答案。

（1）沙坪书店的工作人员有几人？

A. 1个　　B. 2个　　C. 3个

（2）特务郑克昌一共伪装过几次？

A. 3次　　B. 4次　　C. 2次

（3）狱中李光明的编号是多少？

A. 312　　B. 214　　C. 568

（4）元旦时楼七室做了多少五角星？

A. 50多颗　　B. 30多颗　　C. 100颗

为体现学生在课堂上的主体性，设计一些学生活动，包括适量的知识能力训练，是有必要的。然而受应试教育的惯性驱使，煞费苦心地去编制这样奇葩的选择题，就把路走偏了。当代散文家鲍鹏山曾痛心疾首地说过：用知识点考学生，就是耍流氓！此话固然不无偏激。但是，像这种把一部名著分解为无数知识点之后挖空心思命出的试题，对学生确实极具杀伤力，不仅徒增负担，耗费精力，而且毁灭自信，扼杀乐趣，对于开展整本书阅读活动而言，可谓有百害而无一利。

三、培养兴趣第一

兴趣是最好的老师，读整本书尤其如此。如果对整本书没兴趣，甚至心怀厌倦或抵触，就走不进，走不深，也走不远。有了兴趣就能坚持，久而久之，就会形成习惯，越读越爱读。培养兴趣的方法有很多，比如推荐一本书之前先设置一个悬念，或者放一段相关的视频来吸引孩子的注意等等，都会收到较好效果。在引导学生阅读孙皓晖先生的著名长篇历史小说《大秦帝国》时，我们更体会到培养兴趣的重要。

《大秦帝国》洋洋504万言，内容厚重，充满魅力。走进她，孩子就会体会到什么是天崩地坼、山呼海啸，什么是地动山摇、翻江倒海，什么是草木含悲、风云变色，进而明白华夏版图何时奠定、大一统格局怎样形成。这对于培养读写能力、提升语文素养，进而打开人生格局、提升精神境界，都是大有好处的。然而问题在于，《大秦帝国》太博大精深，6部11卷504万字的鸿篇巨制，描绘的是两千多年前风起云涌的历史。秦帝国崛起于铁血竞争的战国之世，最终横扫六合，一统天下，建立了空前强盛的帝国，开创了一个全新的铁器文明。但她又是中国历史上一个巨大的兴亡之谜，只短短的15年，一百几十年建起的巍巍帝国大厦便轰然之间土崩瓦解。这巨大的历史落差与戏剧性的帝国命运中，隐藏了难以计数的神奇故事以及伟人名士的悲欢离合。要走进这样一部有相当深度与厚度的巨著，对10多岁的初一孩子来说，是具有很大挑战性的。

1. 典型引路，激发兴趣

记得当初我把一套6部11卷煌煌504万言的《大秦帝国》拎到初一(1)班教室、放到讲台上，告诉他们这将是我们接下来要读的书时，孩子们一下子被惊到了："这么厚的书，我也啃不动啊""再说我能看懂吗""我对历史书不感兴趣"……七嘴八舌，议论纷纷，声音里充满畏难、抵触与拒绝。面对孩子的一片反对声，我说：如果看一部滥书，再短你也会觉得长；而一部好书，再长你也会觉得短。比如我们刚刚读过的《平凡的世界》，有3卷100多万字，够长的了！可不少同学读完后却意犹未尽，埋怨路遥写的太短了——为什么不接着写第4卷第5卷呢？为什么不一直写下去呀！甚至有个同学自己索性去为《平凡的世界》续写第四卷。《大秦帝国》也是这样。虽然她的篇幅相当于《平凡的世界》的5倍，对我们有相当的考验性，虽然对于仅仅初一的我们，这部书真的太长了太厚了，但是它实在太棒了！读了这部书，她带给你的成长与进步，会让你终生难忘。希望大家尽量去读，最先读完的同学，老师会送你一份意想不到的惊喜。

一个多月后,一次课间,语文科代表可心同学来到讲台:"老师,我把《大秦帝国》读完了。""真的?"我有点不敢相信。"我还写了8篇读书笔记呢。"边说边把自己的读书笔记交了上来。一看她的读书笔记,发现她果然读完了《大秦帝国》!

第二天上课,我表扬了可心,同时兑现奖励——首先,我把写给可心的一首小诗抄在黑板上:

赠可心

可心可心,端正可心。

钟灵毓秀,蕙质兰心。

天赋异禀,玉壶冰心。

头雁领飞,群雁归心。

在诗中,我对可心同学极尽赞美,把夸奖女孩儿最美好的词汇都用上了。我说:可心啊可心,你实在是太可心了!在家里你是个好孩子,可父母的心;在学校你是个好学生,可老师的心。天地所赐的灵慧,香草兰花的品貌汇聚在你的身上。你天分很高,又勤奋好学;心底澄澈,冰心一片。有你这样的头雁领飞,全班同学怎会不跟上你速度,飞向读书的广阔蓝天?

看到这首诗,孩子们惊讶得眼睛睁得大大的,好像在说:怎么?只凭爱读书,就可以得到老师的诗,并且在诗中把你夸成这样?这也太让人眼红了!紧接着,让孩子没想到的是,我又宣布了第二个奖励:专门出一期"可心读书笔记专辑",把她的8篇《大秦帝国》读书笔记作为范文,印发给年级每个同学。这个奖励可太有冲击力了!因为年级范文把关很严,谁能出一篇范文都是一种荣耀,而可心同学一次就拿出8篇范文,怎不让同学羡慕得眼红心跳呢?

上进自强是孩子的天性,每个孩子都不甘人下,看到自己的同学连获两项特殊奖励，孩子们再也坐不住了，一个个摩拳擦掌、跃跃欲试。从此，班里掀起阅读《大秦帝国》的热潮。书中摄人心神、动人魂魄的内容，让孩子们爱不释手，一部504万字的长篇巨制，有同学竟然在读了一遍后，再读二遍、三遍；有同学读完《大秦帝国》，又远赴大秦故地咸阳、骊山、函谷关踏访——读过《大秦帝国》，学生的人文视野大为开阔，语文素养明显提升，精神世界日益丰富，人生格局得以拓展。年级范文出现井喷现象，考场作文也越写越好。

2. 营造气场，培养兴趣

世间万事万物都有一个"场"。"场"无形无相，但无时不在，无处不在，并随时随地发挥着重要作用，推动着或制约着事情的发展。一个"场"，当它充满积极因素时，便会发挥积极作用；当其充斥消极因素时，便会发挥消极作用。当"场"的整体推动性力量——"场效应"发挥出来时，再难的事情也好做多了。对于一个班集体来说，"场"就是一种氛围、一种风气，或者说一种文化。班级的读书活动，也会形成自己独特的"场"，也需要"场"的力量的推动：读一本几十万字的《红岩》《狼图腾》是这样，读一套百八十万字的《四世同堂》《平凡的世界》更是这样。总之，作品越是卷帙浩繁、阅读越是步履维艰，越需要"场"的力量的推动。而一套堪称鸿篇巨制的504万字的《大秦帝国》，对于初一十一二岁的孩子来说，该是多大的考验！起初孩子们群起反对，阻力重重；到了后来，此书却成了他们的最爱，乃至手不释卷、欲罢不能。即便在班主任的数学课上，也有同学常常忍不住去偷偷翻看几眼。一套《大秦帝国》读下来，孩子不仅阅读能力大为提升，而且读书笔记的写作积极性爆棚，优秀范文成批涌现。这一切变化都离不开"场"的力量。

那么，我们是怎么做的呢？

首先告诉孩子：我们为什么要读这套书，因为她不仅是文学，也是历史，并且不是普通的历史，而是两千多年以来中华民族的历史源头，承载着中华民族辉煌灿烂的原生态文化，是最为波澜壮阔的历史篇章。有人说过"读史使人明智"，否则"人不知古今，襟裾而牛马"，可见读史有多重要。《大秦帝国》是真实与虚构的艺术存在，是最开放、最原始、最无情、最铁血、最震撼的历史，是十分遥远而又魅力无穷的战国风采，是帝王将相辟野开疆的英雄史诗……她对于我们的生命成长，实在是太重要了——这么一讲，孩子从道理上开窍了。

其次，推荐《大秦帝国》之后，我们不仅要求同学共读，而且提倡亲子共读、师生共读。于是，在一个限定的时间段里，在同一个年级之内，所有的同学、老师和家长的注意力便在同一部书上聚焦。无论课上课下、校内校外，还是师生亲子之间，便形成了一个热门话题。大家关注的人物、热议的故事、分享的感受都彼此相关。于是，一个能量场渐渐形成了。

再次，《大秦帝国》与《史记》有千丝万缕的联系，因此在推进《大秦帝国》的阅读时，我们开设了《史记》的选修课。老师在选讲《史记》的过程中，总是有意识地带入《大秦帝国》的相关内容。还记得有一次，想到孩子们对《穆斯林的葬礼》的感动、对霍达炉火纯青语言艺术的崇拜时，信口讲了这样一件事：曾经有读者问霍达，你怎能写出这么好的作品，跟谁学的？霍达莞然一笑回答说"司马迁"。我相信在我们的生活里，说不定哪一天，你的作文也会写得好得不能再好。到时也会有人问你：你的作文好到不可思议，跟谁学的？你会微微一笑说：《大秦帝国》。老师此话一出，孩子们眼睛刷地亮了。

最后，利用一切可以利用的时间和空间，设计一些和《大秦帝国》内容相关的活动，为推动阅读这套长达11卷的"大部头"造势。于是，教室里的板报一期接一期地登出了"徙木立信""合纵连横""围魏救赵""指鹿为马""焚书坑儒"等成语故事；课前3分钟演讲活动，讲起了孙膑庞涓、张仪苏秦、李冰父子、白起赵括、李斯韩非、项羽韩信等历史人物。课上分享的读书笔记是《商鞅，我梦见了你》，课下探究的是"神人鬼谷子"……总之，言谈话语，耳濡目染，尽是大秦风采。兴趣一旦调动起来，就会一发而不可收。

　　一年一度的校园戏剧节快到了，我们别出心裁，在全年级4个班发起了《大秦帝国》专场演出活动。鼓励各班同学全员参加，每个班成立3个剧组，同学自愿组合，编剧、导演、演员一概自定，道具、服装自备，自编自导自演。最后每个班推选一个优秀剧目，在戏剧节时，在学校礼堂面向全校演出。此事一经宣布，孩子们一片沸腾。为了编好剧本、演活故事，大家一遍又一遍地去阅读《大秦帝国》的有关章节，从而推进了年级整体阅读高潮的早日到来，同时，自编自演等一系列组织、排练活动，还锻炼了大家的综合发展能力。戏剧节到来那天，在学校礼堂的舞台上，《徙木立信》《六国会盟》《荆轲刺秦》等剧目的精彩演出获得了广泛好评，《大秦帝国》的阅读活动也发展到一个新阶段。

3. 激活课堂，发掘兴趣

　　教师在课堂上，要尽量给每个孩子充分展示的机会，让他们相互交流讨论，谈自己最喜欢或最讨厌的人物形象、最难忘或最动人的故事情节、最深刻或最震撼的心理感受。或者，让一个孩子读自己的读书笔记，然后大家发表看法，可以说优点，也可以谈不足，畅所欲言，各抒己见。这样的课，孩子们兴致勃勃，喜欢的不得了。

　　记得有一次去上课，发现几个孩子围绕"《大秦帝国》与《三国演义》哪个更好"发生争论，彼此据理力争，互不相让。一个孩子说："我更喜欢《大秦帝国》，它太丰富啦，再说它也不只是文学！"听到这句话，我灵机一动，觉得应该抓住这个契机，改变原定上课内容，上一节活动课。上课第一句话说道：今天我们要上一节活动课，探讨一个大家都感兴趣的话题。说完转身在黑板上写下一句话："《大秦帝国》不只是文学，还是什么？"接着提出活动要求：按照座位次序，依次来黑板写出自己的答案，而且每人只能写一个答案，前后同学不许重复。

此话一出，教室里的热烈气氛立刻爆棚。同学们一个个小脸涨红，眼睛放光，摩拳擦掌，跃跃欲试。一分钟的准备时间还没到，第一个同学已经冲上讲台，刷刷几笔写出了自己的答案：兵器学。

随后，一个接一个的不同答案出现在黑板上：

历史学、经济学、法学、儒学、道学、墨学、战争学、宫廷学、民俗学、理政学、仓储学、土木学、营造学、管理学、伦理学、祭祀学、外交学、人际学、训诂学、服饰学、纵横学、厚黑学、占卜学、机械学、礼仪学、朝政学、宗教学、社会学、论辩学、成功学、桥梁学、设计学、堪舆学、阴阳学、物理学、植物学、天文学……

40个答案出现在黑板上之后，下课时间还没到。于是，第二轮写答案又开始了：

心理学、关系学、后宫学、美食学、养生学、品酒学、弓弩学、舟船学、筑城学、博弈学、酿造学、机关学、园林学、战阵学、工艺学、礼学、数学、水学、化学、农学、武学、商学、玄学、战略、战术、间术、相术、权术、驭术、韬略、音乐、舞蹈、星象、阳谋、语言、文化、名家、茶艺……

在被激活的课堂上，孩子们发现与创造的火花频闪，兴奋与快乐的掌声交融。他们领悟着，收获着，成长着，尽享阅读的乐趣与幸福。当最后一个同学来到讲台时，黑板上出现这样一行字：《大秦帝国》是一部魅力无限、正能量满满的百科全书。答案写完，下课铃声响了。我相信，像这样的一节课所带给孩子的快乐与幸福，不仅会洋溢在他们的脸上，还会荡漾在他们的心里，久久不去。这次课之后，班里阅读洋洋504

万字的《大秦帝国》的气氛更浓了。正如吕炟麟同学在作文中所说,这套卷帙浩繁的《大秦帝国》,成了自己生命成长的"养分"。

生命的养分
吕炟麟

提起生命的养分,你会想到什么?对于植物幼芽来说,可能是阳光、空气、土壤;对于新生婴儿来说,可能是母乳、呵护、爱抚……对于像我这样的一名青少年学生来说,可能有另一件东西能给我们的生命提供养分,提升我们的品质,引领我们的灵魂,点亮我们的人生道路。

那就是书。

而在这些书中,又有一套书给予了我最多的养分,那就是《大秦帝国》。

《大秦帝国》带给我快乐的养分,让我悠闲自在。想象一下,在这个已经被霾的铜墙铁壁包裹得严严的世界中,能有自己的一个舒适的角落,端着一杯热茶,拥着一簇灯光,捧着一本墨香四溢的名著不知疲倦地阅读是多么的快乐,愉悦,令人羡慕。在《大秦帝国》的世界中,你可以贪婪地汲取、尽情地遨游。没有任何约束与限制。这种轻松与快乐,已经很久没有向我袭来了。如果她来了,我却未抓住她那转瞬即逝的翅膀,岂不是人生中莫大的遗憾?快乐的养分,供给我的生命,让我茁壮成长。

《大秦帝国》带给我知识的养分,让我大开眼界。我认为《大秦帝国》无疑是现代最伟大的一部历史巨著。其中凝聚了作者孙皓晖先生十多年的心血，更是将自己全部的底蕴与智慧全盘托出，塑造了这样一部宏伟经典。《大秦帝国》如同一幅我国历史的浩瀚长卷，记录了一件件值得我们铭记的事。如同苏秦、张仪这样的时代伟人就像璀璨的繁星，点缀其中，为历史增色。更可贵的是，《大秦帝国》中不仅包含了历史，还囊括了堪舆学、服装学、兵器学、方志学、军事学等等，甚至还有养生学和骑术、射术等，可谓是包罗万象，绝对堪称我国那一时期的百科全书。如果这些知识都能收入我的囊中，那绝对是我莫大的荣幸！知识的养分，供给我的生命，让我茁壮成长。

《大秦帝国》带给我精神的养分，让我受用一生。有人曾说过，历史就是一面镜子，能够用来反省自己的行为。《大秦帝国》中的那些伟人就像镜子一般，让我思考自己的过失，学习他们良好的品质与精神。苏秦和张仪之间的传奇友情故事教会了我最宝贵的友谊可以是什么样的；商鞅一袭布衣进入秦国后进行了三个月的民间考察，实地考察民情，为秦国提出了很多切实的意见，使秦国最终可以成功地变法，他教会了我做人要脚踏实地，不辞辛苦，能吃苦耐劳；秦孝公与商鞅间为后人交口称赞的君臣同心更是教会了我，人和人之间要有信任，只有合作才能成事……《大秦帝国》就像一口取之不尽、用之不竭的汲井，能带给我无数的精神财富，让我受用一生。精神的养分，供给我的生命，让我茁壮成长。

如果一个生命失去了养分会怎样？叶片会凋零，花朵会枯萎，大地也会失去活力。而如果我失去了《大秦帝国》以及千千万万像《大秦帝国》这样的名著的养分的话，我就无法站在一个更高的地方、一个更优越的角度俯瞰世界，当然，也就无法体会生命的美妙，领略人生的风景。《大秦帝国》供给我的快乐、知识和精神这些养分，必将永远沉淀在我的心中，氤氲在我的灵魂里，伴我茁壮成长！

【点评】

记得曾经看过一篇文章，题目叫作"世间最优美的姿势"，这种"最美的姿势"，指的就是读书。

找一个舒适的角落，端着一杯热茶，拥着一簇灯光，捧着一本墨香四溢的名著不知疲倦地阅读，生命的养分就在这时不知不觉地流注全身——这是一幅多么富于诗意的自主阅读的图画啊。

正是这种惬意的读书生活，给小作者带来了最为宝贵的生命的成长。小作者这样描述道：

"提起生命的养分，你会想到什么？对于植物幼芽来说，可能是阳光、空气、土壤；对于新生婴儿来说，可能是母乳、呵护、爱抚……对于像我这样的一名青少年学生来说，可能有另一件东西能给我们的生命提供养分，提升我们的品质，引领我们的灵魂，点亮我们的人生道路。

那就是书。"

4. 点燃挑战的兴趣

走进《大秦帝国》之后，蓦然发现，一次次运筹帷幄、铁血厮杀，一个个出奇入胜、化险为夷，一幕幕合纵连横、波诡云谲，一桩桩危机四伏、惊心动魄……轮番上演的历史故事竟是那样的精彩绝伦。孩子们的眼球被强烈吸引，大家读得兴高采烈，乐不可支，连滚带爬，如醉如痴，老师也被这种热火朝天的读书氛围所感染。不过转念一想，觉得对于这样一部思想性艺术性都很强的具有史诗风格的作品，一部博大精深的"献给中国原生文化的光荣与梦想"（孙皓晖）的鸿篇巨制，如果孩子的兴趣只停留在故事情节表面，只顾走马观花地看个热闹，而没能在读书中有所思考、有所发现，走进作品的深层内涵，还是有些遗憾。可是，又怎样把孩子的读书引向深入呢？

应该说，初中阶段孩子普遍具有好奇心强、不甘人下的心理特点。可许久以来，初中的作文题材，不是"熟悉的一个人"就是"难忘的一件事"，不管文题表面上怎么变化，但万变不离其宗，年复一年，了无新意，让孩子不厌其烦，兴致全无。到了读整本书，为了打破记叙文单一化写作模式的束缚，让孩子有动笔的积极性，我们提出了"写什么不限""怎么写不限"的"两不限"原则，孩子的写作热情被激发出来，由敢写、爱写，逐渐变成勤写、会写，班级整体的写作面貌随之一新。在这个基础上，怎样能让孩子读书往深里走走呢？能否根据其乐于探索未知的心理特征，通过提升练笔难度，为他们点燃深化阅读的兴趣呢？

想到这儿，一个点子从心里冒了出来——为他们设计一个"小论文"的作文题。

动笔之前，先给孩子们提供了一篇此前的范文作为参考。

政商奇才吕不韦
——读《大秦帝国》有感

张林辰

《大秦帝国》，一部比一部更厚重。如果说第一部在描写西部诸侯的奋发崛起，第二部说的是那指点江山、激扬文字的纵横雄略，第三部是那波澜壮阔、热血飞扬的金戈铁马岁月的真实写照，那么，第四部仅仅向我们提到了一位白衣士子——吕不韦。

吕不韦之奇，奇在从商。二十二岁，初出茅庐的少公子吕不韦怀揣着父亲交给他的仅有的一千金，踏上了漫漫的商道之旅。可是，谁也没有想到的是：他的第一单生意，就押上了全部的本钱。他直赴即墨——当时最大的盐城，将金钱全部换成了盐粒，回到陈城后果然大赚了一笔。试问谁人有如此胆量，在初出茅庐之时就押上本钱，孤注一掷？

三十万金，是曾经吕氏商社的全部家当。乐毅破齐后，吕不韦为了拯救商道至友田单，为了挽救濒死一线的齐国，不惜重金，道义地伸出援手，最终几至破产。试问，谁人有如此气魄，为道义公正而挥金如土，不惜破产？

最终，吕不韦拥有了富可敌国的六十万金资本，这也是他从商的巅峰。

吕不韦之奇，奇在为政。虽然说，战国时代是商人们蓬勃的发展期，可是吕不韦还是敏锐地察觉到了商人在中国社会中由来已久的卑贱地位，他毅然弃商从政，决心改变这一切。

十五年，是吕不韦在公子嬴异人身上的投资期。十五年中，

> 为了营造出公子嬴异人的名声与地位，吕氏商社不断地支出可能毫无回报的金钱。最终，他成功地佩戴了秦国的相印。试问谁人有如此的毅力，十五年间不断付出并坚信一定会收获成功？
>
> 吕不韦之奇，奇在立言。一字千金，是吕不韦为《吕氏春秋》而允下的承诺。吕不韦想使冷酷而严厉的秦法走上一条宽刑减罚的道路，因此，他不惜耗费巨资令门客编写了这部《吕氏春秋》。可惜，吕不韦的想法与当时的社会方向却是南辕北辙的。但无论如何，《吕氏春秋》留给世人的，就已足够多了。试问，谁人有如此决心，耗百万巨资编写一部可能一文不值的书籍？
>
> 可能这就是吕不韦——一代政商奇才！

我们以这篇读书笔记为例，提出了小论文写作的三点要求，即选好角度，定好立意，讲好道理。我告诉孩子：小论文写作其实并不很难，也不神秘，只是从前我们脑子里没有这个概念，也没按小论文的要求去写过而已。殊不知，我们以往写下的读书笔记，在不知不觉、有意无意之中，有的已带有小论文的特征，而有的本身就是小论文——比如这篇《政商奇才吕不韦》。这样一讲，他们心中的顾虑和畏难就为跃跃欲试所替代了。

即便如此，到了动笔时，要找到新颖的角度，确立好论点，进而写出言之成理、持之有据的小论文，对孩子来说，依然不是件轻而易举的事。如果他们仍像从前那样，只关注作品的表面热闹，而没有激发出深入研读作品的兴趣，进而有所发现，下笔时还会举步维艰。这次大胆的尝试究竟结果如何，我们只能拭目以待了。

下面是我们推出的小论文题目：

> **阅读下面文字，按要求作文。**
>
> 研究生有研究生的论文，大学生有大学生论文，初中生也应该有属于自己的"小论文"，来表达我们对社会、对生活或一本书的认识、思考和感悟……卷帙浩繁的《大秦帝国》融汇了太多的元素，她不仅是文学，还是法学、史学、论辩学、外交学、博弈学、礼仪学、堪舆学……如同一部铁血战争时代的百科全书，一曲恢弘壮丽的历史交响乐，一首帝王将相开疆辟野的英雄史诗。古人说"弱水三千，我取一瓢"，你能从洋洋504万言的《大秦帝国》中任舀"一瓢"，成就自己笔下的精彩吗？
>
> 请以"论＿＿＿＿＿＿"为题（把题目补充完整），选取作品中你最感兴趣的某个内容（一个词，一句话，一个人，一件事……），写一篇小论文，自圆其说即可。

作文布置下去之后，孩子初读作品时那种浮光掠影、走马观花的状态随之一改，读书的兴奋点从打打杀杀的情节场面中转移到自己关注的重点内容上来。无论课间、午休，还是教室、阅览室，随处可见孩子们专注研读作品的身影——有的去熟读作品的某个章节，有的去各卷之间跳读检索，有的去查阅相关资料，翻词典、找佐证，"向青草更青处漫溯"……

下面的一组小论文范文，可以清晰地看到，孩子们初尝小论文写作的感悟力和思考力，让人颇为惊喜。

范文

1. 论鬼谷子
荣星睿

鬼谷子培养了庞涓、孙膑、苏秦、张仪、卫鞅等乾坤之才。这些人，个个都对战国格局产生了重大的影响。鬼谷子真是一位千古奇才。

鬼谷子之"奇"，首先在于识才。在他的几名学生中，苏秦只是洛阳城外一个商人之子。张仪只是魏国安邑城外的一个普通孩子。商鞅也只不过是一个卫国的游学士子。鬼谷子能发现他们的才能并收他们为徒，是极为不易的。而事实证明，鬼谷子的这些徒弟们也都是很有天赋的。张仪能一目十行过目不忘，商鞅则很有大局观。所以，鬼谷子的成功，和他那双能识才的慧眼是分不开的。

鬼谷子之奇，还在于善于育人。在他之前，孔子等人已经提出了因材施教，但是，鬼谷子在因材施教的基础上，把人的自身特点与社会环境统一起来，根据时代的需要去"因时势施教"，这就极大地丰富了孔子因材施教的内涵。春秋战国之际，天下形势波涛汹涌，瞬息万变，对人才的要求也随之千变万化。鬼谷子密切关注天下大势，"因时势施教"，培养出一个又一个叱咤风云的时代弄潮儿，在历史的舞台谱写了一曲曲辉煌乐章。

最早，鬼谷子培养出了李悝，开创了春秋的变法之风，使魏国成为霸主。然后是法家的代表人物卫鞅，把秦国从战国时的最弱国变成了最强国。此时，各大战国都缺少能打仗的将才，鬼谷子不失时机地培养了庞涓、孙膑，而且根据各自特点把两人培养成了风格截然不同的将军——孙膑善使阴招，庞涓喜欢硬碰硬。在秦国变法之后，天下局势大乱，各国开始互相结盟，但大多以失败告终。于是，鬼谷子培养出了两位邦交大才：苏秦、张仪。这两个人，一个把矛盾重重的山东六国合纵到了一起。另一个号称"天下第一利口"，两次与孟子辩论都把他骂得狗血淋头，还硬是拆散了六国合纵。

鬼谷子识人的眼光，分析时势的能力，极为渊博的知识，兵法、法家、纵横皆通的特点，在整个春秋战国乃至中国历史上，都是独一无二的。他不愧是一个千古奇才。

【点评】

在卷帙浩繁的《大秦帝国》中，有一个神龙见首不见尾的人物。全书中，他连一次面也没露过，但你又无时无刻不觉得他正在那里搅动天下，翻转乾坤——这个人，就是鬼谷子。小作者敢于拿如此神秘一个人物去论，尤其是在论中有"因时势施教"的独到发现，并广引实例作自圆其说，真可谓有胆、有识、有才。

2. 论"咥"

程瀚

在洋洋504万字的《大秦帝国》中,"咥"这个字出现了很多次。那么它到底是什么意思呢？为什么又频繁出现呢？

在《现代汉语词典》（第5版）中,"咥"有"**xì**"的读音，意思是"笑的样子"。而在网络上查找时，还有"**dié**"这个读音，意为"咬，啃"。

显然，《大秦帝国》中的"咥"，既不是"笑的样子"，也不是一般的"咬、啃"，而是将两者结合起来，指吃饭的样子，且特指秦人吃饭的样子——既吃出快乐，又吃出满足。

秦武王到达周王城中设宴大吃时，写他吃饭也用的是"咥"字。"咥"用在这里很有讲究，写出了秦武王在宴席上大快朵颐、心满意足的情态特点。

商鞅刚迈进秦地，他的好友景监马上说了句"你现在也可以算是'咥'了！"，以此表达对商鞅的热情接纳与欢迎。可见，"咥"与"赳赳老秦，共赴国难"这句话一样，已经成为老秦人的一个标志，一种象征。

相比于"咥","啖"这个字就逊色多了。虽然两个字都有吃的意思，但"咥"粗犷豪放，而"啖"却显得精细柔弱了。

同一件事，仅一字之差，却写出迥然不同的性格。

那么，"咥"是如何产生的？

首先，剽悍豪放是秦人的本色，无论言行举止还是待人接物，处处都能体现出来。于是，普普通通的一个"吃"字，一到秦地，就变成了非同凡响的"咥"。

其次，秦以耕战为本，农耕的忙碌、战场的万变，都不允许你在那儿四平八稳、细嚼慢咽，而只能狼吞虎咽、风卷残云。于是，一个独一无二的"咥"字便淬火而生。

你看，仅仅一个"咥"字，就让我们看到了秦人豪爽不羁、昂扬奋发的精神风貌，也预见了大秦横扫六合、一统天下的历史结局，更不要说504万字的《大秦帝国》字字精彩了！

【点评】

从《大秦帝国》的500多万字中单单拎出一个"咥"字，然后辨音释义，紧密结合秦人的民风习俗、性格精神去追根溯源，分析比较，便成就了一篇饶有趣味的小论文，可谓眼光独到，匠心独运，令人称奇。

3. 论"才"与"材"
——读《大秦帝国》

陶思远

才者，人中英杰也。材者，国之栋梁也。才与材，看似一物，实则天壤之别。于是，为了使才成为材，各路名士学子乃至权臣君主纷纷绞尽脑汁，各出奇招，为了国家在乱世中的命运，也为了自己在乱世中的前途而拼搏奋斗。

然而，并不是每一次努力的结果都让人满意——前有孔子游说六国而无一国敢用，后有屈原心怀大志却投身汨罗江；东有孟尝君两次罢相，西有苏秦铩羽而归。似乎上天总想捉弄这些有才之人，每次都不将他们顺利送入成材之路。由此可见，成才和成材之间，还是有差距的。

那么，才与材之间，又有哪些差距呢？

一曰识人识时之辨。譬如苏秦，西出函谷提出邦交大略却不欢而终；譬如屈原，变法图强练就楚国新军，却因一战兵败而被革职。这两人，一人识错了时机，一人识错了君主。是时，秦惠文王刚刚即位，根基尚未牢固，否则，以他的胆识才具，又怎会反对苏秦正确的谋划呢？楚怀王愚钝无能胆小怕事，是一个怎么形容都不为过的昏君。如此之人才会放着屈原这样的大才不用，可是又安知其他六国不会用屈原呢？

二曰明晰独到之策。张仪范雎都是秦国的栋梁之材，而他们成材的基础便是他们那超然的计策。张仪在秦国面临被六国孤立灭亡的危局下提出了连横破纵的思想，将天下大势如拆骨剔肉一般料理得井井有条，和上将军司马错一起力挽狂澜地挽救了秦国。范雎制定了远交近攻的宏伟战略，为秦国后来势如破竹地横扫六国一统天下奠定了基础。他们以自己独有的观点和思想折服了秦国的君主，最终成为了那个时代举足轻重的人物。

三曰纵横官场之胆。卫鞅乃法家大才，但若没有铲除世族的胆识怎能顺利廓清朝局，又怎能施展自己的才华？白起乃一世战神，驰骋沙场三十余年却没有打过一次败仗，让所有跟他对垒的人望风鼠窜。如此赫赫威名，却因为他不涉官场，不谙权利事，最终酿成了英雄迟暮的悲剧。成材往往意味着在官场中的周旋，要想放开手脚施展才华，这也是每一个成材之人都应该具有的素质。

【点评】

从没想到"才"与"材"比较起来，还有这么多学问。一个十二三岁的孩子，通过读书便能够有所发现，思维水平和创造能力便可以获得不可思议的发展。写出小论文来，还真有点儿做学问的样子，条分缕析，头头是道，才华见识，尽皆展露。面对这篇有模有样的小论文，还有谁会对读书可以创造奇迹生出怀疑？

4. 论秦始皇"帝"

张成浩

语文课上，老师讲到秦始皇自称"秦始皇帝"，我问：为何标题名为《始皇本纪》？这赢得了大家的欢笑——认为这是个好问题。

中国历史上有太多太多的皇帝了，比如汉文帝、汉武帝等等。可是，除秦始皇外，还有哪个皇帝被称为"某某皇"呢？

相信大家都读过《三国演义》，其中有个废物一般的人物——刘禅，就连他都在死后被封为了"孝怀皇帝"而不是"孝怀皇"。可能有人好奇了，这是为什么。那让我们从"皇""帝"二词说起吧。

细心的同学可能发现了，我前面说的"皇""帝"二词，而不是一词。"皇帝"其实是两个词的合称。"皇"的意思是"大的"，而"帝"者，则意为"主宰"。两个词放在一起，曰"大主宰"，显而易见，"主宰"比"大"更重要而且重要很多，进而"帝"比"皇"重要。

所以，有一点智慧的人都能知道，"皇"者可省，而"帝"者不可。我想，司马迁必然知道这一点的。那么问题又来了，既然太史公知道这一点，那他为何还要"执迷不悟"地省去"帝"字呢？显然这是有原因的。以个人鄙见，我认为，他是要贬秦始皇。可是，他写的是史书啊，他写的得符合史实啊。所以，他的第一句话便是这样说的："秦始皇帝者，秦庄襄王子也……"

我为什么会这么说，还有另一个原因。《史记》中有一句话是这么讲的："秦王怀贪鄙之心，行自奋之智，不信功臣，不亲士民，废王道而立私爱，焚文书而酷刑法，先诈后仁义。以暴虐为天下始。"这是相当通俗的一句话了，我想我没必要再为大家翻译一遍。这句话简单明了，直截了当地阐述了司马迁对秦始皇的看法，没人会觉得这是在褒奖秦始皇吧？

当然，秦始皇为什么会是这样一个人呢？先说其称霸前，他为了自己的目的可谓是不惜一切代价，什么狠心的事他都做过；而称霸后呢，他则是过于骄傲并且怕别人造反（大多数皇帝的通病,比如朱元璋)。大家都是看过《大秦帝国》的,我在此就不多作解释了。

综上,故迁者曰"秦始皇"而非"秦始皇帝"。

【点评】

秦始皇为什么不叫"秦始帝"?这恐怕是一个几千年没人想到的问题,起码是从不见有人提及这个问题。但是,读了《大秦帝国》,小作者突发奇想,提出这个问题,并经过一番分析,得出了他的惊人发现,原来"皇"与"帝"这一字之差竟是"微言大义",暗藏着司马迁对嬴政的贬损。尽管此论能否成立,还有待于方家的确认,但小作者的这一"发现"以及通过论证自圆其说的过程,已经足以让人刮目了。

5. 论秦公之功
——读《大秦帝国·黑色裂变》有感

王忻然

一场轰轰烈烈的变法,为秦之霸业拉开帷幕。正是这场伟大的变法,将秦国从崩溃、灭国的边缘拉回来,使其从国弱民贫、被山东六国所蔑视而欲群起瓜分之的荒蛮小国,一跃而起成为拥有精兵良将、为各国所忌惮甚至恐惧的虎狼之国。甚至可以说，没有今天这场变法，就没有来日大秦帝国的辉煌！这场变法，是大秦富强的功臣。

而若说这变法的功臣，我想大多数人都会脱口而出——"商鞅！"商君为变法的付出，令人震撼，令人感动。从勘探各地的风餐露宿，到修订法令的废寝忘食，再到为国献身的豁达无私。这功臣之名他是当之无愧的，后人也因此把此次变法称为"商鞅变法"。

但我们不能因此忽略了另一位至关重要的功臣。他同样伟大，同样付出很多，却甘愿默默地在背后奉献，被遮住光华。没有他，纵使商君有经纬之才，也很可能会变法夭折，自己壮志未酬便枉死于小人的阴谋诡计之下，而不会有日后的成功。他始终站在商君身后，做其最坚实的后盾。他便是秦孝公嬴渠梁。

秦公之功在于其才华。孝公本身就是一个极为出色的天才。他的才华不在于领兵打仗开疆扩土，而是驾驭权力。朝堂中暗河汹涌，各个势力盘根错节，为了各自利益勾心斗角。变法必定会触犯很多老牌贵族的利益，从而遭到种种反对与阻挠。再加上山东六国暗地里的刺探与捣乱，若一个处理不当便可能导致举国动荡，小则变法失败大则秦国灭亡。在那样举步维艰的境地中，他将一次次本可能颠倒乾坤的流血事件不动声色地从惊涛骇浪中引导出来，稳健地消于无形，使大权始终在变法力量手中，使商君可以不受拘束影响，全心投入变法之中。

秦公之功在于其慧眼。"千里马常有而伯乐不常有"。若非孝公慧眼识英雄，商君也许还在魏国做那小小的中庶子、老公叔的守陵人。或是像孟子那样空有一身才华，周游列国却四处碰壁，无处施展。再或是如老将龙贾，面对好大喜功的君王与油嘴滑舌的"名将",仿佛被缚住了手脚,只能眼睁睁地看着国家没落国土沦丧而无能为力。可以说,能遇上如此明君是商君的幸运。

秦公之功在于其信任。"用人不疑,疑人不用",孝公完全做到了这点。他毫不犹豫地将大权全部交予商君。不像其他君主那样多疑善变,怕臣子做大而有了二心,提拔一个与商君不和的人来与之制衡。连狡猾如狐的老枭甘龙,都没能成功挑拨离间使两人有了哪怕一丝隔阂。正是如此明君强臣联手,才突破层层阻挠,成就了大业。

秦公之功在于其奋不顾身。"常思奋不顾身,而殉国家之急"便是对他很好的写照。变法之初墨家以为它是暴政而欲除之。墨家作为深得民心的天下大家影响力自是非凡。墨家的公然反对使秦国庶民犹豫不决,没有了变法的热情,使变法变得非常困难。正是他不顾自身安危,孤身进入神农大山,与墨家弟子论战,澄清误会,才与墨家重归于好。他进入墨家总院的时候,全心想的都是变法、国家的急迫,哪曾念及一丝自己的性命!

秦孝公有识人之能,用人之才,胆略、智慧、意志、品格,堪称千古罕见。没有秦孝公,就没有变法的成功,就没有之后一统天下的大秦帝国!

伟哉秦公,千古一人!

【点评】

秦公"伟"在何处?文章从"才华""慧眼""信任""奋不顾身"四个方面逐层展开,事理充分,分析深入,很有说服力。

6. 论商君卫鞅
——读《大秦帝国·黑色裂变》
石宗华

"商君商君,法圣天神。

忠魂不灭,佑我万民。

商君商君,三生为神。

万古不朽,刻石我心。"

这是在商鞅临死,万千民众活祭时唱的古歌。由此看出,商鞅在大秦民众心目中多么重要,老秦人多么爱戴他、拥护他。商君,千古一奇才也。

作为政治家,他有刚硬的政治手腕。他颁布新法,字字珠玑,无一条对良民没好处。他的法规,在当时的时代,与六大战国及众多小国、周王朝看来,超越了很多。"王侯犯法,与庶民同罪",虽然严重打击了上层的贵族将相,但获得了广大农民庶人的支持,使新法的根基在秦国逐渐巩固稳定。而庶民支持的法律法规,贵族们再反对,又有什么用呢?最令我惊讶的莫过于惩治太子、太子傅了。太子无故滥杀无辜,就算他是孝公独子,也难逃恢恢法网。嬴虔,公孙贾,作为太子的老师,虽然二人均为朝中重臣,公子虔还是秦孝公的胞兄,也不能借故免刑。面对"交农"这种奇耻大辱的危机,卫鞅将局面成功扭转,安抚了孟西白三族,也避免了一场内乱。正是这样,亲眼看见法律在犯人身上执行,相信了左庶长的话一诺千金,民心逐渐向卫鞅聚拢,向秦王聚拢。

同时作为一个兵家奇才,他也是一颗璀璨的明星。秦孝公时期,最重要的战役之一——河西之战,嬴虔不复出,车英又欠火候,在这进退两难的时刻,卫鞅主动请缨,施展了自己的兵家才华!事实上也是这样,卫鞅出奇兵大败老将军龙贾,然后把酒囊饭袋公子卬不费吹灰之力地抓住,杀尽魏军。说起来公子卬,真是哭笑不得:一错,错在明知道秦军就在河西,依然慢悠悠地去河西,完全不担心秦军;二错,龙贾死了那么久了,公子卬居然丝毫不知,令人难以理解;三错,酷爱音乐,酒席晚宴不够,还抱怨没有歌舞,让兵士用小号吹《小雅·鹿鸣》!难道魏国除了那个死心眼死在马陵道的庞涓,名将就只有这种人了吗?!

卫鞅是理性的。他铁血变法,不把私人恩怨排于首位。比如像他惩治黑林沟里正黑九,虽然自己很看重他,也曾祝福过他,但刑罚不可因此而免。再比如说对嬴虔处以劓刑。嬴虔是他在朝中多么重要的后援呀!秦孝公和卫鞅都不行,唯有公子虔可稍稍扼制住王公贵族。不对嬴虔刑罚行不行?行。只罚教书的太子傅公孙贾,他再巧舌如簧为嬴虔辩解一番,自然可以。然而,不说民意,他自己的良知和行为准则,也不能使他赦免嬴虔。不管他是谁,是朝中重臣,是君上庶兄,只要他犯了错,就与庶民同罪。

然而,卫鞅也是有感情的。一味说他冷漠残酷未免有失偏颇。他与荧玉公主,他与白雪,都是有感情的。尤其是他与白雪的临终诀别,感人肺腑。而兄弟之情,像他与侯嬴,苦菜烈酒,一夜长谈;他与景监,衷心促成了景监和小令狐;以及他与孝公,说不尽的互相信任，互相尊敬。这在历史上几乎是绝无仅有的。

卫鞅与孝公携手二十余年，终将秦国从西陲小国引向一代霸主的正轨，为日后彻底变法构成了坚固的框架。商君奇哉！商君勇哉！

【点评】

商鞅"千古奇才"奇在何处？小作者从两个方面展开论述：先详写其功业之奇——法家的手腕刚硬与兵家的出奇制胜一体，再略写其性格之奇——理性与感性相融。写到这里，商鞅之"奇"已跃然纸上。

7. 论丞相与国势

高可心

秦国丞相实在是很耐人寻味的一个职位。我们可以看到坐上这个位子的人学说不同、性格各异，甚至连身份也是天差地别。但是这些丞相为秦国创下辉煌功业的背后，也在某种意义上代表了秦国国运的变化。而这几步代表国势的棋局，走得可是相当巧妙。

第一步，强。秦国要想崛起，只能使自己抓住列强的间隙迅速强大起来。毕竟想要逐鹿中原，也应该先有国强。而这个强，是综合国力的强。军事、农业、朝堂等等都要以脱胎换骨之势彻底强大。那唯一能将这些一个不剩全部强大的话只有一个办法——体制强大。于是，整个战国百家学说中最适合强国的法家商鞅，便应召而至，坐上了第一任秦相的宝座。商鞅这个千年之后仍大名贯耳的法神，也的确将秦国强大起来。

第二步，霸。强国先强势。于是这霸主地位便十分重要。千万不要小看这虚无缥缈的势，因为它能控制更虚无缥缈的人心。人心所向便是天命所向。有这个保证，秦国以后想说什么想做什么都方便许多。秦国为了营造这个势，足足经历了三代王族的变迁，丞相也换了四任。前两任张仪、甘茂定外交；后两任魏冉、范雎定刀兵。这样秦国无论在何种情况之下，都能以本身的强大当仁不让地坐上霸主之位，时时雄瞰东方。

第三步，富。从这一步开始，秦国便开始打出休养的路数，让战争留下的各种损失悄无声息地一补再补。如果说秦国最开始是一块矿石，因加热而膨胀，那么现在的它就是一块久经锤炼的精铁，锐不外现却暗含杀机。能做好修养与潜藏的自然是政治家蔡泽与商家吕不韦。两人接连登台，不露声色地经营人口、货物与钱币，因秦国甲兵强盛，吸引庶民商旅流入秦国，安心扎根；同时引入他国商旅入秦，使咸阳尚商坊吞金吐玉卖铁倒银富庶无双。这时候的秦国，一切都准备就绪了，只等一个时机，便可重新大出于天下，一鼓作气攻城拔阵，再不用担心国力不足。

最后一步，争。这一步不用多说，由本就少年老成锋锐无匹的秦始皇嬴政带领骠勇强悍、智计百出的将军们，统领如狼似虎百战百胜的甲兵壮士，再加运筹帷幄沉稳精细的两个丞相李斯、冯去疾提供后援，何愁秦国大事不成。

秦国这几步棋，虽说是由丞相的派别体现出来，但真正决定走棋的还是君主。贤才遇明主，使这几步棋走势审略清晰，用人合乎其位，谋政相通，促成秦国大业。

【点评】

小作者从强、霸、富、争四个层次去论述秦国百年间国相与国势的关系，语言精练，见解独到，举重若轻，层次严谨，堪称妙笔。

小　结

发现与选择角度不仅是写作能力的体现，也是认识与思考能力的体现。读一部几十万字乃至几百万字的长篇巨制，写读书笔记时，懂不懂得择其一点，巧妙切入，标志着小作者是否具有善于发现的眼光和选择角度的能力。在一般情况下，角度要小、要新、要独到，角度选好了，文章就成功了；而没有角度，不成文章。就这部《大秦帝国》而言，洋洋洒洒504万字，诸子百家、三教九流，林林总总，无所不包，无所不容。写作时，更需要选择一个有研讨价值的"点"来分析论证，而不能面面俱到，记流水账。在这一点上，七篇习作有的在一词之辩，如"咥"，有的在两词之析，如"才"与"材"，"皇"与"帝"，有的专论

"商君""秦公""鬼谷子",有的探究"国相"之于"国势"……可谓别具匠心,各有千秋。

既是"小论文",就要有观点或论点。并且,作为文章的旗帜与灵魂,论点一定要鲜明、响亮、突出,而不能含糊其词,模棱两可,似是而非。比如例文《政商奇才吕不韦》,它既是题目,也是文章的立意、观点。文章在开篇旗帜鲜明地提出观点和看法之后,便紧紧围绕中心立意展开议论。从"从商""为政""立言"三个方面展开,突出吕不韦"政商奇才"之"奇"。立意是文章的旗帜,题目是文章的眼睛,要明眸善睐,顾盼有情。作为小论文的题目,应该准确、简练、醒目、新颖;要有角度,有个性,有文采,因为"题目就是水平"。在这一点上,七篇小论文的题目都值得称道。

论述中,注意摆事实,讲道理,以理服人,而不可强词说理。要以作品内容作为支撑观点的主要根据,也可以根据需要,借助工具书查找补充资料。还可以适当联系现实、展开联想。写小论文意在说理,为了增强文章的说服力,论述必须依据一定逻辑逐层展开。层次体现逻辑,逻辑规定层次。要培养自己组织、提炼、运用材料的能力,尤其是分析、思辨的能力,从而培养良好的思考习惯,推动个人综合素质的发展。

四、自主阅读为"本"

所谓"自主阅读",即没有外来干扰因素的、充分享受阅读快乐的阅读。"自主阅读"的最大特点在于"自主"二字,这是一种学生始终处于主体地位的极具主动色彩的阅读，旨在培养学生的独立阅读能力，具有明显的个性化行为特征。新课标所要求的"读书"，指的便是充分尊重学生本体地位、可以真正提升语文素养包括读写能力的"自主阅读"。

"自主阅读"重视学生的本体体验，强调珍视学生的独特感受、体验和理解。在自主阅读的过程中，学生主动与文章的作者形成对话、交流的关系，以引起情感共鸣，产生思想感悟，受到精神熏陶，获得智慧启迪，发展健康个性，享受审美乐趣，丰富自己的精神世界。

自主阅读是一种独立的、个性化的学习行为，当学生读书进入最佳状态时，会进入一种心无旁骛、形神两忘的状态，这时，即便泰山崩于前也会面不变色——不是不变色，不闻泰山崩也。因为全副身心沉浸在书籍的世界里，面对巍巍泰山，会视而不见；耳边山崩地坼，会听而不闻。虽然身形凝然不动，胸中却万马奔腾；虽口中寂然无声，心中却翻江倒海。这是读者在与作品进行精神对话、情感交流时，所受到的深深感染，产生的强烈共鸣。在这一过程中，读者的心灵世界逐渐丰盈，精神品质得到锤炼，本体人格得以升华。

"自主阅读"的能力就是自主学习的能力，自主阅读既是整本书阅读的基本方法，也是整本书阅读的本质特征。它和课本学习最大的不同在于：后者基本按照老师的设计进行，"以教师的分析来代替学生的阅读实践，以模式化的解读来代替学生的体验和思考"（《义务教育语文课程标准》），学生有意无意被牵着鼻子走，是体现教师教学设计的被动学习者，不容易产生强烈的精神共鸣与深刻的内心感动。

1. 重在唤醒内驱力

古今中外很多关于读书的名言警句，有很强的启发作用，譬如"一日不读，百事荒芜""人不通古今，襟裾而牛马""读史使人明智""凡有所学,皆成性格"等等,可以适时推荐给学生。许多大家博学多闻、学富五车的故事,譬如苏步青、华罗庚、李政道、丁肇中、杨叔子、贝聿铭、陈省身、丘成桐等等,也可以经常讲给学生。孩子身边常常有一些反面事例,比如一些学生,尽管智商很高,由于不读书,头脑空空如也,眼前一片茫然。甚至到了高三,连历史上著名的"赤壁之战"也不知道,考试时,还闹出"赤壁之战写的是周瑜兵败、二乔被囚的历史"的笑话。甚至连"南宋""北宋"属于历史概念也不知道,居然提出"晚年的李清照在南宋生活那样痛苦,为啥不搬回北宋去住"的疑问。可见我们的语文学习如果再画地为牢、守着课本、一味刷题而不去读书,真的会让聪明的变笨,笨的变傻,最后"连人种都会退化"……通过聊故事讲道理,让孩子警醒起来,焕发出自觉读书的强大动力。

有了动力就有了时间,有了时间就有了效率,就会如饥似渴,手不释卷。自主读书的习惯一旦形成,就会爆发出不可思议的巨大生命能量,在老师推荐的书目之外,有的同学把视野拓展得更为广阔,去读《巴黎圣母院》《雪国》(川端康成)《红与黑》《百年孤独》《静静的顿河》,甚至是《战争与和平》《浮士德》等世界名著,并自觉写下大量的读书笔记。

2. 循序渐进推荐作品

多年以来,孩子手里一直捧着单篇短章的课文,其容量十分有限,情节比较简单,内容相对单薄;当面对一部几十万字的鸿篇巨制时,宏大的社会背景,繁复的情节结构,众多的各色人物,便会让人不知所措,产生抵触甚至抗拒。如果一上来就把《管锥篇》《忏悔录》之类内容过于艰深的作品推荐给学生,就会让学生望而生畏,产生阅读障碍,不利于自主阅读。所以在引领读书时,要充分考虑到孩子的心理因素、阅读能力和兴趣特点,本着由浅及深、由近而远、由今及古、由易而难的原则，审慎、智慧地推荐作品，让孩子拾级而上。我们在开展整本书阅读之始，就是从《狼图腾》《重返狼群》《藏獒》等动物专题开始的，收到了很好的效果。

3. 耐心等待，因势利导

由于孩子年龄、阅历、心智能力、思维水平的限制，开始读书时，对于作品人物的认识、内容的理解、主题的把握，常常会显得肤浅幼稚，曲解误解乃至荒唐可笑的情况时有发生。在自主阅读之初，出现这种现象都是难免的，甚至是正常的。这个时候，关键的问题在于，我们不能以成人的眼光替代孩子的眼光，以教师的解读替代学生的解读，以一己的理解否定他人的理解。"全美最佳教师"雷夫说过：培养孩子的读书习惯要有充分的耐心。要善于理解，允许误读，承认差距，多加鼓励，发现小亮点，肯定小进步，化消极为积极，积小胜为大胜。只要孩子自己捧起一部值得去读的好书去读，而不是由老师或家长去越俎代庖，坚持下去，最重要的自主阅读能力就会逐渐形成。胡雨石在《我的读书感受》中这样写道：是自主阅读"让我真正开始拥有思想，让我的人格真正得到了升华，也让我对祖国有了更深刻的认识。经过了名著的陶冶，我可以说是真正完成了蜕变"。

我的读书感受
胡雨石

时间过得快如流水，转眼间，我已经在中学度过了两年了。在这两年中，名著的陶冶让我受益匪浅。一本本名著让我足不出户便能亲历几千年间在世界上发生的种种传奇，让我不用上课便能领悟到人间的种种潜规则和真谛。名著，无疑是艺术殿堂中央最金碧辉煌的宝座。

回顾这两年来我读过的所有名著，发现每一本都是一座文学的里程碑，也是我的思想和成长的里程碑。

《红岩》中革命烈士们为人民解放而斗争到底的抗争精神和种种激烈的场面让我叩开了名著世界的大门，开始了在名著殿堂里的遨游。这时我的读书笔记是那样的幼稚和简单，现在看来仿佛是年代久远的古董了。《红岩》可以说是我的启蒙书。

《四世同堂》可以说让我更上一层楼。这是人民艺术家老舍的巨著，一部不折不扣的佳作，能让人充分体验被日寇和汉奸巨大的阴影笼罩着的北平人民的生活。在看似已经绝望的环境下，一股股抗争的星星之火和所有人民尽自己的全力来抗击日寇的精神让我为中华民族在外族压迫下释放的巨大能量感到自豪，也对我们居住的北京有了深层次的理解。瑞宣、钱先生、瑞全、瑞丰、冠晓荷、大赤包的种种遭遇和经历也让我对汉奸和人性有了更深层次的思考，让我的读书笔记也开始真正地被思想充实起来。

《平凡的世界》无疑是对我影响最大、最重要的一部书，让我理解为什么这部书凝结了路遥一生的心血。在这部书里，没有罪大恶极、如汉奸般的坏人，也没有为革命而英勇献身的烈士，全书只如潺潺流水般讲述了改革开放前后人民所经历的生活和奋斗的历程，犹如一部民族史诗，引导人们挖掘自己对人生最深刻的理解。孙少安在经历无数挫折之后通过自己的努力成了"万元户"，孙少平这个高中生在自己的人格光辉照耀下和不懈奋斗中实现了一个又一个目标，田晓霞在危难时刻为了解救儿童而献出了自己的生命，一个个无名的好心人在别人最困难的时候伸出援手，悄然离去……《平凡的世界》中每一个故事都给我上了最宝贵的一课，至今还历历在目。这部名著对我在人性和人格以及奋斗等方面的启发和陶冶是别的事物永远都无法比拟的，它绝对是一部永远都不会下架的好书。

《1911》《长征》和《决战朝鲜》都是历史类巨著，它们让我如同亲历了中国社会变革史上最重要，也是最有戏剧性、启发性的战争的历史——辛亥革命、军阀混战、红军长征和朝鲜战争。"读史使人明智"这句话在这三部书里得到了最深刻的体现。辛亥革命中革命党人的屡败屡战，长征中红军在不允许人类生存的环境下为共产主义进行的抗争，朝鲜战争中小米加步枪战胜飞机大炮的奇迹都在这三部书中有了最完美的解读，让我对前辈们为建立新中国进行的艰苦卓绝的流血斗争更加了解。在这些战争中，正义的一方也是弱小的一方，同时也是获胜的一方，光是这一点就可以让人对其深思良久。这也是这段历史中最振奋人心的一点。历史名著对于我来说已经成为阅读中不可缺少的一部分。

近两年的名著阅读已经让我真正开始拥有思想，让我的人格真正得到了升华，也让我对祖国有了更深刻的认识。经过了名著的陶冶，我可以说是真正完成了蜕变。

> 【点评】
>
> 　　能让一个初二的孩子自信地道出自己"开始拥有思想""人格得到升华""对祖国有了更深刻的认识""完成了蜕变"的，唯有自主阅读。

4. 自主阅读，贵在"自主"

"自主"，也就是在整个阅读过程中，老师不从旁干预、指手画脚，不居高临下、越俎代庖，而是把体验作品的权利完全交给孩子，让充满艺术魅力的作品把孩子"拽进其中"，让孩子完全融入其中，和作品中的人物一起哭，一起笑，一起经历，一起成长……从下面这篇学生随笔，就可以看出这一点。

品味老舍

程昊

　　两年过去了，书籍也翻阅了不少。看了一本本书、写了一篇篇读书笔记，回想起来，感触良多。但最爱的，还是老舍的作品。

　　读着一篇篇老舍的作品，看着一个个北平城里的人物，我心中一次又一次地随着文章而感动，而愤怒，而悲哀。那一个个从晚清到抗日的人物，被刻画得如此的细致，把我拽进其中，和人物一起哭、一起乐。

我爱老舍作品，因为它的细腻——每一个人物，每一个不起眼的角色都是恰到好处地、精巧地出现，经历他应有的一个个情节，让人读着真实，似乎踏入心底。每一个笑容，每一滴眼泪，每一个握紧的拳，每一个蹙紧的眉都让你感到肌肉、神经的变化。看吧，瑞宣的每一次心灵深处的纠结，对自己的谴责与辩护，是否让你感到他尽孝与尽忠的矛盾？《月牙儿》里的"我"是否让你感到那个悲惨的社会中妇女的绝望？祥子是否让你感受到他从一个正直向上、有理想、有抱负的青年衰变为一个混混的悲哀？不说人物，单单说周围的那些环境描写，是否就会让你感到沦陷的悲哀或是胜利的喜悦？

　　我爱老舍作品，因为它的平凡——那些人，那些事，不都发生在普通人们的身边吗？买菜、逛街，一幕幕平凡的场景，却能映射出社会与时代的变迁。一个个小人物，小而富有特色，囊括了几乎所有类型的那时的人们。我们就看见了群众，看到了他们所受的压迫，看到了他们所想的，所说的，由此看见了那时的社会，浮躁的、浅显的社会，而又是泼洒着底层民众鲜血与泪水的社会。吃不饱，穿不暖，无论是像《月牙儿》中这样孤儿寡母的家庭，或是《四世同堂》中一向其乐融融的家庭，还是《我这一辈子》中做着巡警拿着七块大洋的家庭，都成了家常便饭。那些平凡而又辛苦的人们，反映出的社会的病态，让人看了心酸。

　　我爱老舍作品，因为它的幽默与深刻——那平凡的、带着点幽默的语调里，透出对时代的担忧。那诙谐的语句，夸张的幽默所具有的讽刺的意味，是无人可比的。对于那时病态的社会，老舍写下了他的思考，写下了他对强国救民的渴望。他爱国，爱得真切，可他没有说过一句，而是从那玩笑似的文章里自然而然地流淌出来的。他让我们看到了那时的社会，那时的民众的苦与悲惨。

爱老舍的著作，爱他的细腻、平凡，还有那幽默而深刻的写法。他的作品，让我们看到了他的爱国的热血胸膛，也让我们为国家而奋斗。

【点评】

小作者是那么强烈地爱着老舍和老舍作品，完全融进了老舍的作品。用她自己的话说，被充满艺术魅力的作品"拽进其中，和人物一起哭、一起乐"。

其实，这就是最佳的读书状态。

在这种忘我的阅读过程中，读写能力会在不知不觉中得以提升，精神和生命也自然获得成长。

5. 自主阅读是读书的本色

在自主阅读中，学生是阅读的本体，是学习的主人，是和作者、和作品、和人物形象的直接对话者、交流者、共鸣者，自然，也是自由的评判者。

在自主阅读中，学生不仅是独立的审视者、思考者、感悟者，而且是独立的发掘者、发现者、创造者……

自主阅读，根本在"自主"，关键在于"读"。这个"读"，是默读，是心诵，是整体感知，本体体验，是阅读的本色。

对于孩子的生命成长来说，自主阅读有多重要？请听听他们在读书随笔中发自肺腑的声音……

范文

读你，卫鞅
孙闻溪

看一部书，不仅要看故事情节，更要读其中的人。看《黄河东流去》，我读懂了李麦的爽快大方；看《狼图腾》，我读懂了老阿爸的苦心；看《重返狼群》，我读懂了李微漪对小狼的爱……而读《大秦帝国》，我更是读懂了你——卫鞅。

初见你，你还只是个小小的魏国中庶子，却气度不凡，颇有远见。想必你也是明白，魏国不可久留。于是几经周折后，你远渡秦国。一袭白衣，一支白玉簪，一双深邃锐利的眼睛，沉稳的举止中透出冷峻高贵。这便是我第一次读你时，你烙印在我脑海中的形象。

再见你，已是在秦国。茫茫渭水之上，你与秦孝公大谈治国之策。三天两夜的长谈，我从你眼中，分明看到了激情燃烧的火焰，读出了誓要干出一番功绩的雄心与决心。卫鞅，我相信，你必定是上天赐秦的大才，救秦于水火。

开春后，我却很难再见到你了。是啊，肩负着变法重任，自然免不了一番忙碌。有多少个夜晚，我看见的，始终是你忙碌的背影。你手边一鼎反复热过无数次的饭食早已凉透却未动一口。身后，满载着你心血的竹简，摞起小山似的一堆……朝堂之上，你与一班世族元老争论变法之利，驳得他们哑口无言。在嬴虔与秦孝公的鼎力支持下，我的左庶长，你终于可以大干一场了！

于是，一道道政令，惊雷般响彻秦国河川！区区几年时间，百姓吃饱穿暖，田野间一片欢声笑语，你也被一举升为秦国大良造。

我晓得你办事最讲效率，一摞堆得高高的竹简头天晚上送到你府上，第二天一早就能分发各处，绝无差错。我晓得你大公无私，为了变法，连自己的成婚大事都几乎没有过问过。就连大良造府的修葺改造，都是秦孝公委派黑伯监造。于是我只得默默守在一旁，生怕自己的一句话、一个动作都会打乱你的节奏和秩序。你读着竹简，我读着你——我是多么想读懂你啊！那个初见时一袭白衣、英气勃发的鞅，怎么就变得沧桑深邃、皱纹也悄悄爬上脸颊了呢？你一直在忙碌，我也一直试图读懂你……

岁月，悄然流逝。

河西一战大捷，改写战国格局。你也被秦孝公封为商君。咸阳广场上，在千千万万老百姓"商君万岁""新法万岁"的山呼海啸般的声浪中，你我的眼睛湿润了，热泪滴进书页，滴进脚下的黄土。你眼中那一抹晶莹里蕴含的，我读懂了。那是欣慰，更是誓让秦国富强的承诺。此时，你像一个慈父，凝视着日渐强壮的儿子……

一切看起来如此的顺利。可从你言行举止中，我却嗅到了一丝隐隐的不安，你仿佛在不动声色地等待着一个时刻的来临……

有一天，新秦王嬴驷下达的缉拿令，将你推向人生的岔路口。你可以率兵攻城，自立为王；你可以逃进封地，隐居山林；你也可以大义赴死，做千古商君。卫鞅啊卫鞅，在自我利益与国家前途面前，你将如何抉择？

你用你无比坚定的眼神告诉我，你不会逃，也不会自立为王，你要用生命为变法铺平后路！那一瞬，我读懂了你；那一瞬，那样欣慰却又痛彻心扉。

刑场上，在万民呼喊"商君万岁"的声浪中，面对甘龙胆气不足的质问，你傲然冷笑："甘龙，商鞅虽死犹生，尔等却虽生犹死！青史之上，商鞅千古不朽，尔等却万劫不复！"热血喷洒在白雪上，触目惊心。

卫鞅……喃喃着你的名字，透过泪水，恍然间看见一个年轻的白衣士子，在一个冬夜许下承诺："公如青山，鞅如松柏。粉身碎骨，永不负秦！"

一切的一切，恍若一场大梦，一场波澜壮阔的大梦，一场无比真实的大梦。而你，卫鞅，把梦变成了现实。经历过这么多风雨，经历过这么多变革，陪着你一步步走到尽头。我与你之间，不曾有过交流。但你却用眼神，用行动，把你的一切都告诉了我。

你雄心壮志，雄才大略；你执法如山，铁面无私；你为国竭虑，铁骨柔情；你浩然正气，视死如归……

卫鞅，我终于读懂了你，我的左庶长、大良造，我的商君。

> 【点评】
>
> 　　在精神放松、心无旁骛、完全自主的阅读状态中，小作者穿越漫漫时空，走进两千多年前的历史，走进了商鞅的心。
>
> 　　"你雄心壮志，雄才大略；你执法如山，铁面无私；你为国竭虑，铁骨柔情；你浩然正气，视死如归……"
>
> 　　商鞅的情怀境界，商鞅的雄才大略，商鞅的侠肝义胆，商鞅的视死如归……小作者被这一切深深打动，深深折服，发自肺腑的倾诉一泻千里，读来感人至深。
>
> 　　可以说，如果没有自主阅读，就没有这份由衷的感动；没有这份感动，就不会写下这样动人的文字，也很难带来真正的生命成长。

6. 自主阅读是审美阅读

　　读书、读书，根本在"读"。真正的读书，是排斥一切功利干扰、平心静气、心无旁骛的"自主阅读"。

　　"自主阅读"是一种审美阅读，它强调珍视学生的独特感受、本体体验和个性化理解。在自主阅读的过程中，学生主动与作品形成对话、交流的关系，通过对话与交流，引起情感共鸣，生发思考感悟，受到精神感染，获得智慧启迪，发展健康个性，享受审美乐趣，进而丰富自己的精神世界。

　　读书入神之际，身形凝然不动，胸中万马奔腾；口中寂然无声，心中翻江倒海，甚至泰山崩于前不变色——不是不变色，不闻泰山崩也，因为全副身心都沉浸在书籍的世界里。在这一过程中，读者的心灵世界逐渐丰盈，精神品质得到锤炼，本体人格得以升华。

如果没有这种高品质的阅读，其他一切的煞费苦心都是徒劳的，既不能提高考试成绩，也不能提升语文素养。一旦有了高品质的阅读，孩子的心智就会获得健全发展，生命就会获得健康成长，而读写水平与应试能力的提升只不过是一种副产品而已。

朱永新先生曾经这样写道：

如果我们的孩子在10多年的教育历程中，还没有养成阅读的兴趣和习惯，一旦他们离开校园就将书永远地丢弃在一边，那么，我们的教育一定是失败的。相反，一个孩子在学校的成绩普普通通，但是对阅读产生了浓厚的兴趣，养成了终身学习和阅读的习惯，一定比考高分的孩子走得更远。学校教育实际上不仅仅像母乳一样给孩子以最初的滋养，最重要的是通过阅读让他们学会自主飞翔。

每个孩子都是一颗松树的种子，具备长成参天大树的先天基因。如果引领孩子走进大语文的天地，通过博览群书，这颗种子便可充分汲取水分营养、沐浴日月光华，最终长得枝繁叶茂，高可凌云。

五、整本书阅读的九个注意事项

整本书究竟怎么读，有很多讲究。尽管大家都知道应该读书，可真正做起来，却相差十万八千里。有人读着不是书的"书"，有人读着不该读的书，有人把读书变成苦役，有人把好书碎尸万段……种种不是读书的"读书"，不但不会带来好处，反而贻害无穷，实在应该引起每个老师、家长和孩子警惕。

开始读书时，懂得什么"不是读书"非常重要。

如果不知道什么"不是读书"，就会走许许多多弯路，耗费许许多多时光，留下许许多多遗憾。比如，扎进不是书的"书"不能自拔，读不该读的书虚度青春，甚至读垃圾书变成"垃圾"。或者，锣鼓喧天搞活动，钻天觅缝盯考题，支离破碎找细节，痛苦不堪戴枷锁，题海训练入歧途……

只有懂得了"什么不是读书"，才会去真正地读书。

整本书阅读应该注意些什么呢？

1. 别把读教科书混同"读书"

说"读教科书不等同读书"，是因为"教科书不是真正意义上的书"（林语堂），而那些"开茅塞，除鄙见，得新知，增学问，广见识，养心灵的读物才称得上是书"（林语堂）。朱永新先生也说过几乎完全相同的话："教科书并不是真正意义上的书"。

《义务教育语文课程标准》中则这样写道："要重视培养学生广泛的阅读兴趣，扩大阅读面，增加阅读量，提高阅读品位，提倡少做题，多读书，好读书，读好书，读整本的书。"这几句关于读书的重要表述中，有连续四个"书"字，如果把"书"理解为"教科书"，几句话就变成了"多读教科书，好读教科书，读好教科书，读整本的教科书"，这显然是十分可笑的。几句话中的"书"所指肯定不是"教科书"，而是教科书以外的"书"。

可见，古往今来，人们倡导的博览群书的"书"、下笔如有神的"书"以及腹有诗书气自华的"书"，都不是指当下的"教科书"。"书"与"教科书"两者完全两码事。

"教科书"是什么，叶圣陶说得再清楚不过了，"语文教材无非是例子"。"例子"的作用，仅仅在于读写教学的"示例"而已。

2. 读垃圾书贻害无穷

读书是一种精神滋养，如果所读之物没有精神营养，甚至带来生命戕害，那它就不配称作"书"。

世上书海茫茫，据统计，如今全国每年出版的各种图书达40万种以上，平均每天上千种。如果不加选择地一一读去，一天出版的图书一辈子也难以读完。更何况如此海量的图书，难免鱼龙混杂、泥沙俱下。

今天的学生，只懂得"开卷有益"还不行，还要提防"开卷有害"。既要知道"书籍是人类进步的阶梯"，去多读书，多好书，还要警惕书籍也会成为"堕入地狱的门票"，谨防坏书带来的伤害。

鲁迅就曾说过，"用秕糠养大的一代青年是没有希望的"。

"今天的'快餐式阅读'，用鲁迅的话说，就是吃下的'不是滋养品，是新袋子里的酸酒，红纸包里的烂肉'。当下中国读书市场上这样的'新袋子'、'红纸'包装，实在是太多了，但吃下去的却是'烂肉'、'酸酒'，没有经验的青少年特别容易上当。仰赖这样的'快餐'长大，是可能成为'畸形人'的。"（钱理群）可见，读垃圾书不是读书。往轻说，是虚耗生命；往重说，是精神"吸毒"。

3. 读书别好高骛远

对于一个孩子而言，无论一部书是不是名著，是不是经典，只看作品质量还不行，还要看适合不适合孩子去读。不看孩子的理解能力、接受能力，强迫他去读不适合读的名著，同样不是真正的读书。

尼采、叔本华是西方哲学的经典作家，但他们的著作未必适合阅历尚浅的中学生去读，若硬钻进去，也许会变得目空一切，唯我独尊；王小波的文学成就值得称道，但沉迷其中，也容易让人变得盲目逆反，思想消极；金庸的作品也不是不可以读，但若深陷其中，不能自拔，就有可能变得颠三倒四，神志迷离。

年龄阶段不同，理解能力不同，适合他们阅读的经典就会有所不同。

对于三四岁的孩子来说，经典或许是《丑小鸭》，而不会是《浮士德》；一个七八岁的孩子，经典或许是《小王子》，而不会是《鬼谷子》；一个十来岁的孩子，经典或许是《童年》，而不会是《红楼梦》；对于十二三岁的初中生来说，适合他们阅读的经典，不会是《易经》《坛经》《道德经》，也不会是《雷雨》《日出》《北京人》，而是与他们的接受能力、兴趣特点和精神需求密切相关的书。非要让没有一点古文基础的孩子去读《礼记》，或者让年龄尚幼的小孩子去读《红楼梦》，就不仅是对孩子的摧残，也是对经典的糟践。

4. 读书不是搞活动

读书本质上是一种精神活动，真正的读书应该是一件很安静的事。从培养兴趣、推进读书的目的出发，偶尔搞一点活动是可以的，但不能替代读书，不可用主要精力去搞各种活动。比如：你写诗歌，我对对联；你搞配音，我演双簧；你写现代诗，我写古体诗；你演课本剧，我说快板书……即便搞得花样翻新，锣鼓喧天，尘土飞扬，乱纷纷你方唱罢我登场，却不等于读书本身。

读书读书，读才是根本，如果把时间、精力都花在表面文章上，而不去实实在在地读书，所付出的一切努力都将是南辕北辙，得不偿失。再好的形式都是无根花草，水上浮萍；或如塑料花朵，虽然美丽，但没有生命。既不能形成语文素养，也不能转化为考试能力。因为活动也只是活动，而不是读书本身。

5. 读书别搞庖丁解牛

一部作品是一个艺术整体，是一个完整的生命，作品的灵魂就寓于整体之中。阅读时，应该沉浸其中，接受美的熏陶、精神的洗礼，尽享阅读的愉悦。而不必一步三回头，去字斟句酌，推敲微言大义；不要挖空心思，无中生有，奢望见微知著，来发现字缝里的意思。不是搞学术研究，不是做学问，不是读古诗文，需要涵咏再三。更不可对整本书庖丁解牛，抽筋扒骨，作生化研究，标本解剖，基因检测……因为一番折腾之后，作品便魂飞魄散了。这种"读书"，和应有的读书相距十万八千里。

6. 读书不是知识梳理

面对一部作品，如果不去深入读书，忽略和作品的精神对话与情感交流，一味去构建"知识树"，编制"结构图"，联结"知识网"，把大量的时间、精力用在对作品知识内容的梳理上，就不是真正的读书，也读不懂书。

读书的重点不在于记住了多少知识，而在于汲取了多少精神营养，知识只是作品的一点皮毛，而不是精髓。比如读《红岩》，如果只去关注"监狱之花出生后谁第一个抱起她并亲吻了她""华子良在狱中装疯几年""绰号猫头鹰、猩猩的两个特务哪个在渣滓洞，哪个在白公馆"之类的细节问题，说明真正的阅读还没有开始。

7. 读书不是扎作业堆

读书是一种高级的精神享受，在惬意、舒适、宁静、放松之中，才能充分享受读书所带来的精神愉悦。不是书还没打开，先摆上字典、词典、生字本、抄词本、随笔本，然后眼睛大张、神经紧绷、手忙脚乱地去完成老师的各种读书要求：查字典，勾词语，画名句，写旁批，拟对联、写诗歌、抄片段……

在读书活动中，有的老师用各种作业要求把学生束缚得紧紧的，把控得严严的，不敢稍稍松绑，好像唯此才是尽职尽责。殊不知，这样的读书，如同带着摄取蛋白质、脂肪、淀粉、粗纤维、维生素等一大串任务，去面对一顿美餐，让原本可以带给人无限享受的进餐过程，变成了一项苦不堪言的沉重负担。

8. 读书不必细嚼慢咽

在读整本书这件事上，量与质正相关，没有量的积累，便很难有质的飞跃。学生开始啃大部头，由于没有阅读习惯，缺乏阅读能力，眼睛、脑子都跟不上，常常是一字一句地读，嘴里还要跟着小声嘟囔，同步配合，读得很慢。随着阅读数量的增加，便不知不觉地逐渐提速，最后进入快速浏览阶段，一目十行乃至一目一页也不在话下，眼光一晃便可抓住主要信息。

在量与质的关系上，可谓读书越多，眼睛越尖，速度越快，思维越敏捷，精力越集中，阅读能力越强。因此，开始读书时，要允许似懂非懂，半生不熟，囫囵吞枣，而不必字斟句酌，细嚼慢咽。要引导学生抓住宝贵的青春时光，"多读书，好读书，读好书，读整本的书"。博览群书，开阔眼界，增加人文积淀，丰富精神世界。反之，如果不去"连滚带爬地读书"（温儒敏），一辈子能读几本书？！

9. 读书不是题海训练

整本书阅读的价值在于为学生打开教科书的禁锢，回归语文教育的广阔天地，而不是在原本沉重的课业负担之上再去增加新的负担。然而习惯成自然，受应试的惯性思维影响，无论什么教学改革，都容易被导向应试的既定轨道。面对一部名著，譬如《红岩》，往往不是沉浸其中去汲取精神营养，而是从头至尾拉网排查，遍寻知识点、命题点，甚至全班全员行动、人人命题，最后汇集成册、建立题库。一番折腾之后，《红岩》已不再只是名著经典意义上的《红岩》，而是贴着"名著"标签的命题材料；读书也不再是读书，而是寻找知识点的训练。名著的精神、灵魂早已远遁，只剩下支离破碎、满地狼藉的"知识垃圾"，完全背离了名著阅读的初衷。可以说,把名著阅读异化为功利阅读,进而滑入题海训练,是整本书阅读的最大误区。

所谓功利阅读,其突出特点就是把读书和考试直接挂钩,眼睛盯紧考试范围,把学生的视野紧紧禁锢在规定阅读的几部著作,考什么,讲什么,考几部,读几部。其他名著一概视而不见,弃如敝屣。从心理学上来讲,功利阅读是陷入了"缺失性认知"。

譬如一个饥肠辘辘的乞丐,他的所思所想、所作所为都是为眼前最为迫切的填饱肚子的那点儿"吃的",那是他的"稀缺性资源"。为讨得一点残羹冷炙充饥,他已经耗去全部的精力,再没有任何"带宽"去安排更长远的发展。人类社会的一切发明发现,与他们毫无关联。

如果分数变成老师和学生共同的"稀缺性资源",他们就只会从拿分的角度去看待读书,为获取分数而耗去自己的全部精力。当一部名著摆在眼前时,他们首先想到的便是从中发现一些"命题点""得分点"作为充饥之用,而对经典的宝贵价值视而不见。一旦世界被分数笼罩,教育功利化、教学技术化、教师工匠化、学生机器化就在所难免,读书的一切美好色彩都会荡然无存。

六、整本书阅读书单

这是一份难得的书单。

之所以这样说,是因为中小学生正处在成长的关键期,而这份书单不仅利于孩子的语文学习与作文提升,更有助于他们的精神发育和生命成长。对于一个读书刚刚起步的孩子,不管你是初中生还是高中生,这份书单都是一份珍贵的精神礼品;如果你是个小学生,那也不必失望,书单中的《狼图腾》《重返狼群》《小王子》《城南旧事》等作品同样是难得的精神佳肴。

这份名著阅读书单不是来自哪座图书馆的藏书目录，不是来自某所大学的文学史教材，不是来自哪位老师的个人喜好，也不是来自哪家媒体的好书推荐，而是经过了人大附中连续七届学生的阅读实践验证了的。

一本书是否适合孩子去读，能否在这份书目中占据一席之地，是要经过一番严格的"资格审查和认定"的，这个"资格审查和认定"包括以下诸多内容：

这部作品是否为名家名篇或者同类作品中的佼佼者？作品的内容、格调是否健康，能否带给孩子正能量？对孩子是否有着极大的吸引力，让他们读得如醉如痴爱不释手？在阅读中，他们能否受到真善美的强烈感染？读过之后是否仍欲罢不能还想一读再读？在读书的过程中感情的波澜是否不可遏止地流注笔端，高质量的读书笔记是否源源不断地涌现……

上述种种，是一部作品能否进入书单的重要标准。这份书单和一般书单的最大区别在于：它不是形成于读书之前，而是完成于读书之后。经过一届又一届学生的阅读实践的效果检验，在不断筛选、不断发现、不断调整、不断充实的基础上，最终形成了这份呈现在大家面前的独具价值的书单。有了"基础书单"，使读书有了一个相对稳定而明确的范畴，可以循序推进，减少了遴选作品的盲目性和随意性。随着时间的变化，"基础书单"也会处在更新中并不断提升。

就是这份书单，不仅促成了《走进名著》《人大附中学生这样学语文》两部著作的出版，而且作为语文课程改革优秀成果中的重要组成部分，荣获2015年度的北京市二等奖、海淀区一等奖，并成为北京各区县中学书单的重要参考，影响北京，辐射全国。

需要说明的是，虽然这份书单当初是推荐给初中孩子的，但其中有相当多的作品也适合高中生和小学生去读。为了方便大家采用，这里仅根据个人见解，把适合不同学段学生阅读的作品分别做出标记：其中适合高中生阅读的作品用了楷体字体，适合小学生阅读的作品用了隶书字体，而所有孩子都能看的作品用的细圆字体。

整本书阅读基础书单

初一年级上学期

● 精读

红岩　　　　　　　　/罗广斌等

狼图腾　　　　　　　/姜戎

重返狼群　　　　　　/李微漪

平凡的世界　　　　　/路遥

童年三部曲　　　　　/高尔基

○ 泛读

繁星·春水　　　　　/冰心

林海雪原　　　　　　/曲波

今夜有暴风雪　　　　/梁晓声

小王子　　　　　　　/安托万·德·圣-埃克苏佩里

汤姆·索亚历险记　　/马克·吐温

初一年级下学期

● 精读

四世同堂　　　　　　/老舍

穆斯林的葬礼　　　　/霍达

长征　　　　　　　　/王树增

决战朝鲜　　　　　　/李峰

大秦帝国	/孙皓晖

○ **泛读**

西游记	/吴承恩
三国演义	/罗贯中
朝花夕拾	/鲁迅
城南旧事	/林海音
野葫芦引	/宗璞
飞鸟集	/泰戈尔
假如给我三天光明	/海伦·凯勒

初二年级上学期

茶馆	/老舍
抗日战争	/王树增
解放战争	/王树增
左宗棠	/徐志频
瓦尔登湖	/梭罗
老人与海	/海明威
悲惨世界	/雨果
欧·亨利短篇小说	/欧·亨利
钢铁是怎样炼成的	/奥斯特洛夫斯基

初二年级下学期

1911	/王树增
苦难辉煌	/金一南
中国在梁庄	/梁鸿

水浒传	/施耐庵
明朝一哥王阳明	/吕峥
农历	/郭文斌
猎杀中国龙	/江涌
莎士比亚四大悲剧	/莎士比亚
简·爱	/夏洛蒂·勃朗特
牛虻	/艾捷尔·丽莲·伏尼契
巴黎圣母院	/雨果

初三年级上学期

目送	/龙应台
西藏面冰十年	/毕淑敏
文化苦旅	/余秋雨
莫泊桑短篇小说选	/莫泊桑
契诃夫短篇小说选	/契诃夫
静静的顿河	/肖洛霍夫

初三年级下学期

我与地坛	/史铁生
林清玄散文	/林清玄
蒋勋说宋词	/蒋勋
苏东坡传	/林语堂
子夜	/茅盾

在阅读整本书的同时，把论语、庄子、古诗、对联、寓言等传统文化精华内容的学习，贯穿整个初中三年始终。

这份书单有以下几个明显特点。

1. 体现"海量阅读"理念

初中的三年,我们推荐的"必读""选读"作品不下50部,学生人均阅读古今中外名著达30部,人均阅读量达2000万字。从展示读写成果的《人大附中学生这样学语文》(于树泉、吴凌编著)一书中,可以看到学生读过的书超过百部。人大附中开展名著阅读活动的七年,是海量阅读的七年。通过博览群书,学生的眼界大开,胸襟大展,人文积淀大为丰富,语文素养明显提升。

2. 体现"多元阅读"理念

中学生读书不在于培养作家,而在于增加人文积淀,提升语文综合能力;不仅为了汲取知识,更为了加强精神滋养,以获得全面、均衡的发展。为此,学生的读书范围要尽量拓宽:既要读古代经典,也要读现代经典;既要读西方经典,也要读东方经典;既要读文学经典,也要读文化经典,以及历史、社会、政治、经济、哲学、科技等领域一切值得读、适合读的书;不仅要读书,也要读报刊杂志……以便为学生打开一个广阔的文化空间,为他们的终身发展奠基。

在传统文化方面,我们先后推荐了《论语》选读、《庄子》寓言、《诗经》、《楚辞》精选、《菜根谭》以及古诗百首、对联百副、寓言百则;哲学方面,推荐老子、王阳明、周国平;社会学方面,推荐了《现代化的陷阱》《猎杀中国龙》《中国在梁庄》《出梁庄记》;心理学方面,推荐了毕淑敏、卡耐基……通过广泛涉猎,博览群书,来培养学生的阳光心态、健朗精神、书卷气质和家国情怀。

3. 突出历史题材作品

开展丰富多彩的"专题阅读"是我们名著阅读活动的突出特色。譬如由《狼图腾》《重返狼群》《藏獒》组成的动物专题，由《中国在梁庄》《出梁庄记》《屠杀中国龙》组成的社会学专题，由《童年》《简·爱》《瓦尔登湖》《悲惨世界》等多部作品组成的外国文学专题，由《鲁迅传》《毛泽东传》《贝多芬传》《居里夫人自传》《爱因斯坦传》等组成的名人传记专题，以及由周国平、毕淑敏、卡耐基等人的作品组成的哲学、心理学专题……

历史题材作品在书单中占着较大的比重。从《大秦帝国》到《蒙古帝国》，从《1901》到《1911》，从《苦难辉煌》到《南京大屠杀》，从《长征》到《西路军》，从《抗日战争》到《解放战争》《决战朝鲜》……大多是书单中规定的必读作品。之所以重视历史题材的阅读，既有"读史使人明智""鉴古可以知今""历史是前人给后人留下的生活教科书"的考虑，也有"读史可以让一个人站在精神的制高点上""一个民族的集体失忆是非常危险的""忘记了过去就意味着背叛"的思量，还有对"文史不分家"这一语文学习传统的继承。一个人如果不读史、不懂史，不但语文学不好，而且见识、格局和智慧都会有很大局限。而一个眼界狭隘、鼠目寸光的人，即便天资聪明，终归男人是"小男人"，女人是"小女人"。

4. 以健康、美、充满正能量为标准

孩子们代表希望，他们延续着民族的发展方向，续写着祖国的未来。蔡元培在1915年说过这么一句话："教育者，养成人格之事业也。若仅仅为灌注知识、练习技能之作用，而不贯之以理想，则是机械之教育，非所以施于人类也。"

100年过去了，这样的话今天依然对我们有效。教育是让人从本质上得到改变。学生所学的东西，受用一辈子，那不是具体的知识内容，而是思维、情感、态度以及心理稳定性……

因此书单作品，既要符合孩子的年龄特点，又要有利于精神成长，力戒厚古薄今、盲目媚外、偏深偏难、好高骛远，让孩子一上来就产生排斥和抵触；更不能"花里胡哨，小里小气，旁门左道，歪门邪道"。显然，那种靠糟践国人获得外国赏识获得大奖的作品，不管其获奖名头多大，书单里也没有它的位置。尽管社会并不完美，人性也有不少弱点，但是我们希望孩子通过读好书，提高对假恶丑的抵抗力，对真善美的欣赏力，从而能离庸俗远一点，和高雅近一点，离浮躁远一点，和宁静近一点，离邪恶远一点，和善良近一点，离网络泥潭远一点，和古今中外的智者贤达近一点，进而培养高雅情趣、健朗精神、书卷气质、家国情怀。真心希望对书单中每一部著作的阅读，都能助力语文素养与读写能力的提升，利于情感的熏陶与心灵的滋养，促进人生格局的打开、生命的健康成长与精神境界的升华。

第四章

红色经典阅读专题

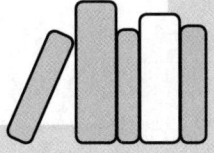

第四章　红色经典阅读专题

一、《红岩》专题阅读[①]

2015年11月27日，在震惊中外的重庆"11·27惨案"66周年纪念日的当天，北京教育科学研究院基础教育教学研究中心、人大附中和北京市海淀区教师进修学校联合举办第二届北京市名著阅读现场会——"《红岩》专题阅读研讨会"。北京市各重点中学的教师代表、各郊区县的教育主管领导、市教委领导及所属各教育科研部门以及北京市委常委、市委副书记近800人参加会议，全国政协常委朱永新先生到会讲话，北京市及全国各大媒体作现场报道。这次会议，对于全市红色经典的阅读活动及语文课程改革与中考高考考试改革，起到重要的促进作用。

后文为现场所作的主题报告全文，大致将开展的红色经典阅读的学习活动作了介绍。

先简单回顾一下去年的名著阅读现场会。

2014年11月19日，北京市首次名著阅读现场会在人大附中举行。一年后的11月27日，北京市第二次名著阅读现场会——《红岩》专题阅读研讨会再次在人大附中举行。在去年的大会上，我作了题为《读书比什么都重要》的发言，从"什么是书、什么不是书"，讲到"为什么读书、读什么书"，从"何时读书、怎么读书"，讲到"立体阅读、读写结合"等等。其中重点阐述了这样几个观点：

语文教科书不是真正意义上的书。由"语文教材不过是例子"（叶

[①] 本文系2015年11月27日在北京市第二届名著阅读现场会——"《红岩》读书报告会"的大会主题报告，后刊发于《光明日报》《中国教育报》等多家报刊媒体。这里略有改动。

圣陶)到"多读书,好读书,读好书,读整本的书"(《义务教育语文课程标准》),不能理解成"多读教科书,好读教科书,读好教科书,读整本的教科书",新课标为此提供理论支撑。

要把世界当作课本,而不要把课本当作世界。相对于语文教育而言,语文课本充其量只是滴水,课本之外则是浩瀚的海洋。真正的语文教育必须扩大阅读面,增加阅读量。

语文教育之"根"在于读书。一旦丢失"读书"这个"根",语文教育就会百病丛生,久治不愈。是否真正地引领学生读书,决定着语文教育的得失成败。

语文教育的根基在于读书,那么语文教育的灵魂呢?

1. 读书,关键在"读"

刚刚,人大附中师生的《红岩》阅读教学展示活动,赢得了专家和数百名与会老师的一阵阵热烈掌声。我想补充说明一点,这仅仅是人大附中五六年读书活动的一个缩影——缩影就是缩影,活动也只是活动。充其量,它只是我们整个读书过程的一滴水,远不能代表读书活动的全部,更不能替代读书活动本身,就像"滴水可以见太阳",但"滴水并非太阳"一样。真正的名著阅读,要有大量深入细致的工作去做,要付出旷日持久的艰辛努力。相信老师们会从今天这一个小时的汇报活动中受到启发,而不会花费大量的时间和精力去把"缩影"当作读书活动本身去效仿复制。否则的话,就本末倒置了。

我不希望会有这种情况出现:不去引领读书,而是热心去搞各种活动——你写诗歌,我对对联;你搞配音,我编双簧;你写现代诗,我写古体诗;你演课本剧,我说快板书……,比着做表面文章,搞得锣鼓喧天,尘土飞扬,乱纷纷你方唱罢我登场。殊不知,读书才是语文教育的根本;读书不是热闹,不是戏耍,不是表演;读书的最佳状态是全神贯注，泰山崩于前不变色——不是不变色，不闻泰山崩也。当读书进入一种高度专注、心无旁骛的状态时，面对巍巍泰山，却能视而不见，耳边山崩地坼，却可听而不闻，全副身心都沉浸在书籍的世界里。

读书入神之际，身形凝然不动，胸中万马奔腾；口中寂然无声，心中翻江倒海。这是读者在与作品进行精神对话、情感交流时，所受到的深深感染，产生的强烈共鸣。在这一过程中，读者的心灵世界逐渐丰盈，精神品质得到锤炼，本体人格得以升华。书读到这一步之后，要求学生把自己的真情实感表达出来，经过一段时间的努力，精彩的对联、漂亮的诗歌和不俗的读书笔记就会从笔底缓缓流出。反之，如果时间、精力都花在表面文章上，而不去实实在在地读书，所付出的一切努力都将是南辕北辙，得不偿失。既不能形成语文素养，也不能转化为考试能力。

今天，人大附中之所以要用动态形式来汇报读书活动，是因为静态的读写活动没法在大会上呈现，是"不得已而为之"。千万不要以为这就是读书。另外，对对联、写诗歌等所展现的都是读书的结果，而不是读书本身。如果没有踏踏实实、专注深入的阅读，没有强烈的精神共鸣，没有深深的内心感动与本体体验，再好的形式都是无根花草，水上浮萍；也像塑料花朵，虽然美丽，但没有生命。总之，没有高质量的阅读，再花哨的形式都是苍白的，都如同玩闹儿戏。如此读书，什么应试能力、读写水平，以及语文素养、精神成长，一切都无从谈起。

2. 语文教育"首在立人"

刚才的活动中，展示了同学们自己写的一首首诗，一副副对联，一篇篇读书笔记。这些诗、对联、读书笔记和通常的学生习作有什么不同呢？

在诗歌内容的课上，老师常常要给学生讲很多东西，比如：从体裁讲到题材，从技巧讲到意象，从手法讲到情感——这时，我们教的是知识。接下来，讲"怎么写诗"——这时，我们教的是方法。再接下来，讲"怎么才能把诗写好"——这时，我们教的是技巧。最后，带着孩子练习写诗——这时，我们搞的是训练。终有一天，学生能提笔成诗了——这时，学生有了能力，能够应对考试了，也说明我们培养出了"能力"，老师的工作也常常到此止步。遗憾的是，当我们走到这一步时，真正的"语文教育"还没开始。

我遇到过这样一件事：有个女孩，从小喜欢诗歌，于是家长专门请了家教，教孩子写诗歌。见到这个孩子时，她刚10岁，却已经写了上百首所谓的"古诗"，什么五言、七言，律诗、绝句，菩萨蛮、蝶恋花，乍一看，都有模有样。

可拿过两首仔细一看，一首写的是仕途坎坷，另一首写的是思妇幽怨。简直让人啼笑皆非。

这件事很是引人思考。

家教老师数年如一日地在那里辛辛苦苦地传授知识、技巧、方法，好像什么都教给孩子了，却唯独没把"诗歌是心灵的吟唱""真情是诗歌的生命"这最重要的道理告诉孩子，更重要的是，没教她学会用自己稚嫩的童音和无瑕的心灵，唱出唯独属于自己的童年天籁。这种只有知识传授、没有灵魂生命的"教育"，最终，只能让一个10岁孩子学会简单模仿、无病呻吟，拟写一个仕途坎坷的末路英雄和柔肠寸断的幽怨思妇。

学校也一样，在教学活动中，如果老师关注的只是知识、方法、技巧，而忽略了受教育者的人格陶冶和精神哺养，这种目中无人的"教育"其实不是"教育"，而是以传授知识为主要特征的"教学"——因为它失落了最为重要的语文教育的灵魂。

一百多年前，鲁迅先生说道："中国欲存争于天下，其首在立人，人立而后凡事举。"（鲁迅《文化偏至论》，1908）历史的发展证明了鲁迅是何等地富于远见。时至今日，中华民族要实现伟大复兴的中国梦，面临的任务千头万绪，最重要的仍莫过于"立人"，因为"人立"是"凡事举"的前提。教育的使命即在于"立人"，一当"教育"沦为单纯的传授知识才能、应对考试的"教学"，便再无力担负起"立人"的使命，甚至会走向反面，使受教育者的人格发生畸变。

人大附中同学的诗、对联、随笔所展示的完全是另一种风貌。

从《一本永远不会下架的老书》，到《五星红旗为何鲜红》，从《红梅花儿开》，到《渣滓洞中有五星》，从"英雄事迹流芳百世"，到"红岩精神照耀千秋"……一副副对联，一句句呼喊，一篇篇文章，无不情感充沛、言真语挚。这里没有矫揉造作、没有炫技作秀，有的是孩子们被《红岩》深深打动后的心泉奔涌、情感激荡、神思飞扬，是发自内心的感动、敬佩与思考。

这种对于精神的锤炼、心灵的滋养、性情的陶冶以及人格的升华，正是语文教育的灵魂所在。在教学中，是否关注了这一点，决定了语文教育境界的高下分野与品位。

一直记得爱因斯坦在《论教育》中说过的几句话：

用专业知识教育人是不够的。通过专业教育，他可能成为一种有用的机器，但是不可能成为一个和谐发展的人。要使学生对价值有所理解并产生热烈的感情，那是最基本的。他必须获得对道德上的善的鲜明的辨别力。否则，他——连同他的专业知识——就更像一只受过很好训练的狗，而不像一个和谐发展的人。

在爱因斯坦看来，在教育过程中，对学生的"情感""道德""善恶"等"价值"方面的引领是最基本的，也是最重要的。否则，一味用专业知识教育人，让孩子淹没在知识训练的海洋中，学生便会失落无价的灵魂而被培养成"机器"甚至"受过很好训练的狗"。想想我们教育现实，真让人如芒在背，冷汗直冒。

3. 从《红岩》到"《红岩》系列"

倡导海量阅读是我们的阅读教学的基本理念。初中三年，我们推荐阅读的古今中外名著达50部，实际涉及学生读过的各类著作有100部。可是五年前开始推进名著阅读时，我们推荐给学生的第一本书是《红岩》，至今连续六届学生，进入初一所读的第一本书仍是《红岩》。

（1）为什么书海茫茫，却首推《红岩》呢？

首先，《红岩》是经典。

为什么要读"经典"？因为经典"是时代、民族文化的结晶。人类文明的成果，就是通过经典的阅读而代代相传的。要用人类、民族文明中最美好的精神食粮来滋养我们的下一代，使他们成为一个健康、健全发展的人"（钱理群）。

其次，人的不同成长阶段有不同的经典。

3岁孩子的经典或许是《丑小鸭》而不会是《浮士德》；7岁孩子的经典或许是《小王子》而不会是《鬼谷子》；10岁孩子的经典或许是《西游记》而不会是《红楼梦》；十二三岁的初中生也一样，适合他们阅读的经典，不会是《易经》《坛经》《道德经》，也不会是《雷雨》《日出》《北京人》，而是与他们的接受能力、兴趣特点和精神需求密切相关的书。初中生处在人生成长的关键时期，《红岩》所表现的，是"那切切实实，足踏在地上，为中国人的生存而流血奋斗"（鲁迅）的革命先烈的英雄事迹，《红岩》是悲壮历史，是英雄史诗，是精神圣地，是精神补钙，是经过了时间、历史考验的公认的经典之作。读《红岩》，学的是"形神兼备"的语文，是有利于初中孩子的精神需求和健康成长的语文。

最后，世上书海茫茫，读书时更要慎选。

据统计，如今全国每年出版的各种图书达40万种以上，平均每天上千种。如果不加选择地一一读去，一天出版的图书一辈子也难以读完。更何况如此海量的图书，难免鱼龙混杂、泥沙俱下。所以今天的学生，只懂得"开卷有益"还不行，还要提防"开卷有害"。既要知道"书籍是人类进步的阶梯"，去多读书，读好书，还要警惕书籍也会成为"堕入地狱的门票"，谨防坏书带来的伤害。

（2）为什么要从读《红岩》又拓展到"《红岩》系列"（现当代历史题材作品）呢？因为"《红岩》系列"作品既是文学，也是历史。

我觉得，学生不读书不行，读书局限在三毛、琼瑶、张爱玲也不行。作为中学生，读书不能钻进文学之茧，小情小调，顾影自怜，多愁善感，临风陨泪，对月伤情。此外，语文教育固然不排斥培养诗人、作家，但不在于培养诗人、作家，而是要通过广泛涉猎、博览群书——既读文学经典，也读文化经典，包括历史、政治、军事、经济、天文、地理、哲学、心理学等方面图书，以便眼界大开，心胸大展，形成全面的语文素养。在读文化经典时，我们格外重视历史作品尤其反映中国近现代历史作品的阅读。我一直认为，一个人即使天资聪明，如果不读史，男人是小男人，女人是小女人。

我们引领学生阅读的"《红岩》系列"作品，反映的是中国近现代的历史，表现的是1840年以来中国人民经历的屈辱与苦难、血泪与抗争，是中华民族的屈辱史，苦难史，血泪史，觉醒史，抗争史，辉煌史……这些作品，既是文学，又是历史。读这些作品，有利于砥砺志向，锻造精神，博大胸襟，深邃眼光，陶冶心性，熔铸品格，增加孩子的担当意识和使命感。

学生在阅读"《红岩》系列"时，写下大量的读书笔记，生动记下了读书带给他们的生命成长。

初一的陆天明同学在一篇题为《一本永远不会下架的老书》读书笔记中写道：

爷爷曾让我读《红岩》，我拒绝了；爸爸又让我读《红岩》，我又拒绝了；今天，老师让全班同学都来读《红岩》，并说：从今天起，《红岩》就是我们今后的课本，上语文课就是读《红岩》。我一时无语，只好去读。谁知道书一打开，我一下子就被带到那个血雨腥风的年代。

……

我要感谢《红岩》，它让我懂得了什么叫坚贞，什么叫英勇，什么叫信念。它为我树立了榜样，使我重新认识了生命的价值。我要做一个坚强的人，遇到困难也不动摇信念，勇往直前！

感谢《红岩》，这本永远不会下架的老书。

发自肺腑的话语中盛满读书带来的感动与思考，语文教育就是在这一过程中得以实现的。

(3)《红岩》系列作品一览。

含《苦难辉煌》《补天裂》《1901》《1911》《呐喊》《彷徨》《长征》《长征——前所未闻的故事》《红星照耀中国》《西路军》《掩不住的阳光》《南京大屠杀》《南京安魂曲》《抗日战争》《野葫芦引》《黄河东流去》《铁道游击队》《四世同堂》《保卫延安》《林海雪原》《解放战争》《红岩》《决战朝鲜》《创业史》《钱学森传》《蚕丝——钱学森传》等。

"《红岩》系列"阅读让孩子们了解了祖国多灾多难的近现代史，激发了爱国热情，濡养了家国情怀。在读过推荐的作品后，他们又去自行拓展，找相关历史内容的书去读。如《亮剑》《山菊花》《平原枪声》《烈火金刚》《青春之歌》《朝鲜战争》《敌后武工队》《铁道游击队》《最冷的冬天》《七三一魔鬼部队》《南京大屠杀史料集》等。有的同学还去卢沟桥、鲁迅故居、红岩纪念馆、金陵女子学院、南京大屠杀纪念馆等处实地踏访，并写下有深刻思考感悟的随笔。

王树增先生在《长征·序言》中写道："一个没有精神的人，是心灵荒凉的人。一个没有精神的民族，是前程暗淡的民族。精神的质量可以改变个人与世界的命运。"青少年是民族文化的传承者和民族历史的续写者,"我们留什么样的世界给后代,取决于我们留什么样的后代给世界"(马小平)。

美国著名诗人惠特曼写道:

一个孩子每天往前走去,

是看着草,

还是看着花,

那就是他后来的面貌,

后来的人生。

这正是我们引领孩子们读好书、读经典的初衷。

4. 怎么读"《红岩》系列"

记不清谁说过这样一句话:"做什么"永远比"怎么做"重要。移用到读书上来,就是"读什么"永远比"怎么读"重要。

这告诉我们:"读好书"永远是第一位的。因为如果读的不是好书,谈"怎么读"就没有意义。

但是,"读什么"比"怎么读"重要,并不等于"怎么读"不重要。当你读的是一部好书、"读什么"的问题已经解决时,"怎么读"就至关重要了,它关系到读书的得失与成败。

形式为内容服务,方法得当,有利于将经典阅读引向深入;反之,会距离真正的读书越来越远,甚至让原本的经典变成知识垃圾。所以,懂得经典阅读"是什么"或者"不是什么"很重要。

经典阅读不是"文学常识"识记。

经典作品中有诸多知识,但这并不是作品的精髓,文学常识的识记也不属于经典阅读范畴。如果读书只停留在作者地位、时代背景、作品成就识记层面,真正的阅读就还没有开始。

（1）经典阅读不是只见树木，不见森林。

阅读是一种整体感知、本体体验，在如醉如痴的阅读过程中，便会获得心智启迪，提升审美能力。如果戴着放大镜、显微镜，希望从细枝末节处发现微言大义，甚至妄加揣测，无中生有，一叶障目，不见泰山，就不是阅读；同样，老师的越俎代庖、反客为主的分析，也不能替代学生的自主阅读。

（2）经典阅读不是知识层次梳理。

读书是一种精神活动，如果把大量的时间、精力用在作品内容的整合梳理上，去建构"知识树"、勾画"结构图"、形成"知识网"，便是南辕北辙。

（3）经典阅读不是题海训练。

把读书异化为题海训练，是经典阅读的最大误区。像"监狱之花出生后谁第一个抱起她并亲吻了她？""华子良在狱中装疯几年？"之类的考题，除了耗费心思去为难学生之外，没有别的作用。

（4）经典阅读不是庖丁解牛。

如果把经典阅读搞成结构拆分，大卸八块，抽筋扒骨，碎尸万段，或者搞成科学实验，条分缕析，标本解剖，DNA分析，都和应有的读书相距十万八千里。科学研究重理性、重逻辑、重推理，讲究由此知彼，以一推百。经典阅读重感性，重体验，重积淀。所谓：博览约取，厚积薄发；读破万卷，下笔有神；操千曲而后晓声，观千剑而后识器。讲的都是一个道理：就是要放开眼界，通观博览。

（5）经典阅读不是考试大棒。

引领学生读书，激发兴趣是第一位的。学生本来课业负担很重，如果不懂激发兴趣，一味挥舞大棒，用考试来施压，学生就会对读书产生排斥，只为应付考试去痛苦不堪地"读"。美好的读书生活一旦变得形同苦役，就完全背离了读书的真谛。

（6）经典阅读不是作业加码。

读书是一种高级的精神享受，在惬意、舒适、宁静、放松之中，才能充分享受读书所带来的精神愉悦。不是书还没打开，先摆上字典、词典、生字本、抄词本、随笔本，然后眼睛大张、神经紧绷、手忙脚乱地去完成老师的各种读书要求：查字典、勾词语、画名句、写旁批、对对联、写诗歌、抄片段……这样的读书，如同带着摄取蛋白质、脂肪、淀粉、粗纤维、维生素等一大串任务去吃饭，原本可以带给人无限享受的进餐过程，变成一件多么苦不堪言的事。

读书、读书，根本在"读"。这个"读"，主要指心诵与默读，是自主阅读，整体感知，本体体验。有了高质量的阅读，语文教育的奇迹迟早会发生；没有高质量的阅读，什么考试成绩、语文素养，统统都是空话。

（7）经典阅读不是应试教育的惯性扭曲。

经典阅读的意义在于使语文教学从"以本为本"的囚禁中解放出来。然而，习惯成自然。受应试的惯性思维影响，无论什么教学改革，都会被导向应试的既定轨道。面对一部经典，不是沉浸其中，含英咀华，而是从头至尾，拉网排查，遍寻知识点、命题点；全员行动、人人命题，并汇集成册、建立题库。一番折腾之后，《红岩》已不再是名著经典意义上的《红岩》，而是贴着"名著"标签的命题材料；读书也不再是读书，而是寻找知识点的训练。名著的精神、灵魂早已远遁，只剩下支离破碎、满地狼藉的"知识垃圾"，完全背离了名著阅读的初衷。这样的读书，无异于让学生从这片题海跳进那片题海，从这一蜗角跳到那一蜗角，从左边的牛角尖钻出来之后，又进右边的牛角尖，卸下"教材"的枷锁之后再戴上贴着"名著"标签的枷锁。

一旦走进《红岩》及《红岩》系列"作品，无数志士仁人身上所充分展现的天下兴亡匹夫有责的爱国情怀，视死如归、宁死不屈的坚贞气节,百折不挠、坚忍不拔的必胜信念,无比忠诚、九死未悔的崇高信仰,都可以为学生的成长"提供坚强的思想保证、强大的精神力量、丰润的道德滋养"①,有助于形成一种阳光心态、健朗精神、书卷气质和家国情怀,进而写出有情感、有力量、有境界的大气文章。

二、红色经典阅读课程设计与教学案例②

【编者按】

《义务教育语文课程标准(2011年版)》明确提出"要继承和发扬中华优秀文化传统和革命传统""弘扬以爱国主义为核心的民族精神"的课程内容价值取向以及"培养爱国主义、集体主义、社会主义思想道德和健康的审美情趣"的课程目标。至于课程内容是什么、课程目标如何落实,课程标准虽然没有给出特别具体的说明和建议,但是明确倡导语文教师积极开发课程资源,为学生选择和推荐适合的课外读物。中国人民大学附属中学语文组在于树泉和吴凌两位老师的带领下,自2010年开始就积极探索名著经典阅读课程的开发和实践,效果显著。本期专题聚焦人大附中的"红色经典阅读",集中呈现"红色经典"的概念界定、课程内容、阅读价值、教学方法和评价策略,从理论和实践层面全面展示该研究成果,以期为广大语文教师进行名著阅读教学提供一些借鉴和参考。

1. 课程开发及其价值体现

读书在语文教育中占据何等地位,专家的看法相对一致:"学好语

---

① 引自习近平2015年2月28日在会见第四届全国文明城市、文明村镇、文明单位和未成年人思想道德建设工作先进代表时的讲话。
② 本节内容根据《中国人民大学复印报刊资料》2016年第5期《初中语文教与学》"红色经典阅读专题"的4篇论文编选而成。"编者按"系原刊发期刊所配发。作者为于树泉、吴凌、刘成章、许晓颖。

文有很多要素，但最核心最根本的方式就是阅读"（钱理群）。"阅读最接近教育的本质，是语文教育的灵魂，是语文教育之本"（温儒敏）。可见，读书是语文教育之"根"，离开了"读书"这个根本，语文教育就会百病丛生。然而，由于应试教育的影响，多年来，语文教育经过了一番番的"提纯"、一遍遍的"蒸馏"，退化成了"纯粹"的知识传授和技巧训练——结果，做题成了语文学习的常态，考试变成语文学习的动力，名次成了学习追求的目标。在这种情况下，学生要么无暇读书，要么只为消遣去读一些很少精神营养的诸如哈日哈韩、玄幻穿越、小里小气、花里胡哨甚至旁门左道、歪门邪道的书。长此以往，头脑空洞、人格贫弱以及情感态度价值观方面的严重缺钙等诸多问题在所难免，最终暗淡了学生作为人的灵魂。身为语文教师，不能不为此深感忧虑。关于读书，《义务教育语文课程标准》有几句十分重要的阐述："要重视培养学生广泛的阅读兴趣，扩大阅读面，增加阅读量，提高阅读品位，提倡少做题，多读书，好读书，读好书，读整本的书。"让学生走进名著，其实是语文教育本质的一种回归。

  2010年，人大附中初中段的名著阅读，包括"红色经典"阅读活动起步。初中三年之中，我们为学生推荐的"必读""选读"各种作品不下50部，学生人均阅读古今中外名著达30部，而据于树泉、吴凌两位老师编著的《人大附中学生这样学语文》一书反映出来的情况看，学生读过的书总计在百部以上。时至今日，人大附中这一读书活动已经扎扎实实地持续开展了五年。

  在引导学生海量阅读的同时，我们还开展了"主题阅读"活动，相对集中地推荐了20多部表现革命传统题材的优秀作品，形成了"红色经典"系列。经过不断努力，"红色经典"阅读活动已经取得初步成果。人大附中"走进名著，全面提升人文素养"的教研成果获得北京市"课程建设优秀成果二等奖"、海淀区2015年"课程建设优秀成果一等奖"。

以下从"什么是'红色经典'"、"'红色经典'读什么"以及"'红色经典'的阅读价值"等方面介绍我们的认识和做法。

（1）什么是"红色经典"。

"红色经典"是一个宽泛的说法，通常指革命历史、革命传统题材的优秀作品。在人大附中的"红色经典"主题阅读活动中，我们对"红色经典"的概念有了一些新的认识和思考。

首先，关于"红色经典"题材的历史范畴。

"红色经典"题材的"历史范畴"，一般的说法止于"现代"。但这样一来，许多反映近代中国人民觉醒、抗争的优秀作品，比如慷慨悲壮的《黄花岗七十二烈士事略》、感人肺腑的《与妻书》、沉重厚实的《1911》以及反映大清甲午惨败、香港被割、爱国志士和百姓奋起抵御外侮而宁死不屈事件的获国家"五个一"工程奖的长篇小说《补天裂》（霍达），就将统统被排除在"红色经典"之外，这是一个不小的遗憾。毛泽东撰写的《人民英雄纪念碑碑文》写道："由此上溯到一千八百四十年，从那时起，为了反对内外敌人，争取民族独立和人民自由幸福，在历次斗争中牺牲的人民英雄们永垂不朽！"一共三款123字的"人民英雄纪念碑"碑文，近代史内容自占一款共60字，且近代与现代并提；习近平总书记说道："正是因为鸦片战争以后中国人民不懈抗争和持续奋斗，正是因为前人们浴血奋斗和英勇牺牲，我们的国家才有了今天的独立自主，我们的民族才有了今天的发展繁荣，我们的人民才有了今天的幸福生活。"[1]著名学者金一南说："1840年以来，就是那些不愿做奴隶的前辈先驱，以大家的血肉之躯前仆后继，筑起中华全民族新的万里长城。"[2]

---

[1] 引自习近平2015年9月2日在颁发"中国人民抗日战争胜利70周年"纪念章仪式上的讲话。

[2] 金一南．徐海鹰．苦难辉煌：中国共产党的力量从哪里来［M］．福州：海峡书局出版社，2013．

从觉醒走向抗争、从苦难走向辉煌,这是中华民族近、现代以来一路走过的足迹。所以,我们在阅读"红色经典"时,把反映近代历史内容的优秀作品也纳入其中,使"近代""现代"和"当代"反映革命历史题材的优秀作品融为一体,形成了"红色经典"系列。

其次,关于"题材"。

以往,"红色经典"作品几乎是清一色的战争题材,重在表现革命者的英雄气概、斗争精神。而中国的近、现代历史是一部多灾多难的历史,整个民族在付出惨痛代价后才得以凤凰涅槃、浴火重生。反映在作品的题材上,既有觉醒与抗争,又有苦难与屈辱。阅读时,前者会让学生热血沸腾,后者会让学生悲愤难抑。从中华民族近现代走过的脚步来看,两者统一起来才是完整的历史;从立德树人的角度看,兼顾两类题材更有利于学生的人格培养和精神成长。

最后,关于体裁。

"红色经典"的体裁一般局限在"文学作品",以"长篇小说"为主体。按照这种界定,许多具有珍贵的思想价值、历史价值、文献价值以及社会学价值的"非文学类"优秀作品——譬如回忆录《星星之火,可以燎原》、史料集《南京大屠杀史料集》、纪传体《聂荣臻传》以及王树增战争系列纪实作品《长征》《抗日战争》等等,均将被排除在"红色经典"之外,这是个很大的缺憾。有专家指出,"中学生不能只读文学经典,可以读一切可以读、值得读的书籍。""经典的选择与阅读,必须有开阔的视野……不仅要读文学经典,还要读社会科学、人文科学和自然科学的经典。""红色经典"体现着中华民族的核心精神价值,代表着一个时代,承载着那个时代的记忆,诠释了一种时代精神,建构了一个时代的价值观念,是一个民族的精神史。如果给"红色经典"划定禁区,把许多非文学类优秀作品排斥在外,"那个时代的记忆"就将变得残缺不全。

综上，我们把凡是表现1840年以来中国人民的屈辱、苦难、觉醒、抗争，能让人铭记历史、弘扬传统从而激发爱国主义、理想主义、英雄主义情怀的历史题材作品统统纳入"红色经典"范畴，从而形成一个在时间上涵盖"近代""现代""当代"、体裁上"文学作品"与"非文学类作品"兼容的"红色经典"系列。

（2）"红色经典"读什么。

初中3年，我们先后为学生推荐表现1840年以来中国人民的屈辱、苦难、觉醒、抗争，能让人铭记历史、弘扬传统从而激发爱国主义、理想主义、英雄主义情怀的历史题材作品20多部。大略如下：

反映近代生活的作品3部：《补天裂》《1901》《1911》；

反映当代生活的作品5部：《决战朝鲜》《创业史》《钱学森传》《蚕丝——钱学森传》《邓稼先传》；

反映现代生活的作品20部——《呐喊》《彷徨》《子夜》《长征》《红岩》《西路军》《保卫延安》《四世同堂》《野葫芦引》《林海雪原》《抗日战争》《解放战争》《苦难辉煌》《黄河东流去》《铁道游击队》《南京大屠杀》《南京安魂曲》《掩不住的阳光》《长征——前所未闻的故事》《毛泽东诗词》。

在体裁上，文学作品与非文学类作品兼顾，包括小说、诗歌、散文、传记、纪实作品等。在题材上，更是极大的丰富——北平陷落、义和团兴起、黄花岗起义、长征胜利、西路军惨败、南京屠戮、浴血抗战、狱中斗争、疆场厮杀、抗美援朝、两弹元勋、鲁迅唤醒国人灵魂的呐喊、大气磅礴的毛泽东诗词……重大的事件、开阔的空间、历史的纵深，交织出一幅悲壮雄浑的中国近现代史画面。

在阅读活动中，我们把上面的二十几本书按难易程度分为3个板块，陆续推荐给从初一到初三的学生。三个年级的书单如下：

年级	必读书目	选读书目
初一	《红岩》《四世同堂》《决战朝鲜》《长征》《毛泽东诗词》	《林海雪原》《掩不住的阳光》《西路军》《长征——前所未闻的故事》
初二	《南京大屠杀》《抗日战争》《解放战争》《钱学森传》	《南京安魂曲》《铁道游击队》《野葫芦引》《蚕丝——钱学森传》《保卫延安》
初三	《子夜》《补天裂》《苦难辉煌》《黄河东流去》	《呐喊》《彷徨》《1901》《1911》《创业史》《邓稼先传》

这份书单有以下两个特点：

特点之一：由浅而深，循序渐进。

读书活动能否开展起来，培养兴趣是第一位的；在培养兴趣方面，作品选择是否妥当至关重要。读书活动开展之初，如果推荐的作品过难，孩子很可能一打开书就会"呛水"，从此产生畏难心理，排斥读书。为此，在推荐书目时，必须认真考虑到学生的年龄特点、接受能力，从激发兴趣的角度出发，把最适宜学生阅读的作品推荐给学生。学生的读书兴趣一旦形成，就会形成难以想象的爆发力，取得令人难以置信的读书效果。

三个年级的"必读"书目，具有"循序渐进"的特点。

初一的《红岩》《四世同堂》等书具有故事性强、情节生动的突出特点，它能紧紧吸引孩子的注意力，是打开阅读兴趣的大门，是孩子刚刚迈进初中门槛的最好精神礼物。

到了初二的《抗日战争》《解放战争》等作品，就不只是在讲故事了，而是具有史诗风格的纪实作品。内容上从战争全局着眼，时空跨度大，头绪繁杂，而且有着相当的思考深度和理性色彩。显然，如果没有初一的兴趣激发、习惯培养，要走进初二的作品是有一定难度的。

初三所推荐的几部作品又增加了阅读难度。从纷繁万状、错综复杂的《子夜》，到气势恢弘、内容厚重的《补天裂》，再到全景式、立体化展示中华民族从东亚病夫到东方巨龙、从百年沉沦到百年复兴这一历史命运的大落大起的《苦难辉煌》，对于学生而言，几部作品内容的年代更显久远，题材也更为陌生。如果没有前两年的阅读积累和能力培养，显然是会有阅读障碍的。可是，当作品有了由浅而深、由易到难的梯度设计，学生就兴致勃勃地循序跟进了。

特点之二："必读""选读"一体互补。

书目分"必读"、"选读"两部分，"必读"是要求学生重点阅读的作品，而且读后要求写出读书笔记，老师则通过读书笔记来检查学生读书的落实情况。"选读"是"必读"的重要补充和拓展，两者在内容或题材上往往有着密切的联系。下面仅以初一的"必读"与"选读"书单对此作一简略说明：

《红岩》与《掩不住的阳光》，一为"必读"，一为"选读"，尽管两书中的故事发生的时间地点不同，但题材相同，都是表现革命者的狱中斗争。《决战朝鲜》与《林海雪原》，前者为"必读"，后者为"选读"，虽然战争规模与环境大不相同，但都表现革命的英雄主义。《长征》与《长征——前所未闻的故事》，两书作者国籍不同，作品视角、风格也大不相同，但都是记述"长征"的著名作品；通过比较阅读，可以让学生对"长征"这一伟大历史事件有更为丰富、全面的了解。《西路军》则是写红军胜利会师陕北后，一支由两万多人组成的队伍挥师西征、遭到惨败的故事。把写西路军失败和另外两本写"长征"胜利的书放在一起对读，会给学生带来很多的思考。

学生读书能力存在差异，在阅读要求上不能整齐划一。"必读"与"选读"的结合，既有规定性，又有灵活性，符合因材施教的要求。对学有余力的同学，可以满足他们在"必读"之后的阅读拓展要求；对能力较弱的同学，也可在完成"必读"之后量力而行。从"红色经典"的整体阅读情况来看，多数同学既读完了"必读"作品，也读完了"选读"作品。还有部分同学在读完了所有的推荐作品之后，去主动地寻找相近题材的书去读。实践证明，"红色经典"阅读活动能否很好地开展起来，教师是决定因素。只要把培养阅读兴趣放在首位，循序渐进，引导得法，学生在阅读活动中就会爆发出难以想象的生命能量，最终带来语文素养的全面提升和生命的健康成长。

（3）"红色经典"的阅读价值。

"中国欲存争于天下，其首在立人，人立而后凡事举。"就语文教育而言，"立人"的首要之举在于引领学生"读好书""提高阅读品位"（《义务教育语文课程标准》）。中学生正处于价值观、人生观、世界观逐渐形成的关键时期，"红色经典"因其在传承革命传统、弘扬民族正气诸多方面无可替代的精神价值而理应成为中学生的阅读首选。

"红色经典"的阅读价值是全方位的，从语文学习的层面看，它可以激发读书兴趣，培养阅读习惯，拓宽人生视野，丰富人文积淀，从而为孩子未来的学习打下良好的基础；从个体的生命成长层面看，它可以砥砺志向、锻造精神、博大胸襟、深邃眼光、陶冶心性、熔铸品格，给孩子们涂好精神底色，为其人生大厦夯实稳固的根基；从民族的层面看，培养青少年积极向上的进取精神，对民族文化和历史的认同以及对践行社会主义的坚定信仰和人生目标，"对于培养强化对社会主义核心价值体系的认同与践行，提高青年一代的思想道德素质，增强民族自信心、自豪感和凝聚力，无疑能发挥积极的作用。"这也是国家《义务教育语文课程标准》、《北京市语文学科改进意见》等文件中多次、反复强调要"注意课程内容的价值取向"，"为学生推荐表现中国人民为了解放事业前赴后继、英勇斗争的革命历史作品，有效对学生开展革命传统教育"，从而"继承和发扬中华优秀文化传统和革命传统，体现社会主义核心价值体系的引领作用"的目的所在。

依据《义务教育语文课程标准》关于课程建设目标的权威规定，在语文教材中，"红色经典"的内容比重可以增加，不宜减少；"红色经典"的课文篇目可以调整，不可删除；"红色经典"的教育地位只能加强，不能削弱。然而令人遗憾的是，一方面是国家课程理论建设的大步推进，一方面是语文课程内容建设的严重滞后、脱节甚至割裂、悖离。有研究者发现：在全国各地的中小学语文教材中鲜见红色经典作品，不仅初中原有的8篇"红色经典"课文被删除，高中原有的7篇"红色经典"课文也被全部删除。在所谓体现"国家意志"的中小学语文教材中，"红色经典"已渐呈扫地出门之势。难怪曾经为中国几代人无限景仰的英雄人物在当代中小学生眼中那样隔膜陌生，甚至可以拿来随便调侃、恶搞了。

下面结合阅读教学实践，谈谈对"红色经典"阅读价值的认识。

（1）回归读写本源，同步升华读写。

相传位于小亚细亚的戈尔迪乌姆小镇有个千缠百绕的绳结，因为日久年深，成了任何人无法打开的"死结"。目前，中学生每况愈下的读写能力就如同这个"死结"，任凭老师使出浑身解数，手法、技巧讲得天花乱坠，训练、考试密集如繁管急弦，学生读写能力的下滑颓势依旧，舆论诟病、社会非议也依旧。然而，当"红色经典"由浅入深地进入学生的心灵世界后，曾经的"死结"便自然解开，学生的读写面貌都焕然一新了。

"阅读"方面的变化，主要体现在效率、广度和深度三个方面。

首先，在读书效率方面，雨辰同学有过深切感受：

小学阶段我只胡乱翻过几页法布尔的《昆虫记》，初一打开《红岩》时，好像一座大山挡在眼前，阅读如同"龟速"，仅仅一页就要耗费我4~5分钟。600多页40多万字的《红岩》竟然啃了快俩月。可半年之后，80多万字的《四世同堂》，我只两个星期就读完了。

雨辰同学的读书体会很有代表性。随着读书习惯的养成、能力的提高，同学们的速度和效率都逐渐提升，三年下来二十多部"红色经典"作品走进了同学们的视野。

其次，是阅读"广度"。

当《红岩》《长征》等"红色经典"作品引起同学极大的阅读兴趣之后，他们就主动地去寻找相关历史题材的书来读——读了《决战朝鲜》（李峰）之后，他们找来了《朝鲜战争》《最冷的冬天》；读了《南京大屠杀》（张纯如）《南京安魂曲》（哈金），他们找来了《南京大屠杀史料集》《日本侵华遗留问题》《七三一魔鬼部队》；读了《四世同堂》，他们找来了《平原枪声》《烈火金刚》《敌后武工队》《铁道游击队》《山菊花》《苦菜花》《亮剑》；读了反映西南联大生活的《野葫芦引》，他们找来了描写革命知识分子生活的《青春之歌》……于是，学生的视野日渐开阔。

最后，是阅读"深度"。

一个是阅读内容的由表及里。从原来的只关注情节、爱看热闹到走进作品人物的精神世界；从浮光掠影、走马观花到生发思考，写出感悟；从对一部书中孤立的人和事的关注到进行比较阅读——通过对作品的主题、人物、语言、风格等多角度、多层面的比较，深化对作品的理解。

另一个是从"有字书"走向"无字书"。为了加深对作品的理解，有的同学还前往实地踏访：卢沟桥、鲁迅故居、红岩纪念馆、现代文学馆、金陵女子学院、南京大屠杀纪念馆等处都留下了同学的足迹。

杨靖云同学在读了《南京安魂曲》之后，被原"金陵女子学院"校长明妮·魏特琳在危难之际保护上万中国难民的事迹深深打动。于是，他利用周末只身一人来到人地两生的南京，经过辗转寻访，终于找到"金陵女子学院"旧址，并在随笔《金陵女子学院寻访记》中道出了心中的万千感慨。2015年9月2日，这篇随笔被《中国政协报》"纪念抗战胜利七十周年专刊"全文采用。

"红色经典"带来的写作方面的变化更为明显。

写作是一种情感表达,"内驱力"是写好作文的原动力,所谓"情动于中,辞发语外"、"如鲠在喉,一吐为快"。所以调动学生的内在情感,是作文教学取得成功的关键一环。如果不去解决想不想写的"内驱力"的问题,却一味在手法、技巧之类"怎么写"的方面着力,无疑是一种舍本求末之举,也是当前写作教学的最大误区。结果,无论老师如何煞费苦心、绞尽脑汁,学生如何搜索枯肠、冥思苦想,到头来,作文仍是越来越散乱,越来越肤浅,越来越小气,越来越柔弱,越来越空洞,越来越琐碎,越来越猥琐……

然而,当"红色经典"在眼前展开,《1901》中黄花岗起义的"碧血横飞",《长征》(王树增)中的千难万险,《西路军》(冯亚光)中的冲天悲歌,《林海雪原》(曲波)中的险象环生,《野葫芦引》(宗璞,茅盾文学奖获奖作品)中的民族大义,让同学们激情澎湃、热血沸腾。力透纸背的《抗日战争》、气势恢宏的《解放战争》、惊心动魄的《决战朝鲜》、高屋建瓴的《苦难辉煌》,给同学们带来感动和震撼。于是,他们让自己的情感从笔下自然流淌,一篇篇好作文便脱颖而出了。

在读《四世同堂》的过程中,学生有憎恨有深爱有痛苦有思考,于是,从《中国人的奴性》到《屠刀下的觉醒》,从《天佑之死》到《从未有过的愤恨》,一篇篇情真意切的读书笔记诞生了。在读《野葫芦引》时,同学们有感动有震撼有发现有感悟,于是,又催生出《走,抗日去!》《领袖脑壳论》《战争中的人性美》《爱家与爱国》等一批优秀的读书笔记。

每当我们推荐给学生一部"红色经典"作品,都会有一批出色的读书笔记涌现出来。胡雨石同学曾在周记里自信地写道:"感谢阅读,让我能有自己的见解和思想,并能在纸上自如地挥洒。"《北京晚报》曾为人大附中开辟"名著阅读专栏",连续发表同学的优秀读书笔记。

朱永新先生这样评价道:"我并不十分在意这些读书笔记写得多么文采飞扬、精彩纷呈。我看重的是,那些伟大的经典名著与学生们一起生活了多少时间,与这些稚嫩的心灵产生了多少共鸣。一个真正与经典同行的人,一定能够走得更远。"

(2)增加人文积淀,丰富智力背景。

学好语文离不开丰富的智力背景,一旦失去史、地、政、哲以及军事、经济、社会等方方面面的宏大背景依托,语文教育就会显得捉襟见肘,苍白无力。尤其重要的是,中学阶段有很多语文教学内容和近、现代历史有着千丝万缕的联系,一旦离开近现代史这一宏大的历史背景,以学生的年龄、阅历,就很难理解作品内涵的深刻与丰富性。而现实的情况是,我们的学生日复一日地处在"限于课本、忙于作业、止于考试"的近乎画地为牢的学习状态中,对中华民族1840年以来这段由屈辱走向抗争、由苦难走向辉煌的重要历史一片朦胧,脑子里除了一些来自历史课本的支离破碎、千疮百孔的概念碎片之外,缺乏最起码的从感性到理性的历史文化积淀。结果,语文教育所需要的丰富的智力背景,在经过"提纯"和"蒸馏"之后,只剩下字词句、语逻修等学科知识,这便暗淡了学生作为人的灵魂。由于语文学习智力背景的严重欠缺,导致知识、能力层面的学习都大受影响,遑论情感、态度、价值观的培养。

郑逸杉同学在读过几部"红色经典"作品后,写了一篇读书笔记,对自己和同学们曾经嘲骂霍元甲"贼眉鼠眼"和秋瑾"傻样",甚至对江姐英勇就义进行玩笑调侃的做法作了深深的忏悔:

上初中之前的我们几乎没读过名著,什么"爱国"、"民族大义"等等,在脑子里完全是抽象的概念。当翻开《红岩》《1911》等"红色经典",我受到了强烈的震撼,我懂得了其实口头上对先烈的嘲弄就是心中的不敬,我为自己从前的浅薄无知感到深深惭愧和自责。

可以说，如果没有"红色经典"作品的背景依托，郑逸杉同学至今也不大可能有对英雄的现实理解和无限敬仰，是"红色经典"带来了生命的觉醒和成长。

近现代以来，灾难深重的中华民族历经兴衰荣辱，这一切，均形象而深刻地反映在"红色经典"中。从获得国家"五个一工程奖"的《补天裂》（霍达），到反映辛亥革命前后历史的《1901》、《1911》（王树增），从获得茅盾文学奖的《黄河东流去》（李凖）到以生命为代价创作的《南京大屠杀》，从《长征》《抗日战争》，到《解放战争》《决战朝鲜》……宏大的历史、精神、文化背景，不仅打通了学生心中历史与现实的通道，而且架起了课内外语文学习的桥梁。为配合课文《长征组诗》（苏教版八年级上）的学习，我们给学生推荐了王树增的《长征》。志桐同学在读书笔记中这样写道：

没阅读《长征》时，我凭什么要相信"红军都是钢铁汉"呢？大人净拿我们当傻子。但是一打开《长征》，我还有什么理由不相信"红军都是钢铁汉"呢？

习近平总书记说过："历史是一个民族、一个国家形成、发展及盛衰兴亡的真实记录，是前人的'百科全书'，即前人各种知识、经验和智慧的总汇。"[①]读"红色经典"系列，一方面可以极大地丰富语文学习的智力背景，增加语文学习的底气，另一方面能让学生鉴古知今，对历史心生敬畏，对英雄心怀崇敬，对现实感到自豪，增加对国家、民族的使命感和担当精神，最终形成人的核心素养。在这一过程中，情感、态度、价值观的培养目标便落地生根了。

（3）经受精神洗礼，实施精神补钙。

"经典是建筑心灵殿堂的基石，但在这个为考试和分数忙碌的时代，

[①] 引自习近平2021年1月8日在"不忘初心、牢记使命"主题教育总结大会的讲话。

这原本应该最为稳固的基石早已摇摇欲坠。"而今，经典以及哺育了几代人的"红色经典"早已淡出学生的视野，这导致曾在学生的精神世界里长期占主导地位的心怀理想、乐观向上、充满自信等等，正在被玩世不恭、萎靡不振、苍白浅薄所取代。这样的人生，很像一艘漂泊海面的没装罗盘的货轮，货舱里塞满了杂七杂八的碎片化的"知识"，却缺乏搏击风浪的精神动力，也不知驶向何方。王树增先生写道："一个没有精神的人，是心灵荒凉的人。一个没有精神的民族，是前程暗淡的民族。精神的质量可以改变个人与世界的命运。"在这个精神孱弱的时代，"红色经典"会以其强大的精神感染力和影响力，砥砺学生的积极进取精神，促进生命的健康成长。

安琦是个疯狂地痴迷电脑游戏、陷于网聊不能自拔的同学，阅读"红色经典"让她跳出了网瘾泥潭。她写道：

当我接触到了真正吸引我的名著——《四世同堂》，我第一次离开了网聊，如醉如痴地走进了老舍笔下的北平。从此，《长征》《野葫芦引》《决战朝鲜》，一发而不可收……

丁阳同学用三言两语就写出了阅读"红色经典"带给他的精神成长：

书中一个个顶天立地的英雄让我敬佩得五体投地，在好书的熏陶下，我从一个小学阶段只看过一本《大战僵尸》、只知道成天奶声奶气叫"妈妈"的奶宝儿，变成了一个男子汉！

当中华民族面临生死存亡的紧急关头，无数革命先驱"捐躯赴国难，视死忽如归"。从大气磅礴的《毛泽东诗词》，到慷慨悲壮的《梅岭三章》（陈毅）；从气贯长虹的《囚歌》（叶挺），到大义凛然的《我的"自白"书》（陈然）；从"铁肩担道义，妙手著文章"（李大钊），到"失败膏黄土，成功济苍生"（红岩烈士）；从挺身吸引弹流的齐晓轩，到用手指挖通地牢却把生的希望留给难友的许云峰……"红色经典"中所展现的天下兴亡匹夫有责的爱国情怀，视死如归、宁死不屈的坚贞气节，百折不挠、坚忍不拔的必胜信念，无比忠诚、九死未悔的崇高信仰，都可以为学生的成长提供强大的精神力量和丰润的道德滋养。阅读"红色经典"，既是在直面中华民族苦难深重的大地，也是在仰望英雄辈出的璀璨星空。

于是，曾经调侃"历史是什么玩意儿"的孩子懂得了对历史的敬畏；曾经打趣革命烈士的孩子对先辈充满了敬意；曾经质疑在抗美援朝战争中凭落后装备取胜的真实性的孩子相信了信仰是无穷的力量源泉……在如饥似渴的读书过程中，孩子们的精神世界里多了一种一往无前、不畏艰险的勇气，一种明辨是非、拒绝诱惑的力量，一种植根大地、热爱祖国的情怀。

钱理群先生说过这样一句颇有深意的话：中小学教育的全部工作和意义，就在于为学生"打开一个广阔的文化空间"。王荣生先生则这样写道："努力使语文教材形态这一块成为虚框"。在语文教育实践中，如果不突破语文教科书的限制，使之成为"虚框"，就无法为学生打开"广阔的文化空间"，《义务教育语文课程标准》中关于"注意课程内容的价值取向，要继承和发扬中华优秀文化传统和革命传统，体现社会主义核心价值体系的引领作用，突出中国特色社会主义共同理想，弘扬以爱国主义为核心的民族精神和以改革创新为核心的时代精神"等诸多课程开发的要求就统统无从落实。学生就如同一颗颗松子，有着无限发展的可能性。但是，如果不去激发他们的读书兴趣，不去培养他们的读书习惯，不去引领他们走进古今中外名著，通过博览群书去饱吸"水分""营养"和"阳光"，为长成参天大树去储备丰富的生命能量，而是把他们禁锢在语文教科书的"杯子"和"花盆"里，这不仅会使其语文素养终生"定格"在一个很低的层面，而且还会严重"矮化"、"窄化"一个学生的胸襟抱负和人生格局。尤其是在信仰缺失、价值观混乱的当下,"红色经典"中最为丰富的水分、营养和阳光,会让学生"沉静、沉稳、沉潜到历史的深处、文明的深处、生活的深处,从而获得生命之重",形成人的"核心素养",为终身发展奠定坚实的根基。

2."红色经典"阅读存在的问题及思考[①]

近几年来,"红色经典"阅读越来越受到人们的重视。《红岩》《林海雪原》《铁道游击队》逐渐成为初中语文教师向学生推荐的必读书目。特别是2015年《北京市中考说明》在"名著阅读"书目中加入了《红岩》一书,并且明确指出今后要在有关传统文化、红色经典、革命历史等方面更多地进行考查。由此,"红色经典"阅读更加升温。

但是,在这令人欣慰、看似火热的"红色经典"阅读浪潮中,也存在一些问题值得我们关注。尤其是教师自身的认识、推荐书目的选择、阅读过程的进行三方面特别值得广大一线教师思考。

(1)教师自身认识不够全面。

我们都知道,教师对于教育、教学有着极其重要的作用。教师的眼光决定着学生的视野,教师的态度影响着学生的思想,教师的情感滋润着学生的心灵……可以说,有什么样的语文教师就会有什么样的语文课堂,有什么样的教育教学理念就会培养出什么样的学生。因而,教师自身对"红色经典"阅读的认识将直接影响学生阅读的效果。

在"红色经典"阅读中,有些老师会产生一些困惑,认为"红色经典"带有特殊的时代印记和政治因素,和21世纪现代少年的生活离得比较远。担心在当下这个飞速发展的信息时代,学生并不喜欢读"红色经典",因而在推荐阅读和展开阅读的过程中自己也变得没有底气。

其实这种担心大可不必。钱理群先生曾说:"要用人类、民族文明中

---

① 本标题下内容编选于吴凌的论文。

最美好的精神食粮来滋养我们的下一代,使他们成为一个健康、健全发展的人。"而"红色经典"就是洋溢着革命英雄主义与爱国主义、理想主义和集体主义的美好精神食粮。它们代表着我们民族发展的一个重要时代,诠释了一种永不磨灭的时代精神。它们所表达的对信念的坚守、对困境的无畏、对事业的无私献身精神是人类共同的精神财富,也是人类崇高精神品质的升华,这些精神都是不以时代变迁而改变的核心价值理念。

现代生活中,青少年面对着纷繁复杂的多元信息的冲击,甚至容易被包裹着华丽外表的不良信息影响。这就要求教育者要有敢于担当的责任感,把能带给学生"正能量"的优秀作品推荐给孩子们。我们不能简单地判断学生的好恶,甚至迎合所谓的时尚潮流,而要把"塑造学生积极向上的精神世界"作为己任。

而且"红色经典"中不乏感动人心的故事、个性丰满的人物、令人难忘的细节,学生在阅读时容易引起共鸣、受到感染。像《红岩》中凭一己之力用手指挖出地道的许云峰、多年装疯忍辱负重的华子良、天真可爱却像"老革命"一样沉着传递情报的小萝卜头、本来可以享受锦衣玉食却毅然投身艰险革命的富家子弟刘思扬……一个个鲜活的人物不仅可以激起学生的阅读兴趣,更会让学生得到心灵的洗礼、精神的升华!

还有的老师有这样的疑问——"红色经典"能算是真正意义的经典吗?成为"经典",没有近百年或几百年的大浪淘沙就不能算是真金。应当向学生推荐古典四大名著和世界名著进行阅读,那才是真正的经典。

古典四大名著和世界名著当然是书中真金,但是"红色经典"也是书中美玉。有学者这样评价:没有"红色经典"的存在,在共和国的文学史上将会缺少很多曾经的苦难与激愤,曾经的热情与豪迈,曾经的感动与迷人,更重要的是,缺少了"红色经典"的存在,共和国的文学史画卷,将会缺少一个以艺术形象记载中华民族百年风云的部分,是一部不完整的断代史。可见,"红色经典"有其特殊的意义和价值,我们教师自身首先要对"红色经典"有积极、正确的认识和评价,不要戴着"有色眼镜"去看待它们。

另外,并不是所有的"真金"都适合孩子阅读。教育者应当在孩子成长的不同年龄阶段推荐最适合他们阅读的书籍,这尤为重要。升入初中的孩子拥有纯正之心,正是树立正确的人生观、价值观的黄金时期。此时阅读"红色经典",对培养青少年积极向上的进取精神,坚定中国梦和人生目标,强化对社会主义核心价值体系的认同与践行,增强民族自信心、自豪感和凝聚力,无疑具有积极的现实意义。更何况,这与阅读其他优秀文学作品并不矛盾。

综上所述,在推荐学生阅读"红色经典"的过程中,教师自身首先要对"红色经典"有全面的认识。既不要因担心所谓的"代沟"望而却步,也不要在推荐书目上厚古薄今、厚外薄中。应当积极正确地认识"红色经典"对青少年成长的激励作用,引领学生走进"红色经典"的阅读世界。

(2)"红色经典"阅读的推荐书目选择单一。

"红色经典"一般指1942年以来,在《延安文艺座谈会上的讲话》指导下,文学艺术工作者创作的具有民族风格、民族作派且为工农兵喜闻乐见的作品。当年还流传着"三红一创,青山保林"的顺口溜,说的就是《红岩》《红日》《红旗谱》《创业史》《青春之歌》《山乡巨变》《保卫延安》《林海雪原》八本"红色"书籍。但是在当今社会,如果我们给学生推荐的"红色经典"仅限于此,视野就过于狭窄了。

2014年《北京市中小学语文学科教学改进意见》中明确指出:"为学生推荐表现中国人民为了解放事业前仆后继、英勇斗争的革命历史作品,有效对学生开展革命传统教育;在教学中……让学生了解中华文化的悠久历史,增强民族文化自信和价值观自信,使语文教学成为涵养社会主义核心价值观的重要源泉之一。"

因此，我们在今天推荐学生读"红色经典"，是为了让学生了解中华民族曾经苦难深重的历史，感受志士仁人抛头颅撒热血的爱国情怀和英雄主义精神，从而树立正确的价值观，让青少年在流行文化和时尚潮流中能获得成长的精气神。所以说，读"红色经典"不仅仅是在读文学，也是在读历史。读"红色经典"不仅仅在学习语言文学，也是在获得精神成长！

认识到这一点，我们对于"红色经典"的阅读书目完全可以有更广义的理解。不要因为目前中考的名著阅读只涉及考查《红岩》一本书，就让学生只读《红岩》。其实那些反映中国近现代历史的优秀文学经典、文化经典都可以向学生推荐。

像王树增先生创作的战争系列作品《1901》《1911》《长征》《解放战争》《朝鲜战争》《抗日战争》，就是非常好的"红色经典"系列。王树增的"战争系列"作品屡获中国人民解放军文艺大奖、鲁迅文学奖、中国政府出版奖、"五个一"工程奖等国家级奖项。2015年新出版的《抗日战争》（三卷本）受到解放军首席军事专家刘庭华高度评价：这是一部宏大的历史纪实作品，它站在世界反法西斯战争的高度，用国际眼光审视中国抗日战争的发生、发展及结局。王树增先生曾说："自己的每一部作品都会预设主题，《长征》是'永不言败'，《解放战争》是表现'人民的力量'，而《抗日战争》是希望表现我们民族不屈不挠的性格以及之所以有如此顽强生命力的原因。"王树增表示，他写战争系列不是给老干部看，而是给年轻人看的。他希望自己的作品能对民族精神进行一次集体补钙，精神上唤醒民心。

这样的作品可以让学生在广泛的阅读中去了解1840年以来中国人民经历的血泪与苦难、屈辱与觉醒、抗争与辉煌，从而砥砺志向、锻造精神、博大胸襟、深邃眼光、陶冶心性、熔铸品格，增加孩子的担当意识和社会责任感、使命感。

像《钱学森传》《邓稼先传》这类人物传记，学生可以从中了解老一辈科学家对祖国的热爱与忠贞。钱学森旅美20年，被美国人认为"不管在哪里都抵得上五个师"，却历尽千辛辗转、毅然归国为中国航天事业鞠躬尽瘁；邓稼先在美国留学获得物理学博士学位，毕业当年就毅然回国，投身中国核科学事业，作出了伟大贡献，也付出了极大的代价，甚至在实验中受到核辐射身患直肠癌，62岁就不幸逝世。我们的学生在阅读这类传记作品时能够学习这些伟大科学家的勤奋钻研精神，更会受到他们拳拳爱国之心、报国之志的感召。

又像《四世同堂》《补天裂》《黄河东流去》《野葫芦引》《亮剑》等，阅读这些作品，学生能感受到我们中华民族的精神力量，体会一个个感人的英雄形象、一个个忧国忧民的知识分子、一个个平凡质朴却勇敢自强的平民百姓。

2015年的北京高考有一个作文题是——"假如我与心中的英雄生活一天"，阅卷时出现了一些令人哭笑不得的情况。比如说有学生写和英雄江姐生活一天，写的是和江姐一起参加抗日战争；和英雄邓稼先生活一天，写的是和邓稼先一起种植水稻。由此可见，许多青少年并不了解英雄，还没有真正走进"红色经典"。郁达夫曾说过："一个没有英雄的民族是不幸的，一个有英雄却不知敬重爱惜的民族则是不可救药的，有了伟大的人物，而不知拥护、爱戴、崇仰的国家，是没有希望的奴隶之邦。"让我们的青少年走近英雄，了解英雄，感悟英雄，无论是在哪个年代都有重要的意义。我们的青少年不应当只热衷读《乔布斯传》《奥巴马传》，我们的青少年不能只热衷于舶来品、外国文化，我们的青少年需要我们本民族的英雄引领他们，使他们也成为具有英雄情怀、家国情怀的人，获得思想精神的不断成长，长大后肩负新的历史使命和民族责任。

将"红色经典"的阅读书目拓宽，给学生更丰富的精神食粮，给孩子更为个性化的自由选择，就是给他们更多精神成长的机会。相信学生们在阅读完成后，还会自行拓展。在他们的补充下，"红色经典"的阅读书单还可以不断扩充，学生们会成为"民族文化的传承者和民族历史的续写者"。

（3）学生阅读"红色经典"的过程存在负担与干扰。

引领学生读书，激发兴趣是最重要的。有了兴趣，学生会爱上阅读；有了兴趣，学生会在读书的过程中产生愉悦之情，把读书的过程当作享受。

在学生阅读"红色经典"的过程中，语文教师应努力营造良好的阅读氛围，让学生在兴趣的激发下享受自主阅读的快乐。而不要因为中考加入《红岩》一书作为名著阅读考查篇目，就如临大敌，把考点考纲当成学生阅读的催化剂，把"红色经典"阅读变成负担式阅读。

试想一下，如果我们怕学生不认真读"书"而影响考试成绩，就在课堂上反复强调"红色经典"已纳入考试，试题越来越灵活，一定要认真阅读，学生阅读《红岩》时再安排非常具体的任务和作业，比如：每天阅读一个章节，摘抄不少于200字，并概括出主要人物及其性格特点、主要情节和精彩细节（不少于200字），每周再绘制出一份人物关系、情节发展的思维导图……这些方法看似推动了学生的"红色经典"阅读，实际上加重了学生的阅读负担。如果学生的学习负担重上加码，疲于应付各种考试和作业，哪有阅读的良好效果？

又或者为了考试不出纰漏，就替学生梳理出小说的主要人物、性格特点、情节梗概、主题思想、艺术特色，再把这些内容印制成材料下发，学生照着读读背背，认为这样就能更好地应对考试。其实这样的做法是把丰富精彩的原著压缩成索然无味的"文学常识饼干"，毫无营养价值。一本内容厚重、情感充盈的"红色经典"，学生本来可以在阅读中获得很多体验、感动、震撼，现在却只剩下毫无血肉的知识点，这恐怕和我们倡导"红色经典"阅读的出发点背道而驰。

再或者把"红色经典"阅读上成阅读教学课，用语文课单篇教学的方法去分析作品中的情节、人物、情感，再带着学生析词语、品句子、谈表达方式、赏修辞手法……殊不知整本书的阅读应当是学生沉浸在书中，应当给学生充分的阅读时间浸润在作品中，让他们如同穿越到当时的时代、社会，亲眼目睹、亲身经历战争风云，和革命者心灵对话。只有这样沉醉其中的阅读才能让学生获得精神的震撼和启迪。如果只是老师代替学生精选文本，逐句分析，那么就一定程度上失去了"红色经典"阅读的意义。

亦或者为了检验学生是否认真阅读《红岩》出一些很难作答的考题，如：在监狱中一起绣红旗的狱友们的名字？小萝卜头和成岗告别时说他要被送到什么地方去？甫志高因为要给妻子买什么而耽误了转移时间最终被捕出卖了同志……这些问题不要说学生，估计很多看过《红岩》的人都答不出来。我们可以感受到狱友绣红旗时对祖国的挚爱深情，我们同情小萝卜头向往自由却即将离世的悲惨命运，我们痛恨甫志高只顾小家不顾大局的自私自利……但我们谁也不会对上述问题中的细枝末节在意，因为那本来就不属于阅读中最重要的最闪光的思想情感。所以这种考题是在为难学生，非但不能检验学生是否进行了认真有效的阅读，反而会干扰学生的阅读兴趣，甚至产生逆反情绪。如果学生为了应付考试而在阅读中只关注所谓"细节"，阅读过程将成为令人厌烦的"煎熬"，何谈"享受"和"成长"？

卡尔维诺说：出于职责或敬意读经典作品是没用的，我们只应仅仅因为喜爱而读它们。试想一下，当我们把充分的阅读自主权交给学生们，读书速度快一些或慢一些都没关系，一个班级的同学共读一本书，学生在相互交流的时候读得快一些的同学还可以起到引领作用，我们不留过多的读书任务和作业，而让学生自由地在书海中遨游，读书完成后再根据自己的理解、感悟写读书笔记，表达自己读书后的独到见解，还可以定期开展读书讨论会，让学生们自己表达、交流读书的感悟，那么学生是不是可以在阅读的过程中少一些干扰，多一些享受？

在"红色经典"阅读的过程中，我们教师完全可以像钱理群先生在《我的教师梦》中说的那样："牵着中小学生的手，把他们引导到这些大师、巨人的身边，互作介绍以后就悄悄地离开，让他们——这些代表着辉煌过去的老人和将创造未来的孩子在一起心贴心的谈话，我只躲在一旁，静静地欣赏，时时发出会心的微笑。"

如果我们在指导学生进行"红色经典"阅读时能够避免上述这些问题，"红色经典"阅读的效果一定更好，"红色经典"的光芒一定会让每个少年的精神世界充满阳光！

3. 引导阅读"红色经典"的过程与方法[①]

"红色经典"阅读为中学语文教学提出了一个新的课题。经过几年的探索研发，基于实际做法，这里谈一谈引导学生阅读"红色经典"的过程与方法。

（1）读"整本书"，展现宏大的叙事背景。

早在1941年，叶圣陶就在《论中学国文课程标准的修订》中明确提出了"把整本书作主体，把单篇短章作辅佐"[②]的主张。"红色经典"阅读，尤其要采用"整本书"阅读的策略，让学生在完整的历史语境中感受一个时代的革命情怀。

《红岩》是传统红色经典小说，也是我校初中语文组为学生推荐的第一本"红色经典"。之所以选择这本书作为学生名著阅读的起点，一方面是因为这本书符合我们"作品一定是健康的，美的，可以带给孩子

---

① 本标题下内容编选于许晓颖的论文。
② 董菊初.叶圣陶语文教学思想概论［M］.北京：开明出版社，1998.（204）.

正能量"①的选书标准,另一方面也是考虑到这本书故事性强、人物性格鲜明的特色较为契合初中学生的年龄特点和接受能力。

　　人教版语文六年级下册有一篇节选自《红岩》的课文《狱中联欢》,讲述了渣滓洞里革命者与敌人的斗争。然而,这不足1800字的节选,却远不能让学生感受到狱中革命英雄的乐观向上、英勇坚韧。只有真正走进了《红岩》整本书的情境,学生们才能真正理解为什么连特务都感到"乐在其中"的"乐"字有点刺眼,为什么革命者会讽刺敌人用机关枪"保卫"他们的"安全"。有学生在自己的读书随笔中写道:"最近读《红岩》,一翻开书,尽是精彩的语言、生动的人物和鲜为人知的故事,我好像一下子就被空降到了60年前的重庆。"

　　苏教版八年级上册是"长征组歌"单元,收录了《七律·长征》《老山界》《草》等经典课文,从不同角度、用不同形式表现了红军长征途中经历的艰难以及克服困难的坚定、乐观。然而,当学生捧读王树增的纪实文学《长征》,却仿佛跟随红军的脚步走过了二万五千里的漫漫征途,真切感知到每一场战役背后的惊险与艰难,深刻感受到每一个普通的红军士兵所带来的精神震撼。除了《红岩》《长征》,我们也让学生整本阅读《抗日战争》《野葫芦引》《黄河东流去》《解放战争》《林海雪原》等系列作品,让学生从丰厚的文字记录中感受近代革命的风潮,体会革命先烈前仆后继的爱国情怀与英雄气概。

　　(2)**群体阅读,发挥阅读的"场效应"**。

　　场论被广泛应用于各类学科。我们认为,在师生共读、生生共读、亲子共读的过程中,也会形成一个复杂的信息交流环境,即"阅读场"。这里所谓"场效应",即群体阅读对个体的知识吸收、外部的教学交流所具有的积极影响②。我校在备课组系统探究的基础上,在整个初中阶段

---

① 于树泉.读书比什么都重要[N].光明日报,2014-12-02.
② 胡斌武.提高课堂教学场效应探析[J].四川教育学院学报,2000,(1).(P53).

都开展了"红色经典"的阅读活动,每个年级统一向各个班级推荐相应的书目,每个班级同步开始对同一本书的阅读。这样,"阅读场"就从一个人扩展到一个班级、一个年级,乃至整个初中阶段。学生们同读一本书,同谈一本书,同写一本书,这样就营造了一个强大的"阅读场",为学生创设了良好的阅读期待,并吸引学生采取积极有效的阅读行为。正如于树泉、吴凌在《人大附中学生这样学语文》一书中所说的那样:"一个人的阅读是美丽的,一个班的阅读是绚丽的,一个年级、一个学校的阅读是壮丽的。一个班级、一个年级共读一本书,这会形成一个多么庞大的'场'!"[①]

对于41万字的《红岩》,一些从未完整读过文学书的学生曾感到巨大的压力,但当整个班级、年级都开始阅读的时候,这些学生也在课堂之上、学生之间的交流、探讨中获得了巨大的阅读欲望。一旦捧起书来阅读,对于"整本书"的畏难情绪就逐渐消失,取而代之的,是越发强烈的读书欲望。一位学生在自己的读书随笔中,将《红岩》称为"一本永远不会下架的老书",认为《红岩》不但要读,还要重读,常读常新。就这样,阅读的"场效应"极大地调动了学生阅读的积极性和主动性,学生们往往刚刚读完一本书,就急切地让老师推荐下一本。有学生坦言自己的阅读经历:"回眸过去的一年,竟然读完了十三套共十八本书,其中有近半都是茅盾文学奖获奖作品。要知道,我上小学时连茅盾文学奖都还不知道呢!"还有一些学生不仅读完了老师推荐的书目,还自己主动寻找好书,并推荐给老师、同学,比如王树增新近出版的三卷本《抗日战争》,就是学生发现,主动向老师推荐的。

(3)立体阅读,激发学生阅读兴趣。

"红色经典"在90年代后的传播样式,除了经典作品的再版重印之

[①] 于树泉.吴凌.走进名著——人大附中学生这样读书[M].北京:中国人民大学出版社,2013.(1).

外，很重要的就是借助视觉影像时代的媒介工具。比如《红岩》，作为一部由回忆录改编而成的长篇小说，在出版发行之后曾有多种版本的影视戏剧改编作品，这也为我们引领学生阅读提供了极大的便利。因此，我们采用了立体阅读①的方法，进一步激发学生的阅读兴趣。首先，我们引导学生自主阅读介绍《红岩》写作背景的《〈红岩〉档案解密》和当代学者解读《红岩》的文章，让学生更好地了解那段历史，走近真实的先烈原型；其次，我们向学生推荐老电影《烈火中永生》、歌剧《江姐》及电视连续剧《红岩》，让学生通过影视视频资源感受《红岩》的历史情境，使学生对英雄先烈具有更深入、更生动的了解。在此基础上，我们组织学生为电影、电视剧的特定片段改写剧本或重新配音，让学生在语文活动中融入他们对英雄最真挚的情感，表达对作品更深刻的认识。

除此之外，我们还在阅读原著、读背景材料、看影视剧的基础上，引导学生通过实地参观来直观感受作品的内涵。比如，在学生阅读了《红岩》原著之后，我们推荐学生参观重庆渣滓洞遗址；在学生阅读了《四世同堂》之后，我们带领学生参观作品中"小羊圈胡同"的原址"小杨家胡同"；在学生阅读了抗战文学作品之后，我们带领学生参观卢沟桥抗日纪念馆等。这一系列的实地考察、参观，不仅丰富了学生对作家作品相关背景知识的了解，也让学生真正走进了作品的历史语境和作者的情感世界。

（4）以读促写，同步提升读写能力。

读写结合是语文写作教学中的传统手段之一。在引领学生阅读"红色经典"的过程中，我们也始终坚持读写结合的做法，让学生通过自由写作读书随笔来分析作品，表达自己对于作品的个性化理解。

以《红岩》为例，七年级的学生更多关注的是书中的英雄形象，但

---

① 立体阅读是指"多方面、多角度、多层次理解书面材料的阅读方法"。苏玉添. 读书的艺术［M］. 北京：中国大地出版社，1993.（206）.

由于给了学生充分必要的自主权，随笔中的个性化阐释比比皆是。比如，有的学生分析人物在特定故事情节中的伟岸形象，如成岗被捕时的凛然从容、江姐受刑时的镇定眼神、齐晓轩就义时的壮烈英勇……；有的学生分析人物在故事情节中传达的坚定声音，如有学生写渣滓洞中的滴血声、挖墙声、机关枪轰鸣声，并认为这都是革命烈士"信念的声音"；有学生写狱中新年时的欢歌笑语，并写道"她们在院坝带着镣铐跳舞，那是怎样的一种舞蹈？在沉重的脚镣当当的伴奏中、在刺骨钻心的疼痛中，我听到的是不屈的呐喊和永恒的誓言"；有学生写狱中朗诵《囚歌》的场景："不要那屈辱的自由，不要那羞耻的苟活，我们都渴盼着——光明的烈火燃尽罪恶。让永恒的生命，化作涅槃的凤凰"……除了从具体的人物分析作品，也有学生从主题、手法的角度深入分析作品，以较为宏观的视角谈阅读感受，同样写出了精彩的读书随笔，如《红梅花儿开》《五星红旗为何鲜红》[1]等。

在学生完成读书随笔的基础上，各班定期印发"读书随笔范文"，通过阅读课、讲评课，教师与学生共同赏析、评论学生的读书随笔，让学生在品读中更深入地解读作品，在这一过程中不断提高自己的写作表达能力。比如在品读《红岩》读书随笔时，他们很快能够看到范文中各具匠心的写作角度、脉络结构、语言文采、文体特色等。在生动的课堂交流里，学生们会对一个标题品头论足，会对其中的一个词语玩味不已，会对其中的细节侃侃而谈，也常常会对文章中的观点较雌论雄、争论不已。比如，一位同学的读书随笔《微光》就曾在班级里引起热烈的讨论，这篇随笔描写了《红岩》中的无名英雄，并将他们喻为汇聚成熊熊火炬的微光，值得永远的敬仰和纪念。读完这篇随笔，学生们看到了题目"微光"的新颖巧妙和写作角度的独特，又特别赏析了全文使用

---

[1] 于树泉.吴凌.人大附中学生这样学语文[M].北京：中国青年出版社，2015.

的比喻手法以及含蓄蕴藉的表达效果，同时，还有同学结合自己的读书经历，谈及中国文化"人生自古谁无死，留取丹心照汗青"的价值观传统……

我们认为，在"红色经典"的阅读活动中，最重要的就是发挥学生的主体作用，让学生自由阅读、自由表达，并在这一过程中达到以读促写、以写促读的双重效果。

如今，以《红岩》为代表的"红色经典"阅读已成为我校名著阅读活动中的突出特色，展现出我校倡导名著阅读的具体做法和阶段性成果。学生在捧读"红色经典"的同时，也逐渐打开了名著阅读的大门，一方面促进了学生阅读能力、写作能力的整体提升，另一方面也丰富了学生的心灵世界，促使他们养成了良好的阅读习惯。并且我们坚信，只有有了这样的精神补钙，才能够让我们学生的精神底色中多一点敬畏，多一点崇高，多一点厚重，多一点真善美，多一点正能量！

第五章

以读促写,作文精彩

语文学习有两个核心任务,一个是读书,一个是写作;中、高考语文的考查重点也一样,一个是阅读,一个是作文。一个同学语文学得好,首先是他的阅读、作文好——可见读写有多重要。可现实却是非常残酷的,学生既不会读书,也不会作文。书读得少,读得滥,读得浅,甚至只知道读图、读微信,作文也随之写得越来越小气,越来越琐碎,越来越矫情,越来越空洞,越来越无聊,越来越混乱,越来越苍白,且每况愈下,溃不成军,到了"全线崩溃"的地步。

怎么改变这种局面呢?

据《东坡志林》记载,有人就怎样才能写好文章向欧阳修请教,欧阳修回了一句"无它术,惟勤读书而多为之,自工。"意思是说,写作没别的窍门,只要勤奋读书并经常动笔,自然就会写好。千载以来,这句话一直被奉为写作的至理箴言。概括起来就两点四个字,一是多读,二是多写。

宋代大学问家朱熹写过两首著名的《观书有感》,其中一首写道:

> 昨夜江边春水生,
> 艨艟巨舰一毛轻。
> 向来枉费推移力,
> 此日中流自在行。

此诗表面上写枯水季节,舰船寸步难行,丰水季节,舰船成行无阻,实际上含有一句名言:量变引起质变。从读书的角度说:量比质还重要,因为没有量就没有质——海量阅读第一!要写好作文,就必须先读书；不读书，就永远写不好作文。

但是有的同学读了不少书之后，作文水平还是上不去，问题何在？如果读书对作文没帮助，还读书干啥？如果有帮助，那路在何方？这是一个普遍性困惑。究竟怎样读书才能有助于写好作文呢，这是一个很现实也很迫切需要解决的问题。我们从以下几个方面作出了努力探索。

一、要读好书、多读书

蜜蜂不采花，酿不成蜜；采没蜜的花，也酿不成蜜；采有毒的花，不仅酿不成蜜，反而会为之所害。同样，孩子不读书，自然写不好作文。同样，也不能整天把自己埋在《笑猫日记》《大战僵尸》里，对《那小子真帅》《淘气包马小跳》津津乐道，在《小飞人卡尔松》《五三班的坏小子》里不能自拔。光看些小里小气、花里胡哨、缺乏营养的书，不会带来写作能力的真正提升。若是为了猎奇去滥读书，甚至读一些旁门左道、歪门邪道的书，更要深受其害了。目前，孩子写不好作文，除了少读书、滥读书之外，沉湎手机微信之类的浅读书、碎片化阅读也是重要原因。正如王蒙先生所言：读微信跟读书是两回事，这种碎片化的浏览并不是真正的阅读。如果光看微信，人也变成傻瓜，什么都知道，真的、假的、粗的、细的、高的、低的、骂人的，似乎都知道，其实都不知道。这并不能替代阅读经典名著，以及替代真正的阅读。

为什么自认为读了不少书却依然写不好作文，应该还有一个重要原因，就是盲目跟风，浪费了孩子的大量时间和精力，去读那些根本不适宜或不值得一读的书，消耗了宝贵的生命，结果一无所得。我做过多次读书问卷调查，发现很多触目惊心的问题。比如：食古不化，十一二岁的年纪，却一头扎进《道德经》《六祖坛经》《黄帝内经》中，读得晕头转向；"食洋不化"，盲目拒绝中国书，却在《罪与罚》《傲慢与偏见》之类不易读懂的书上耗时间。尤其值得一提的是，有不少孩子，一问他读过什么书，就理直气壮地说是"四大名著"——其实，这里边有一个很大的误区。对小学高年级和初中的孩子而言，因阅读理解能力所限，四大名著未必都读得懂，也未必全读得进。不少孩子嘴里所谓的"四大名著"其实并非"四大名著"，仅仅是改编为白话的"青少版"而已。在经典简化为白话之后，"四大名著"已经名不副实，营养尽失，只剩一点故事梗概。有时，我甚至觉得，就提升写作能力而言，就是把孩子读的所谓"四大名著"摞起来，也未必赶得上一部504万字的《大秦帝国》。人大附中的孩子们在阅读《大秦帝国》的过程中，有的从不会写作文到取得考试满分加分（40+5）的优异成绩；有的一周时间写出8篇读书笔记，而且篇篇堪称范文，被作为个人专辑印发全年级。不少同学从读《大秦帝国》写读书笔记开始，由怕作文到爱上了作文，优秀读书笔记层出不穷，全班同学的写作能力从整体上获得了明显的提升。

不采花，自然酿不出蜜；少采花，同样酿不成蜜。据说为了酿造500克的蜂蜜，要采集200万朵花的花粉，往返穿梭上万里的路。这也是"读书破万卷，下笔如有神"的道理所在。鲁迅说过这样一句话：人类的血战前行的历史，正如煤的形成，当时用大量的木材，结果却只是一小块。其实读书能力转化为写作能力，也是"用大量的木材，结果却只是一小块"。语感能力的形成，表达能力的提高，需要孩子去阅读大量的书，唯此才可以沉淀为写作能力。博览而约取，厚积而薄发，这是一个普遍规律。可是，人们总希望找到一条捷径。"世人患作文字少，又懒读书，又一篇出，即求过人，如此少有至者。"千年前欧阳修批评的现象如今依然存在：不少人平时很少动笔，还懒于读书，每写好一篇文章，却奢求超过别人，结果可想而知。

人大附中秉持海量阅读的理念，从孩子迈进初中的第一天起，就引领孩子一步一个脚印地读书。三年时间，孩子阅读量的底线是：人均不少于30部书，1000万字，平均每天阅读1万字左右。整本书阅读达到这个水平，再和写作有机结合起来，写好作文就大有希望了。

二、养成写读书笔记的习惯

在读书过程中，要有意识地把读写结合起来，边读边写。通过阅读带动写作，用写作深化阅读，实现读写的共同进步。否则，一味读书，不去动笔，就不会实现读写能力的转化，写好作文的迫切愿望永远不能变为现实。

写读书笔记，要有个好题目。题目就是眼睛，眼睛应该明眸善睐，顾盼有情。可一开始写读书笔记时，孩子不会命题。在读《狼图腾》的过程中，孩子的读书笔记题目就出现了不少问题。譬如，有的读书笔记没有题目，如同人的失明；有的题目不是题目，比如"军马完了"；有的文不对题，内容明明在称赞小狼，题目却是"小狼真可怜"；有的题目没有角度，让人四顾茫然，比如"读狼图腾"；有的题目没有中心，比如一字题目"狼"；有的缺乏情感与文采，没有魅力，比如"读《狼图腾》有感"；还有的晦涩拗口，比如"草原的悲剧狼与狼的悲剧草原"；如此等等，不一而足。

题目通常分为"正题"和"副题"两部分，正题体现角度与中心，副题提示所读的作品。比如一个孩子读了《红岩》之后，就给自己的读书笔记拟了一个既有特色又很规范的题目：

一本永远不会下架的老书
——读《红岩》

有人说"题目就是水平"，这句话强调了题目的重要性。一个好题目如同一声号角、一面旗帜，应该响亮、鲜明而富有个性。怎么才能给自己的文章起一个合格的甚至漂亮的题目呢？我觉得可以从以下几个方面着手。

首先是题目中有角度。庐山景色很美，但作起画来就得选个角度，或远望近瞧，或仰视鸟瞰，或横览纵视，"横看成岭侧成峰，远近高低各不同"。如果没有角度，就没法画出庐山。一部书就是一座庐山，写读书笔记也要有角度，并在题目上有所体现。在读《狼图腾》时，一个孩子从环境保护的角度出发，为自己的读书笔记起了个"腾格里的报应"，就体现了明确的角度意识。

其次是题目反映明确的中心。比如一看"小狼的智慧""我最崇拜的一个人"这两个题目，人们就知道文章的中心是什么。或者题目中蕴含真挚情感。比如"一本非同寻常的书""为了新中国，冲啊"，两个题目中流露出多么强烈的情感！或者题目生动形象，富有文采。像"渣滓洞里有五星""红梅花儿开""铁血英雄毕力格——三读《狼图腾》"。当看到这样的题目时，会产生多大的视觉冲击力呀！或者题目个性鲜明。比如"给陈阵叔叔的一封信""狼和狗""观念被彻底颠覆"几个个性化的题目，容易给人留下深刻的印象。

最后是对读书笔记的形式也应有所了解。

读书笔记一般可分为两类。一是知识积累类，如摘记；二是感受评价类，如读后感与各种评论。读书笔记的形式灵活多样，几乎没有一种固定的格式。

要实现读书与写作能力的转化，真正提高作文水平，重点不在知识积累层面的摘记与归纳，而在重视感受评价类的读后感与读书评论。

只要多读书而勤为之，必然有明显的效果。

三、读和写要有机结合

所谓"读写有机结合"，是指读书和作文是相互关联、彼此协调、密不可分的整体,而不是死板生硬地结合。"读写有机结合"是个总原则,即应该有一个结合的意识,养成一个结合的习惯,让两者建立起彼此的联系。

读写结合最重要,但是如果理解不正确,一不小心,就会陷入误区,强制学生每读必写、读写同频、不动笔墨不看书等等。这种机械的"读写结合",既限制了"读",也禁锢了"写",弄不好,就两败俱伤。

"读写有机结合"主要体现在边读边写,而不是把一部书读完再写。

一部整本的书,少则四五十万字,多则上百万、数百万字,卷帙浩繁,人物众多,情节复杂,内容繁巨,孩子扎进书里,有时会读得心潮起伏,翻江倒海,情感波澜大起大落。边读边写,就是让孩子养成写随笔的习惯,把读书时产生的喜怒哀乐各种情感体验随时写下来,所谓"我手写我心"。

反之,如果不去边读边写,而是等到把一部几十万上百万字的大部头如饥似渴地读完,再回过头来,去写读书笔记,这时,孩子容易产生"蚂蚁吃大象,无从下口"的感觉。不要说读书时激起的情感波澜已经烟消云散,就是很多具体内容也虚无缥缈起来,一时抓耳挠腮、无从下笔了。

怎样去读写结合呢?比如读《红岩》:

一个是读什么,就写什么。

红梅花儿开(江姐)

一个嫉恶如仇的革命者(成岗)

渣滓洞中有五星(龙光华)

一个是读到哪,写到哪。

坚强的小萝卜头

必然的最后胜利(华子良)

感人的英雄群像

一个是心中有啥感触，写啥感触。

五星红旗为何鲜红（许云峰）

一本让人潸然泪下的书

苦中作乐（元旦春联）

在把读书产生的抽象情感转变成书面语言的过程中，孩子需要静下心来认真构思，选择最佳角度，梳理文章思路，合理安排结构，组织推敲语言，最终把自己的所思所想以读书笔记的形式固化下来。这样，读书与写作便有机结合为一体，读书推动着写作过程，写作提升着读书质量，读写有机融为一体，实现了能力的转化。

四、要鼓励孩子写"放胆文"

一开始指导孩子写读书笔记，千万不要方方面面提那么多的限制。限制一多，孩子手脚就被捆住，不敢动笔了。一定要打开条条框框，鼓励孩子敢于动笔，乐于动笔，大胆去写。不管好坏，只要动手写出东西来，就向成功迈出了重要一步。在此基础上，老师一次次地去指导，一遍遍地喊加油，孩子就像攀登十八盘的台阶一样，一级级地向高处前进，最终会当凌绝顶，一览众山小。

1. 篇幅不限，写多少都行

一开始不知读书笔记为何物，刚刚拿起笔来，孩子会缩手缩脚，不知写什么，也不知道怎么写，往往三言两语就没话可说了。这时，在篇幅上可以宽松要求，只要孩子敢于动笔并认真去写就行，而不必严格规定字数。这样一来，孩子的精神压力就小得多了。一旦他们对写读书笔记产生了兴趣，篇幅的长短就不在话下了。

2. 内容不限，写什么都行

上小学以来，课本上从来都是篇幅短小的课文。当有一天捧起庞然大物一般的整本书时，孩子立刻就会觉得手足无措，无所适从。

一部长篇作品就像一座大山，其容量是相当巨大的，历史地理，社会自然，风土人情，各色人等，林林总总，几乎无所不包，无所不容。有时，一部经典就是一部百科全书，就是一个丰富多彩的世界。而且读了之后还要写，不写作文就提高不了。可是，整本书拿起来就是几十万字甚至上百万字，里边什么都有，我们脑袋都大了——这该写什么呀？又怎么写呀？

心事沉重，抓耳挠腮，绞尽脑汁，搜索枯肠，还是无从下笔，这该如何是好？

我告诉学生两个字：**别急**！其实这不是你一个人的问题，而是一个普遍问题，每个同学一开始都这样，谁从娘胎一出来就会写读书笔记呢？听我这么一说，你也许就不那么焦虑了。

但是，你接下来会说，可读书笔记到底怎么写，我还是不会呀，怎么办？我还是送学生那两个字：别急！万事开头难。**我的课要解决的就是这个会不会写、敢不敢写、能不能写的问题。**学生听了我说的话后如释重负、茅塞顿开，然后轻轻松松地拿起笔来，写下自己有生以来的第一篇读书笔记。

只要静下心来，大胆去写，坚持不懈地努力，你就会越写越自信，越写越爱写，越写越精彩。最终，你的读书能力变成了写作能力，一篇篇好作文就从你的手上流淌出来了。

内容不限，到底可以写什么呢？

可以写人，无论主角、配角，无论好人坏人，写谁，随心所欲。比如读《平凡的世界》，无论少安、少平兄弟，晓霞、润叶姐妹，也无论

第五章 以读促写，作文精彩

2019年8月，于树泉应邀在新华社《半月谈》杂志社作有关读书的讲座。

于树泉在内蒙古乌兰浩特市全国语文教师会议上作讲座。

李向前、田福军，以及在全书只露过一次面的从车轮下救了李向前性命的司机，只要是印象深刻的，都可以挑来去写。

可以写物，不论动物、植物，也不论大小、远近、动静、美丑……

可以写社会，包括家庭、学校、煤矿、街道……

可以写自然，包括天地万物，山水虫林，风华雪月……

总之一句话，凡是书中所有，不管人、事、物、景，只要触动了你，你有表达的欲望，想写啥写啥，内容没限制，什么都可以去写。

3. 形式不限，怎么写都行

用诗的形式去写可以。 初一吴佩萱同学读了《平凡的世界》，就写下了一首诗——《致少平》：

从你进入我的眼中，
你便走进我的心中。
你，这样一个完美又不完美的人，
永远的，留在了我的心中。
完美，是你那从不服输的精神，
那面对一次次打击的不屈。
不完美，是你那不公平的命运，
无情的洪流带走了你的爱人。

用钢铁比喻你的精神，是刚直；
用胡杨比喻你的性格，是坚强；
用湖海比喻你的胸怀，是大度；
用荷花比喻你的心灵，是纯洁。

残酷的生活造就了你的坚韧,

从不迷失的你追随着光明。

一个不甘平凡的你,孙少平,

我对你的感受,一言难尽。

初一的陶思远同学读了王树增的《解放战争》后,别出心裁地写了两首词:

如梦令·解放战争

辽沈淮海平津,横扫南京北京。

工农子弟兵,雄狮打出威风。

威风,威风,掀起解放涛声。

采桑子·解放战争

青天白日高高挂,清官惧怕,百姓惧怕,枯藤老树暗飞鸦。

工农子弟齐上阵,彼景如画,此景如画,得民心者得天下。

用书信的形式去写也可以。比如韩书俊同学的《致晓霞》、宋东泽的《致钱太太的一封信》、周子琪《给小萝卜头的一封信》、贺子凯的《和麦克·阿瑟的对话》等等。

总之,读书笔记可以记叙,可以议论,可以抒情,也可以三者结合。打破篇幅、内容、形式上的各种限制后,孩子的写作积极性和兴趣就会产生,就会放开手脚,大胆去写,主动去写。只要孩子动起笔来,提高写作能力就迈出了关键性的一步。在讲评时,老师再辅以热情鼓励,善加指导,孩子读书笔记的写作能力就突飞猛进了,一篇篇好文章便会接二连三地涌现出来,让老师称道不已。

五、多读多写，必然成功

比较阅读是名著阅读的高级阶段。

经过一段时间的名著阅读活动，学生阅读的作品渐渐多了起来，比较能力便会逐渐增强，联想能力也会同步提高。于是你会发现，无论一部作品之中，还是两部作品之间，诸多人物形象往往有着这样那样的联系，也有着这样那样的不同；两个貌似相同的人物会有某种区别，两个截然不同的人物也存在着一定联系。

在写读书笔记时，你常常会把作品中的人、事、物联系起来去看，对不同作品的创作背景、语言风格、艺术特征等等也会进行分析比较，并在分析比较时有所发现，你的读写能力也在这一过程中获得了同步提升。

【作文题目】

在你阅读的众多名著中，可能有这样一对人物：他们或在同一本书中出现，或在不同的书中演绎，他们或有着相同的性格、共同的命运，或有着迥异的个性、天壤之别的人生选择，他们可能让你又爱又敬，也可能让你愤恨惋惜……他们可能是《四世同堂》中的高第和招弟、瑞宣和瑞全，可能是《决战朝鲜》中的黄继光和邱少云，也可能是《假如给我三天光明》中的海伦与《老人与海》中的桑地亚哥……他们让你深深思考、受到启发、感悟人生、收获成长。请你选择让你有所触动的一对人物，和大家分享你的阅读感悟。不少于500字。

要求：

1.写出所读书目和所选人物。2.自拟文题。3.自选角度，结合书中相关内容谈自己的感悟、收获、启发。

【解题】

这是一道带有比较性特点的作文题。

如果你从一部作品中选择对比点，你可以去写两个正面人物，比如孙少平和孙少安两兄弟，也可以去写两个反面人物，比如大赤包和胖菊子。如果你想从两部作品中去选择对比点，你既可以去写骆驼祥子与王利发，也可以去写李煜和柳永。

从比较方法的角度看，这种比较可以是正向的，也可以是反向的；可以是同中求异，也可以是异中求同。如果题目要求不限于人物的对比，从比较对象的角度看，还可以大为拓宽，去比较环境、语言、艺术风格和社会背景等等。

范文

1. 大赤包与胖菊子

季北辰

民族危难之时，总有些唯利是图之徒，置民族大义于不顾，充当汉奸、走狗。在这些人中有两个女人——大赤包与胖菊子。

这两个人都极为无耻。对待日本人,她们恭恭敬敬,像狗一样驯良;对待中国人,她们则像狼一样凶恶。她们的脑子里没有国家二字,谁能给自己好处,谁就会成为她们巴结的对象。为了利益,她们情愿付出各种代价,包括亲情。虽然两个人都卖国求荣,她们还是有很大的不同。

胖菊子重视的完全是利。为了利,她到处为瑞丰钻营职业;为了利,她抛开了"无利可图"的瑞丰,而去了蓝东阳那更加肮脏的地方。为了利,她能置亲情于不顾,置国家于不顾。不论别人怎么看待她,她都毫无感觉,只是为了利而不停地奔忙,这种人是多么可悲!

大赤包,除了利之外,还在追求"名誉"。她当汉奸,却希望别人能够尊敬她。她希望邻居们认可她,却在关键时刻毫不犹豫、毫不留情地出卖了他们。当上那可耻的"所长"后,她不以为耻、反以为荣,还让家人都叫她"所长",似乎能从中获得极大的快乐。她自以为很高明,实际上她早已被人们看透了:她专横,强势而又自负,总感觉自己高高在上,内心却是极度空虚。她唯一的追求就是名利,可是为什么要这么做也许连她自己也不清楚。也许正是因为空虚,她才需要一些看似更"实在"的虚名来"充实"自己空虚的心灵。她是一个心狠手辣的女人,最后还是被更加心狠手辣的人出卖了,死在自己的主人——日本人的狱中,结束了她可笑的一生。

不管怎样说,这两人总会被钉在民族的耻辱柱上。她们追逐名利看似让她们得到了满足,可是她们却没有发现她们为此失去一切，最后连剩下的一点利，也和自己的生命一起失去了。她们的行为只能让人笑话、遭人唾弃。

【点评】

文章把大赤包和胖菊子两个丑类进行比较，既写"同"，又写"异"，略写"同"，读来简洁、痛快、解气。

2. 两位天壤之别的将帅

赵嘉熹

《决战朝鲜》真实记录了新中国成立初期，中国志愿军抗美援朝的伟大战争，书中不仅描写了中国志愿军可歌可泣的感人事迹及奋勇杀敌的战斗雄姿，其中还栩栩如生地勾画出两大阵营中有着天壤之别的将帅——彭德怀和麦克·阿瑟。

首先两位将帅有许多相同之处：彭德怀是中朝军队的统帅，指挥着中国志愿军及朝鲜人民军；麦克·阿瑟作为美韩方的统帅，指挥着美军及韩军。两位将领都身经百战，战功赫赫。彭德怀在抗日和解放战争中都领导过多次战役，并且被封为陆军总司令和十大元帅之一；而麦克·阿瑟崛起于二战中，屡立战功，官至五星上将。这两位在战场上的比拼可谓是棋逢对手、将遇良才！

然而，两人间的差异也比比皆是。

麦克·阿瑟依仗着飞机加大炮以及当时世界一流的军事力量，丝毫不把中国志愿军的小米加步枪放在眼里，真是骄傲自大、狂妄无比。反观彭德怀，却是面对强大的敌人更显得沉着冷静，智勇双全。经历多个回合的周旋，将双方指挥风格进行对比，相对彭德怀的沉稳，麦克·阿瑟看上去就像个小孩子，打个胜仗就活蹦乱跳，输起来则暴跳如雷。

尤其在谋略上彭德怀更胜一筹。麦克·阿瑟依仗拥有强大的机械化部队死拼，直打到你死我活为止；彭德怀则善用计谋，几个巧妙的谋略将麦克·阿瑟遛得团团转，完全摸不着头脑暴跳如雷。

由此可见，中美两大阵营的将领同中有异，异中有同，某种程度讲他们的指挥风格特点也决定了战场上的成败。我更加佩服彭德怀，正是他的有胆有识、沉着冷静，才能够在当时条件下指挥着中国人民志愿军打赢这场举世瞩目的抗美援朝之战，令世界震惊！

【点评】

把中美两位主帅进行对比，既比声望战功之同，又比性格韬略之异，仅用600多字，就揭示了这场战争成败的重要因素。

3. 郑和下西洋与哥伦布航行

李佳泰

说起哥伦布和郑和，所有人都一定不陌生。郑和的七下西洋和哥伦布发现美洲都是历史上浓墨重彩的一笔。但这两次航行的结果，却大有不同。

现在看来，哥伦布在历史上的成就远高于郑和。但在当时，郑和的船队是远远好于哥伦布所率的。郑和拥有当时世界上最高级的舰艇和处于世界领先地位的观察仪器与方法，是仅仅拥有三艘船只与少量补给的哥伦布可望而不可及的。但又是什么，使这样的一只船队，其发现的历史意义却远小于那只寒酸的船队呢？

我认为，是他们的目标。郑和七下西洋，其目的，大多是使沿海小国得知中国的存在与强大，并与他们建立藩属关系。简而言之，便是出去示威，并没有什么更高远的理想。而哥伦布，则是在西班牙国王的催促下，为了国家的利益而去寻找一条新的航线。其志向便是跨越大洋，到印度寻找黄金与香料，同时将自己的钱包装满。由此可见，仅因为目标的差别，便使物质上巨大的优势化为乌有。

其实，在生活中也是这样。当我们的目标，不管有多虚无缥缈，只要是可能的，并值得为它付出，一步步脚踏实地地去做，最后的成功便会指日可待。就像哥伦布，就像在朝鲜战场上奋斗的志愿军战士，仅仅有贫乏的物质基础，但只要目标明确，信心十足，便终可成功。反之，如果目光短浅，仅仅想将眼前的路走好，最后总不能成功。就像郑和，即使有足够的物质基础，最终也没有获得本可以取得的成功。

当一个人目光短浅时，他不能好好利用他所拥有的一切；而当一个人理想远大时，他便能获得最后的成功！

【点评】

同是伟大的航海家，郑和的七下西洋和哥伦布发现美洲都是历史上浓墨重彩的一笔。但论及两次航行在历史上的地位与影响，物质条件优越的郑和却输给了物质条件寒酸的哥伦布。原因何在呢？原来一切取决于目标的"高下"——这是一个多有价值的发现啊。

4. 苏轼与纳兰
——千古词坛中的两朵奇葩

张雨暄

苏东坡与纳兰性德，虽都是风华绝代的一代词人，却有着鲜明的性格和截然不同的词风。

先来谈谈两者的人生轨迹。纳兰出身于钟鸣鼎食之家，其父明珠是权倾一时的宰相，可谓衔金带玉而生，高贵的血统自然让他仕途平步青云。而苏东坡则出身于书香门第，自幼受到了良好的教育，加上天资聪颖，很快就得到了大政治家也是文学家欧阳修的赏识。由于他为人刚正不阿，官场生存法则却变化无穷，苏东坡几度起起落落，在职场虽有所作为却宏图大志难以最终施展。两人的人生经历虽迥然有异，但饱读诗书、受儒家思想影响极深却殊途同归，也为其日后称雄词坛奠定了基础。

再来说说两人的处事之道。纳兰可以说是厌倦了官场的虚伪、尘世的浮华，拥有一颗超凡脱俗的心。在常人眼里，人间的琐屑困扰不了他，没有人明白他到底心为何忧。纳兰的忧郁与生俱来，这样的惆怅，几百年来，一人而已。而苏东坡的性格则旷达开放。他虽才高运蹇、壮志难酬，却永远积极乐观、不言放弃。因乌台诗案，苏东坡被流放黄州，政治上失意彷徨。然而，这位生性旷达的诗人却能在老庄佛禅、山水之游中求得解脱，挥笔写就千古绝唱《念奴娇·赤壁怀古》《赤壁赋》。拥有外在不同性情的两个人，却在友、孝方面持相似的态度。他们对父母、对手足均至亲至孝，并广交天下贤人雅士。在他们看来，朋友不论贫富贵贱，唯才唯德是举。纳兰对身陷囹圄的吴兆骞，因"闻其才名"，尽全力解救；苏东坡也和黄庭坚、佛印等人结为一生挚友，成为千古佳话。

最后谈谈两人的词风。纳兰词感情真挚、语淡情浓，"人生若只如初见，何事秋风悲画扇。等闲变却故人心，却道故人心易变""辛苦最怜天上月，一昔成环，昔昔都成珏""非关癖爱轻模样，冷处偏佳，不是人间富贵花""一生一代一双人，争教两处销魂"。那令人潸然泪下的悲苦与哀愁，展现得多么淋漓尽致。而苏轼作为豪放派的代表，其名和辛弃疾同类，地位举足轻重。

"大江东去,浪淘尽,千古风流人物"、"酒酣胸胆尚开张,鬓微霜,又何妨"、"会挽雕弓如满月,西北望,射天狼"。那热烈洋溢、奔放冲天的壮志豪情,普天之下,又有几人堪比?但是,两人词风虽然不同,清新却又能成为其共同点。每每读来,宛如自然之音飘然而至;又好似品味着上好的毛峰,沁人心脾、回味无穷。

两位词坛巨匠,跨过历史的长河,在几百年、上千年后,与我相遇,让我陶醉,成为我心中永不凋谢的两朵奇葩!

【点评】

两位风华绝代的词人,却有着截然不同的词风,其原因何在?小作者从人生轨迹、处世之道、性格特征几个方面寻根探源,给人启发。

5. 浅薄与深远
——读《战争与和平》有感

林一衡

《战争与和平》下卷描述了一个战火纷飞的时代。从几百万法军入侵俄国到他们几乎全军覆没,从无数奴隶和贵族背井离乡到战后得以重返家园,中间涌现出了许多鲜活而有个性的人物。

而其中身份最特殊的莫过于拿破仑和库图佐夫。

这两人都是当时双方军队的最高统帅,左右着这场战争的历史进程。每个法国人看到拿破仑都高呼:"皇帝万岁!";而库图佐夫则是当时鲜有的民选总司令,每个俄国军民都看好他在数次战斗中积累下的丰富经验。两个人都可谓是众望所归,但当这两位统帅在规划法俄战争的进程、发布命令时却体现出他们当时思想上的巨大差别。

拿破仑的浅薄表现在他的自大和无知。在鲍罗金诺战役中,他自以为已经深入了解了战场,要求部下一有特殊情况就要向自己请示。但他身处后方,根本不了解战斗的实际情况,加之战场形势瞬息万变,情报传递需要时间。拿破仑的独断专行使得法军的调度缺乏协调,遭受了惨重损失。当拿破仑的军队付出重大代价后终于侵入莫斯科时,他异想天开地想"赐"给俄罗斯人民一部宪法,试图依靠它阻止士兵们烧杀抢掠。但早已被胜利冲昏头脑的士兵又哪会听他摆布呢?两场大火烧尽了美丽的莫斯科,也烧灭了拿破仑扩充领土的野心。

库图佐夫的深远体现在尽管他对战场情况了如指掌,但却从不为前线制定具体的计划,他只鼓励将士们根据现场情况顽强防守,伺机进攻。决战当天的傍晚,库图佐夫了解到一些俄军准备退却抛弃阵地,便下达了一条没有被执行的命令:"明天进攻!"短短几个字,却让战士们了解到己方胜利在望。他们纷纷转过头来迎击法军,收复丢失的阵地。库图佐夫比拿破仑更明白坚持长期战争的有利性和保持士气的重要性。后来,库图佐夫力排众议舍弃了莫斯科,因为他早料到保存力量才是胜利的关键。

当法国人被金银财宝迷得斗志全失时，怒火中烧的俄军卷土重来，一举把法军赶到了几千里之外的俄国边境。库图佐夫深远的谋略终于打败了拿破仑的自大无知，挽救了自己的祖国。

这两个人在这场战争中的不同表现告诉我们，长远的思考终将打败浅薄的疯狂。

【点评】

500多万字的《战争与和平》，刻画了569个人物，面对这样的鸿篇巨制，随笔写什么？角度怎么选？小作者慧眼独具，通过法俄双方军队一个见识浅薄、一个谋虑深远的最高统帅的比较，成就了这篇范文。

6. 战场
——比较彼埃尔和安德烈公爵

张璟华

同是《战争与和平》的主人公，他们站在同一片土地上，拥有着相近的财富和社会地位，在国家沦陷之时，挺身而出，"抛头颅洒热血"。托尔斯泰分别在他们的身上探讨了他对贵族出路的看法。

他们便是安德烈和彼埃尔公爵。

即便如此,这两个探索型的青年贵族在性格和生活道路上形成了鲜明的对比。

首先,他们的生活经历截然不同。

安德烈公爵自小受到良好的家教,才识渊博。同时,他从小便接触俄国上层的交际圈,看清了社交场合背后暗藏的阴险。在国家危急的关头,宫廷贵族仍漠视国家命运,畏惧敌人,一味追求利禄和沉醉于荒淫无耻的生活之中,寻欢作乐,积聚私产。这一切为安德烈公爵所唾弃,同时也对他的性格造成了深深的影响。

彼埃尔公爵是一位公爵的私生子,从小在国外长大,相对而言轻松单纯。因此,回国继承亡父遗产地位时,单纯腼腆的彼埃尔在俄国上层中更是显得格格不入。

其二,他们的性格不同。

安德烈身上带着醇厚的古风。他性格内向,意志坚强,有较强的社会活动能力。他后来投身军队和参与社会活动,与人民相接近,一直在探索祖国的发展方向和命运。安德烈似乎就是托尔斯泰的化身。毋庸置疑,安德烈是托尔斯泰钟爱的角色,他倾注和包含了托尔斯泰太多的理想和抱负,但最后还是安排安德烈死亡的结局。

彼埃尔作为别祖霍夫伯爵的私生子,是一个温良憨厚、机警果敢、热血冲动的青年人,缺少实际活动能力而更侧重于对理想的追求。他不会算计和猜疑,小心地守护着心底的原则。

第三,他们的信仰不同。

安德烈公爵在临终前忽然体会出死亡就是人生的清醒过程。

从那一刻开始他的生命慢慢退潮,最后在娜塔莎的臂弯里平平静静走到生命的终点。

而彼埃尔公爵则用他的每一份力量来寻找生活中的善与美。在战俘营,他接受了一种新思想——服从天命,随遇而安。他苦苦追寻着人生的意义和目的,却长期找不到答案,后来主要在与人民的直接接触中精神上得到成长,他不断地了解人民、接近人民,他的精神就不断地得到发展,他的目标就越来越明确,他的心灵就在一点点升华。所以,我觉得,彼埃尔是一个思索型的人物。

就是这样的两个人,在民族危亡的关头,他们纷纷扛起枪,奔向了最后的战场。

【点评】

也读《战争与和平》,你写性格迥异的两军最高统帅,我写两位青年贵族,他们同是作品的主人公,站在同一片土地上,拥有着相近的财富和社会地位,在国家沦陷之时,同样挺身而出。但是,两人的生活经历不同,性格信仰不同,生活道路也不同,由此形成的鲜明对比耐人寻味。

7. 孤独的重量
——评雪莱与华兹华斯

包雨轩

这是两个文派迥异的诗人，这是英国文学史上"积极"与"消极"的对比。

他们一个向往革命，一个背弃革命；一个展望现实世界叹未来的美好，一个回归自然之中咏草木的芬芳；一个高歌秋日的西风，歌颂它的除旧迎新，一个赞美天空的云朵，赞颂它的安然静美。

他们，是雪莱与华兹华斯，英国积极和消极浪漫主义诗人的代表。但纵然思想使他们有了千差万别，在某一点上他们却是相同的，这便是一种心境。可以说，正是由于那同样的心境，他们才会拥有深沉的思想，才会创造出千古流芳的佳作。这种心境，我们称之为孤独。

孤独不是寂寞——它并非是对独身一人的感叹，而是一种心灵的沉寂。华兹华斯在他的诗中写道："我独自漫游如一片浮云。"飘逸的文笔汇同了大自然的旋律，韵味深远悠长。在这里"云朵"定不是诗人所寻求陪伴的对象，而是臆想中的美景，一个自然世界的意象。

孤独更不是忧郁——它仅是心中那撩拨的触动，是灵魂的无限宁静。"你看她，独处麦田，孤独的山地姑娘！独自刈麦，独自歌唱……"。他必是在那份孤独中体会到了这淡淡的压抑和伤感，在那种闲愁中感受到了回归自然的意愿。"突然间，我望见了一大片水仙，一朵朵，一簇簇。在湖边，在树下，摇曳生姿，迎风起舞。"若是内心庞杂而烦乱，华兹华斯又怎能安然地欣赏一个普通农女的歌喉，又怎能定定地凝望河中那一株水仙？雪莱又在《西风颂》中动情地写道："请把我枯死的思想向世界垂落，让它象枯叶一样促成新的生命！"多么热烈的情感呵——也只有在内心孤独的思考徘徊之后，才能有这般激情澎湃的喷涌。它能把梦幻与现实，过去与将来，痛苦与欢乐，短暂与永恒联系在一起，融在思想之中。抒情之前总是那份孤独，当一切归于沉静，仿佛只有宇宙和你，才能和自己的灵魂赤裸裸地相对，才能迸发出那一瞬间的思索与感动。

也许，我们的物质生活条件越来越好了，物欲遮住了眼，也遮住了心，便变得不再会思考，也不再真正懂得孤独了。随着现在的社会变得越来越繁杂忙乱，我们便愈加需要这份可贵的孤独。我们的目光遍及全球，却唯独少了与自己内心静静的凝视。我们可以博学多才，用知识让自己强大无比，却无法轻易拥有心灵的深沉。只有经过了孤独，才能沉淀出那些最为宝贵的思想，才能吟诵出那些最为感人的句段。

所以沉静地去寻你那份孤独罢 去给轻浮的灵魂添上思想的色彩，去为浅薄的心加上孤独的重量。

【点评】

小作者居然在两个文派迥异、创作态度与艺术风格千差万别的诗人身上发现了彼此心境上的共同点——孤独。这里的所

> 谓"孤独"不是寂寞，也不是忧郁，而是排除世事纷扰之后的与自己内心的静静凝视，是灵魂的无限宁静，是创造出千古流芳的佳作的保证。希望小作者日后也能拥有并保有这份可贵的"孤独"，成就自己的辉煌。

在《感受经典》一文中，陆天明同学记下了自己读写结合的真切体验。

感受经典
——评雪莱与华兹华斯

陆天明

我的周记本是一个并不太厚的硬皮本。两年前它还是崭新的、雪白的，而今天，封皮磨毛了，我已写满了一大半。记录了两年来我的读书心得、生活点滴。一页页翻过去，重拾起那些记忆，我的心中无比感慨。

进入人大附中，语文课是最独特的体验。于老师不会照课本按部就班地讲下去，他只选些重要的课文、古诗文详细讲解，大部分时间我们分享同学们的读书笔记。语文课实际上是一个开放的课堂，琳琅满目的中外名著成了我们主要的自学内容，每周必写的读书笔记或随笔中记录下阅读的感受、思考和见解，成为语文课的主体。如果不读书、不思考就无法完成读书笔记，更不用说获得作为年级范文或是考试加分奖励了。

我从小就有阅读的习惯，识字后便开始了阅读。小学功课轻松，我回家就手不释卷。凡尔纳的系列科幻小说，各种童话以及《可怕的科学》丛书都是我的最爱。这些书给我的小小世界里打开一扇扇窗户，让我看到一个个奇异多彩的世界，乐趣无穷，想象无限。

然而阅读名著完全是另一种体验，刚开始甚至是痛苦的。《红岩》、《林海雪原》没有让我兴趣盎然，说实在的，这些大人书我读不太懂。它们描写的时代与我的世界那么的不同，书中的人物和我身边的人也是那么的不一样。每每写周记，我总是挠头，不知从何下笔，写些什么。慢慢地读下去，我不得不去想他们为什么要舍生忘死，把生命奉献给崇高的事业和信仰？他们的生命意义又是什么？与我有什么关系？……

接下来我读了《贝多芬传》、《史铁生散文集》以及海伦·凯勒的自传《我的人生故事》。他们的人生浓缩在书页中，他们对于人生、生命价值的思考，对痛苦挫折的态度都通过阅读这个通道传递给了我，引发我的追问和思考。那些在我看来宽泛、遥远而抽象的东西由他们的人生故事描摹得具体了，在他们成功的光环下，我看到的是病痛的折磨、不羁的抗争和高尚的情操。他们的成就不仅局限于音乐、文学及慈善领域，更多的是精神层面的价值。我的心灵之窗似乎渐渐打开，智慧之光照进来，引导我从懵懂走出来。

《狼图腾》是我读得较认真的一本书。我写了好几篇笔记。思考了人、动植物、大自然之间的关系。毕利格老人的睿智以及草原生灵所遭遇的生存危机让我第一次站在腾格里的高度去俯瞰草原。人类和其他生物一样都是大自然的子民，却自私地强取豪夺破坏了原本的和谐，尝到了生态恶化的苦果。反思陈阵们对小狼的"爱"，恰恰是导致它悲惨死去的直接原因。在大自然中，科学、理性地对待其他物种，远比以情绪化的"爱"去束缚、强迫更有益处。这本书让我懂得不能只凭头脑发热或是好奇心驱使就去做一件事，要考虑到相关的因素，权衡利弊，否则结果往往事与愿违。

《平凡的世界》是当时同学们热衷的一部作品。于老师还着重介绍了作者路遥呕心沥血完成巨著的生平故事。"平凡"二字最打动人心：平凡的日子、平凡的人、朴素的情感造就的不平凡的人生、平凡人生中感天动地的故事和非凡的变革时代。读了它，我才知道在中国曾有过那样的贫穷、动荡和苦难；像少安、少平一样顽强生活着并奋斗着的普通人，他们的自尊与自强，苦难与拼搏，挫折与追求，痛苦与快乐，奏出不向命运低头、愈挫愈坚的生活强音。在阅读这本书的过程中，我开始细腻地分析人物的心理从而进一步揣摩人物的性格和思想，这对情商不太高的我也算是一点长进。我还学习少平读完了《钢铁是怎样炼成的》，切身体会到了一本书对一个人性格和人生追求的影响力。

随后的书目包括《长征》《朝鲜战争》《国耻国魂》《四世同堂》和《钱学森传》。这些书让我对中国革命和抗日战争的历史有了更深入了解。其中有纪实性的客观叙述，图文并茂的历史再现，有小羊圈胡同里各家各户的命运坎坷，也有海外游子钱学森的人生轨迹。读罢《长征》《朝鲜战争》的过瘾自不必说，《四世同堂》的亡国之耻更是铭刻在心。这个系列的经典让我思考个人、祖国、世界。一个正直的中国人，无论是知识渊博的钱学森，还是北平小胡同里的一介草民，都要有钱老人那样的风骨，不畏淫威，为国家舍性命、舍小家也在所不惜。虽然凭钱学森文弱的体魄也许只能敌得过一个日本少年兵的进攻，但是他的才能和智慧却使他具备了美军五个师的战斗力，能击溃千军万马。新时代赋予了爱国新的内涵，不再是以力角力，更大程度上是科技的对垒，国力的拼杀。有拳拳之心的我们不仅要强身健体，更要用聪明才智武装起来应对现代战争的挑战。当今的世界动荡不安，北非、中东的动乱，欧洲、北美的经济危机，美国、日本和菲律宾在中国南海的"小动作"处处提醒我们和平的脆弱，如果未来不像我们期望的那么好，我们这代人就更加任重而道远，因为我们将会是未来中国的主人。

这个学期，我先读了《余秋雨的历史散文》。他的作品见常人所未见，思常人所未思，在叩问历史的同时追问天人、古今，哲思绵延，情致高远，堪称历史、文化美文的典范之作。这样的作品没有精彩的情节，我却乐于阅读，这在两年前是无法想象的。也许是我的心智正在逐渐成熟，在余秋雨的苦旅中找到了些许共鸣。那些记载于古籍中的文字、留存在古迹中的痕迹，积攒了几千年。一个地方，一个命题都能回溯到遥远，追忆起几百年前的过往。博大的中国，数不清的文化记忆，在余秋雨的笔端优美地呈现，我感受到中文的美好，中国文化的博大精深。而我却知之甚少，愧对先贤……

学习完《孔乙己》，我看了《朝花夕拾》和《呐喊》，并对鲁迅产生浓厚的兴趣。随后又读了《正说鲁迅》。它让我对鲁迅的生平、作品和思想了解更多。这本书改变了我对鲁迅的仰视角度，把他当作一个情感真切而丰富的平常人，一个怀疑一切、敢于剖析的"永远的批判者"，一个以拯救民族精神为己任的独特思想者和建设者。

当年风华正茂的鲁迅怀着科学救国的理想留学日本，因"幻灯片事件"毅然弃医从文，他深刻地意识到改造国人灵魂远比医治身体病疾更为重要。由此我想到，我们不仅需要学习知识，更需要通过经典阅读构筑一片属于自己的精神家园。通过经典这个秘密通道，我们可以打破时空限制，穿梭古今，漫游于浩瀚的精神空间，与创造人类和民族精神财富的大师们对话，重新经历他们在书中描述的生活，从他们的思想中吸取营养，这里充溢着思想之美、文学之美、汉语之美。

【点评】

一个仅仅初二的孩子，一个多小时的工夫，提笔就是两千多字，而且文笔流畅，精神饱满，洋洋洒洒，一气呵成——这种让人似乎有点难以置信的能力是怎么形成的？

"进入人大附中，语文课是最独特的体验。"——文章开宗明义，一上来就满怀深情地为初中的语文课点赞。而小作者所说的"最独特的体验"，指的就是语文课上的名著阅读。

文中，小作者认真回顾了自己读书留下的一个个脚印：从《红岩》到《林海雪原》，从《长征》到《朝鲜战争》，从《四世同堂》到《平凡的世界》……两年多来，小作者一边读一边写，

> 一本崭新的硬皮本用得起了毛，读书笔记也写了几万字。对于读书，小作者也有了越来越深刻的领悟：
>
> "我们不仅需要学习知识，更需要通过经典阅读构筑一片属于自己的精神家园。通过经典这个秘密通道，我们可以打破时空限制，穿梭古今，漫游于浩瀚的精神空间，与创造人类和民族精神财富的大师们对话，重新经历他们在书中描述的生活，从他们的思想中吸取营养，这里充溢着思想之美、文学之美、汉语之美。"

人大附中自2010年开始读写结合的探索，经过长达10年的努力，收获了阅读与作文双赢的宝贵经验。概括起来就是4个字：**多读多写**。

什么叫多读？我们的做法是：初中三年，平均每个学期读5部著作，每年10部，三年下来，每个学生人均读书30部左右。读什么书？当然是好书，经典为主，由老师推荐的书，而且是整本的书，比如《红岩》《狼图腾》《重返狼群》……三年的阅读量是多少呢？人均达到2000万字，初中三年1000多天，平均每天读书不少于1万字，要持之以恒，不能忽冷忽热，一曝十寒。

什么叫多写呢？我们的做法是，每周至少一篇读书笔记，三年累计，人均写读书笔记要达到2万字以上。

就是这样，三年之中，读30部著作，达到一两千万字的阅读量，再写2万字的读书笔记。这就达到了"多读多写"的基本要求。这时，孩子就再也不会觉得读书和作文没关系了，由于读和写的通道成功打通，读书能力就会变成写作能力，学生就会尝到读书提高写作的甜头，作文在不知不觉中就会越写越好。

与此同时，《北京晚报》还专门为人大附中开设了读书随笔专栏，孩子们的多篇文章在晚报专栏以及《中国政协报》《中华儿女》等报刊杂志上发表，同时有3家出版社为孩子的作文出版专辑，畅销全国。中考时，孩子们如虎添翼，身手不凡，一举取得海淀区的最好成绩，周展平同学语文总分118分，作文满分，摘取了中考状元桂冠。

六、已发表的读书笔记范文

平时每周布置一篇读书笔记作业，择优打印范文，年级共享。从已出版和在报刊发表的文章，不仅可以看到孩子作文的进步，而且可以读出他们心中的感动、深入的思考以及生命的成长。

1. 致晓霞

韩书俊

晓霞姐：

现在的你，或许已转世，或许仍在尘世逗留——无论怎样，我想你都可以安心了——少平一切安好。尽管添了道伤疤，但这只会使他的思想更加成熟。他现在是无论如何也不会成为你曾经说的那种庸俗的小市民了。至于你的亲人，他们会悲痛一段时间，不过不要内疚，这是难免的，但他们终是为你骄傲的！

也许，你也曾后悔？那跳入水中的一刹那，将你和少平、和美好的青春与前途、和一切的憧憬与一切的希望隔绝两界。那个动作对你来说是种本能——若你能置那个孩子被山洪吞没于不顾，也就不是你田晓霞了。我们很难说这到底值是不值——以命换命啊。但如果你地下有知，你就不会因此而后悔。依着你的性子，必会在断魂洪水时潇洒地道一声"别了"，然后豪爽地端起孟婆汤，一饮而尽。人生如梦，前世的红尘早已灰灭——来生，走好吧。

你不必担心少平的爱情——时间会替他掩埋你逝世的伤痛。他不会因为你的离去而贻误终身——这也是你希望看到的。以他现在的思想高度，他会生活得很幸福。

所以，安心走吧。生老病死，人之常情。在这个平凡的世界，一个平凡的女孩的逝去是多么微不足道，你深知这一点。希望能走的洒脱。

那么，去吧。

祝天堂的你

幸福快乐！

人大附中一学生

2. 哭吧，少安！
——《平凡的世界》读后感

陆天明

少安被批斗了。烦恼、迷茫、痛苦在他内心像洪水般泛滥。一切都太苦了，太沉重了，他无法再承受这生活的重压。在我看来，少安的生活中充满了苦。

少安第一苦，家境贫苦。从小到大，二十三年之中，他没吃过几顿好饭，没穿过一件像样的衣服，没过几天快活日子。六岁就跟着父亲干农活，不能和小伙伴们亲密地厮混玩耍。他们家上有老，下有小，只有爸爸一个劳力支撑着这个家。他是长子，所以从小他就意识到，他要为他们家付出和分担。

第二苦，失学之苦。在少安短暂的六年求学生涯中，他以优异的成绩证明了他能考上中学，可是家境的每况愈下，弟弟在村里上学的事实，使他感到父亲再也不能供他上学，不用父亲开口，他就主动提出辍学回家劳动，供弟妹上学。"他们念成了和我念成一样。""只要他俩有本事，能考到哪里，咱也挣命供他们。"他说这话时只有十三岁，仅比我大两岁。虽然他是多么不情愿中断学业，但是他又是多么想为父亲、为这个家心甘情愿地牺牲自己。

第三苦，爱情凄苦。他从小和润叶一起长大，青梅竹马，但少安一直不敢接受润叶的爱。因为少安太穷了，地位太低了。在当时的社会中，跨越地位的婚姻是不可能的。但是尽管少安回避这份爱还是被眼尖的田福堂发现了。于是他公报私仇，居然抓住了一个把柄批斗了少安，让他名誉扫地。而这，就是田福堂"用铁的逻辑"给他论证了他俩爱情的不可能。少安爱润叶，但他只能把爱深埋在心底。

少安年轻的肩膀上已经压上了生活的重担和家庭的责任，而另一个肩膀上又附加了这份没有结果的感情和巨大屈辱。他实在承担不起，他哭了，他想到了死。可是对亲人和家乡的热爱及他成熟的思想和家庭责任心把他拉了回来。我仿佛看到了路遥的影子，回忆起他的生平：他曾几次自杀未遂，其中不乏有相同的原因，但少安比路遥更完美，他没有自杀，而是哭过一场后，重新树立了活下去的信念。

哭吧！少安，哭，不是懦弱的表达，而是痛苦的排遣，压力的释放。你是个"好受苦人"，你了解生活的苦难，你知道珍惜，你意识到责任，你更了解生活的意义。正是这样的痛苦历练将你锻造成一个坚强的男子汉，一个家庭的顶梁柱，一个出众的庄稼人！

3. 让人忍俊不禁的喜剧
——读《平凡的世界》

田向宇

在《平凡的世界》结尾处的几个悲剧前，还有一段充满快乐的时光。

首先是大家都知道的：少安的砖厂重新开张，少平走出失恋的阴影。

然后是大家可能忽略的，或者没有重视的：

喜剧1——少平遇外星人：在这本书中，能出现这么个情节，也够让人震惊的了。而且路遥笔下的"外星生物"也太像个"外星生物"了，在此对作者的想象力表示钦佩。不过，虽情节有些荒唐，但少平与外星人的对话很有深意。即使这是场梦，少平也是通过这场梦才走出失去恋人的阴影。

评：这个世界无奇不有。

喜剧2——古风铃换壶：古风铃妻子买了个漏壶。要别人也就换个壶算了，可这位大诗人玩出了新花样：写信上诉，最后还写诗骂两句，搞得市委书记田福军亲自去询问一趟。最后古风铃不但换了新壶，还赚了几块稿费。还记得在明朝有种和他极其相似的职业：御史（言官）。他们的主旨都是：你敢整我，我就骂你。

评：告状纸的力量不可小觑。

喜剧3——田海民送鱼：田海民为改变他们夫妇俩吝啬的形象，说服了"女强人"妻子，决定给村民们送鱼。村民们因为没见过鱼，就有了各种各样的做鱼方法，堪比当今大酒店。吃鱼的结果很喜剧化：几乎所有人都被鱼刺卡住了，传统去鱼刺"药物"——醋，也被喝个精光。而田海民夫妇也没有使自己形象变好，更因此招来骂名。

评：我理解了"弄巧成拙"。

喜剧4——金光亮丢蜂：金光亮那被他炫耀来炫耀去的宝贝财神爷意大利蜂终于逃跑了，找蜂时更是大喜大悲：刚找到，又跑了。但有意思的是他那两位同族人的媳妇的样子，可以概括为"三兴"：兴致勃勃、兴高采烈、兴（幸）灾乐祸（凑个数）。实在可笑。

评：不低调的报应吧？

除此之外，还有孙玉亭飞鞋事件、张有智吃药事件等等，有兴趣的同学可以再翻翻看看这些有意思的"喜剧"。

喜剧的作用远不如悲剧：不能像悲剧那样感人，不能像悲剧那样给人留下深刻的印象，更不能像悲剧那样令人汲取巨大的精神力量。甚至来说，喜剧不如悲剧"经典"。但喜剧的长处正是悲剧的短处：欢快的气氛。

正如网络流行语所说：人生就是个悲剧。在悲剧的生活中又总是看悲剧，那你岂不是悲剧了？喜剧虽然文学价值不高，但也的的确确是生活中的必需品。喜剧能让生活更加丰富多彩，能让在悲剧中的我们添加一丝欢笑。

最后套用一下《明朝那些事儿》中很经典的格式：

"生活中不是缺少美，而是缺少发现美的眼睛。"——这是罗丹说的。

"生活中不是缺少喜剧，而是缺少发现喜剧的眼睛。"——这是我说的。

4.一本诠释了不平凡的书
——读《平凡的世界》

王庭萱

《平凡的世界》一书，无论是从文字、情节、人物上看，都实在很平凡，这里没有华丽的书名，没有跌宕起伏的情节，更没有一些小说中常有的"怪人"或绝世英才，可这本书却那样不平凡，因为它诠释了不平凡。

不平凡，并不是像许多人想的那样，是指那些身体上与他人不同的，像姚明，而是指人的精神，人的心灵。

说起不平凡，就不可避免地说到书中的主人公——孙少平。很多人并不认为他不平凡：贫苦的出身，只读完了中学，便进城当了揽工汉，后来又当上了矿工，直至后来救人受伤，他的经历太平凡了——虽然可能见过外星人，但也不能说明什么。但是，如果你也这样认为，那可大错特错了。当跛女子侯玉英当众揭穿他和郝红梅的"关系"致使郝红梅离他而走向班长时，就连他的好朋友金波都咽不下这口气，想帮少平打抱不平，用拳头教训班长一下，而少平却默默接受了事实——平静地。

当侯玉英落水时，当郝红梅偷手帕被发现时，你如果是少平，或许会想到那句经典名言——"君子报仇，十年不晚"吧？于是，你对着被洪水卷起的玉英做个鬼脸；在教室里恨不得让每个人都知道红梅干的事……可少平是怎么做的？奋不顾身救起侮辱他的玉英，自己给红梅垫上了钱，还掩盖了事实。这需要一颗多么宽容的心，而这颗心是多么的不平凡？

不止如此，当他上完中学，当过老师，面对生产责任制实施的机遇——他，如果你我是他，或许会安分守己地为粮食奋斗吧？而他却没有，他要去大城市去寻找属于自己的世界。是的，在那里他举目无亲，也没有朋友相助，他只能当一个社会最底层的靠卖苦力为生的揽工汉，过极其艰苦的生活，而且"吃完这顿还不知有没有下顿"，有时甚至连揽工的活也找不到。但他来了，他加入了"流浪打工仔"的队伍，露宿街头，等待"救世主"般的包工头。揽工的艰苦往往是读书人受不住也无法想象的,可少平坚持下来了,脊背压得血肉模糊,身上青一块紫一块,他还是坚持下来了,这需要多么不平凡的坚韧顽强的决心和毅力啊!

后来,他偶然成为了一名煤矿工人,面对可怕的工作环境,他没有像趾高气扬的富家子弟那样退缩,他没有一天逃工,而是努力地劳动,赚走了整份的工资,而与其他新矿工只能卖手表、卖箱子维持生活相比,这多么不平凡!更不平凡的,是他对这万人鄙视的工作的出奇喜爱,在体检不合格时是那么担心!最不平凡的,是他的舍己救人。如果当你我看见一个井底挖煤协议工有危险时,你会不会嘴巴张得老大,脸上装出一副同情而惊恐的表情,心里却庆幸不是自己?而少平,或许知道救人的后果——成为白痴、独眼龙、生不如死地活着或长眠于地下。可他依然奋不顾身地冲向那工人,解救了别人,让自己受苦,这多么不平凡?!

回顾全书,字里行间都在诠释不平凡,在少平之外,还有润叶、润生、少安、向前、兰香、金波……一件件平平常常的事,一个个平平常常的人,由于有了不平凡的精神,全书便有了摄人心魄的力量,从而成就了当代文学的精神丰碑和卓越经典。

第五章　以读促写，作文精彩

【点评】

面对《平凡的世界》刻画的上百个人物，文章只瞄准了一个"少平"；面对洋洋百万字的鸿篇巨制，作者抓住了它的精髓——"诠释不平凡"，并开宗明义指出这不平凡在于"人的精神，人的心灵"，这不能不让人佩服作者的笔力和眼光。

接下来，通过少平坎坷的人生经历，从四个层面揭示少平的精神和心灵的不平凡——默默承受感情挫折的平静忍耐，救助伤害过自己的人的宽容大度，当揽工汉独闯天下历尽磨难的顽强不屈，以及成为矿工后所表现出来的种种不平凡。尤其写他成为矿工之后，由面对可怕工作环境的勇气，到对常人鄙视的工作的热爱，再到舍己救人的无私无畏，浓墨重彩、层层深入诠释了不平凡的深刻内涵。

更值得一提的是，在写少平时，小作者多次把自己和他人融入其中："你如果是少平，或许会想到那句经典名言——'君子报仇，十年不晚'吧？于是，你对着被洪水卷起的玉英做个鬼脸；在教室里恨不得让每个人都知道红梅干的事……""如果当你我看见一个井底挖煤协议工有危险时，你会不会嘴巴张得老大，脸上装出一副同情而惊恐的表情，心里却庆幸不是自己？"通过对比衬托，突出了少平精神的不平凡、心灵的伟大，提升了文章的认识价值。

《一本诠释了不平凡的书》值得一读。

5. 血色残阳
——读《李鸿章传》

马子麒

龙印落下去，落下去——在不平等条约那一张张、一叠叠微黄的纸页上，留下永久的印迹——几千年来不变的古老字体。失去了它的威严与尊贵，空剩下华丽。落下去，落下去——国人都感得到它的份量，它的沉重——一次次让泪流到心里。

海浪卷起来，卷起来——在甲午曾经的战场上，在我们留下了耻辱，血染的海面上——吞噬着历史的遗迹。只是平静地一起一伏，落日为它留下波光粼粼。又一次被染红——没有炮火硝烟，只有残阳血色——安然凭吊血的回忆。

不要背过脸去！你的肩上担了更多的责任。的确，你也没有回避。你在做——淮军，洋务，外交……奏折里还能依稀望见你眼中的忧虑。这其中哪一件事有不让人倾尽心力？况又在如此乱世，国已如此，又能怎样？本就让人心力憔悴的工作，加之国内、国外施加的压力，你却从未倒下去。外国人只知道有李鸿章，而不知有大清朝廷！（"西报有论者曰：日本非与中国战，实与李鸿章一人战耳。"）虽可能夸张些，但在当时一群"徒知画疆自守"的官僚中，你一人却的确相当一朝的能力——不，朝廷的不信任，政敌的攻击，天下士子的不理解……你却从来踏实做事，做一朝的事，从未有一句空话也从无一日休息。

你只是普通人中的英才，而非"造时势之英雄"。要完成这些，非是鞠躬尽瘁而不能。甚至你可以选择死亡，但你从未想过——你不是那样的人,空谈国事而临危一死的"忠烈";一国的责任,民族的责任,沉沉地压在你的身上;重重阻碍与对你的批驳攻击,也只压在你的心里——你从不会被压垮——即使重量早已超出人力的极限。你依然屹立,无非多了苍老与憔悴。你不会抛下这所有而自享安乐,也不会找到更好更轻松的办法;你从不会想到那些。

飘着银色的须发,微弓着身,将天际的残阳托起。眼中是什么?含着泪,闪着老臣的坚毅,忧虑,政治家的谨慎,机警,也有无力回天的淡淡无奈。太复杂,太深的城府让我们看不清也道不明。但又怎样?你依旧撑住了大清的天地。这其中的苦难艰辛,你没有流血也没有流泪。但你的血泪却分明已将天际染成模糊的深红。残阳已经要落了,你仍不懂得逆转它的根本,却还无怨无悔地延长着它的寿命,即使已是苟延残喘。

终于会落下去,只一抹血红。谁看着这凄美的残红能不感伤呢?能不痛彻心扉呢?但是,却流不出泪,而只能一滴一滴地让心流血。天边,那是华夏民族的血啊!华夏子孙身上的血与它交融,融进残阳中,融进不能改变的历史中:

"劳劳车马未离鞍,临事方知一死难。

三百年来伤国乱,八千里外吊民残。

秋风宝剑孤臣泪,落日旌旗大将坛。

海外尘氛犹未息,诸君莫作等闲看。"

放手了!死前,仍坐在谈判桌边。毛笔依旧在纸上优雅地飞舞。一手好字,一口好诗,一个忠臣,此时望着眼前一片高高在上的异国人,却不能无憾。

手微颤。那双手曾写下"丈夫只手把吴钩，意气高于百尺楼"，写下年轻时的一腔热血，求仕时的满怀热忱……

放下手来，太仓促，还没能安顿好自己的国家和人民。做了一生的事，却终也还未能做完。不知国家之根本，没有中兴之力啊！只知全力撑起一片天来，凭黑暗一点一点吞噬最后血染的天与血色的残阳。

常看落日，眼前总又浮现出"秋风""落日""孤臣"。血色残阳，那也是我的血！再不悲也再不惋惜，这一幅画面，似乎早已定格……

【点评】

从《血色残阳》中，我们可以感受作者的呼吸，触摸作者的心跳。"龙印落下去，落下去"，一个"落"字，写李鸿章的无比沉痛也写自己的情感沉重。"海浪卷起来，卷起来"，一个"卷"字，写李鸿章的不堪回首也写自己的惊悸莫名。"秋风宝剑孤臣泪，落日旌旗大将坛"，透过李鸿章的满腔悲慨的绝命诗，小作者走进了历史人物的心灵。"中国俗儒骂李鸿章为奉桧者最多焉。……出于市井野人之口，犹可言也，士君子而为此言，吾无以名之，名之曰狂吠而已。"（梁启超）当今亿万学子身陷考试泥潭无力自拔，对窗外事茫然无知，对历史一片混沌。本文作者却能够走进波诡云谲的历史、走进如此复杂的历史人物，去思考民族命运，这真是一种智慧的人生。中国还有如此青年，自然是一件幸事。

6. 红军中的小人物
——读《长征》有感

杨靖云

阅读《长征》，让我们记住了像毛泽东、周恩来这样统领三军、运筹帷幄、为长征的最后胜利起到重要作用的伟人，也让我们记住了像吴焕先、许士友那样身经百战、英勇抗战的将领。但是，最让我们不能忘怀的，还要数长征途中，那一个个像小草一样不起眼的小人物，虽然他们默默无闻，普普通通，但事迹甚至比那些著名将领的丰功伟绩更加感人，更加令人敬佩。

战斗中，他们不怕牺牲、舍生忘死。在红二十五军被包围时，一颗手榴弹在小司号员程玉林身边爆炸，他的下巴壳被炸飞，头部顿时血肉模糊，但在生命结束的几秒种前，这名小司号员仍然不忘向敌人再投出两颗手榴弹，去多杀几个敌人，然后才停止呼吸。正是那渗透在骨髓之中的坚强意志，才使他在生命弥留之际还将最后一滴血也投入到革命之中。在攻打泸定桥时，杨成武带领的22名突击队成员，最高级别也只是连长，但正是他们日夜兼程，不知疲倦，冒死冲锋，顶着枪林弹雨冲破了敌人的封锁线，才成功地夺取了泸定桥；也正是他们一往无前，不怕牺牲的冲锋陷阵，才使红军队伍避免了被四面包围，拒绝重演古时石达开被覆灭的悲剧。然而，这其中的17名战士却连名字也没能留下。

生活中，他们大公无私、舍己为人。过草地时，上级命令任何重量大且不必要的物品一律卸下，而炊事班长却说："没有锅，战士们怎么吃饭？"在那个连性命也很难保全的时候，那位班长想到的不是自己的性命，而是别人的吃饭问题！由于过度负重和饥饿，炊事班长最后死在了草地中。虽然他不是在战场上冲锋陷阵的战士，但同样为长征的胜利作出了自己应有的贡献。在爬雪山时，一名士兵冻死在一棵大树前，穿着单薄的衣服，手指前方。当将军愤怒地要找军需处长算账时，他的警卫员颤抖着说："他……他就是军需处长。"……从炊事班长到军需处长，从战地医生到普通战士，他们有衣服舍不得穿，有食物舍不得吃，在自己的生命不保时，仍为他人着想，这样的品格着实令人感动。

危急关头，他们挺身而出、大义凛然。红军攻打腊子口时，复杂的地形和两侧的绝壁使他们数次正面进攻均告失败，面对如此绝境，一个叫"云贵川"的战士勇敢地站了出来："只要有钩子和绳子，我就能攀上这堵绝壁"。正是由于这名小战士的英勇举动，才找到了进攻的突破口，为夺取腊子口、取得最后的胜利奠定基础。还有舍身勇救毛泽东的胡昌保，他的牺牲感动了所有在场的人，毛泽东也流下了眼泪。在残酷的战争中，如果一支军队的每一个成员，在危急时刻都以敢于献身的精神挺身而出，那么，这样一支军队会是一个多么强大的军队啊！

在红军里，还有很多很多这样的小人物，他们是普通和平凡的，但正是因为有了这千千万万平凡而又普通的红军战士，才有了这样一支战无不胜的踏遍半个中国的红军队伍，才有了长征这样前无古人、后无来者的世界奇迹，也才有了毛泽东"更喜岷山千里雪"的壮美诗篇和今天在共产党领导下的新中国！

我们永远不会忘记他们，历史也将永远记载他们！

7. 惊天地 泣鬼神
——读《决战朝鲜》有感

蔡铭轩

打开《决战朝鲜》，映入眼帘的就是两个人的照片：彭德怀和麦克·阿瑟。我之前对朝鲜战争没有多少了解，甚至谁赢了都不知道。唯一一点就是从课本中知道毛主席的儿子毛岸英在朝鲜战场牺牲了，其余一概不清。可仅仅打开《决战朝鲜》随便翻了一下，就被这本书震撼了。

志愿军战士们究竟是抱着怎样的信念冲上战场的？而我们伟大的毛主席是怎样下定决心，在建国之初国力极其贫弱、武器装备极其落后的情况下，即让小米加步枪的战士与有先进武器的美国人对抗的！我们的战士在那样艰苦的条件下，是如何生存的？

这一场仗打得惊天地，泣鬼神。一个个不顾生命为国捐躯的战士把敌人打得抱头鼠窜。这一场战争打得震五洲，惊四海。中国人的勇敢与无畏让世界上其他所有国家都倒吸一口凉气！

这是中华民族积累了百年的仇恨，这是中华雄狮的怒吼，这是一场改变民族命运的抗争，这是一场维护民族尊严的决斗！"我们中华民族原有伟大的能力。压迫愈深，反抗愈烈，蓄之既久，其发必速。我们一定要拼命地向前！"这是1919年的毛泽东即代表中华民族发出的冲天怒吼！

中国，这个有五千年历史的国家若真的愤怒了，十三亿人能把地球翻转过来。

这部书有着振奋人心的作用，更能让人们清醒地认识到国家现在的状态。如果说现在的中国像一只绵羊，那么抗美援朝时的五十年代的中国就是一只勇猛无畏的狼。

　　想当年，美国还没打到中国，就被英雄的志愿军打得落花流水。可如今日本抢占中国岛屿，中国人却只能含蓄地表示"不满"；面对逼到眼皮底下的一次次嚣张军演，中国人只是忍气吞声；面对某大国居心险恶的战略包围，中国人也只是一味地"韬光养晦"。

　　中国再也没有当年那种"压倒一切敌人，而决不被敌人所屈服"的气势了。几十年的和平生活，销蚀了一个民族的英雄气概；对物质享受的盲目追求，使威武不屈的民族精神荡然无存，"老虎不发威，你当我是病猫？"是对近代中国历史最好的诠释。可如今，似乎只剩下"一旦发威反被别人打败"的胆怯？

　　读这部书，不仅是对历史的回顾，更多的应该是现实的思考。

8. 在烈火中永生
——读《决战朝鲜》有感
周展平

　　烈火在草丛中烧，无情地燃烧着战士的躯体。你没有动，任凭火焰吞噬你的身躯，你也咬着牙一动也不动。因为你要为五百名战友的生命负责，你的名字家喻户晓——烈士邱少云！

声音在高地上吼，洪亮的怒吼祭奠着烈士的英灵。你们冲锋，不畏火舌飞向你们的身旁，你们拼了命冲锋再冲锋。因为你们要为牺牲的战友报仇。你们的名字非常响亮——中国人民志愿军！

你没有白白地牺牲，你换来了战友们的巨大胜利，在你下定决心的那一刻，你一定十分痛苦。你要选择抛弃你的亲人，你的战友；一张张图片在脑海中浮现。况且，你没有光荣地死在冲锋的路上，而是要做无名英雄。又有谁会记住你？没有人。

但，你错了，五百名战友会怀念你，千千万万中朝人民纪念你，历史会铭记你。你无私英勇地奉献，虽然没有死在冲锋的路上，但你的死有更崇高的意义。安息吧，烈士，你应该无憾，而为自己骄傲、自豪。

大笔落下去，落下去。一行遒劲的大字刻在了三九一高地的绝壁上。墨迹洗刷了鲜血，但鲜血因这行字更加神圣。

毛笔写下去，写下去。三个刚劲的汉字印在了普普通通的停战协议上。字体成为了历史，而历史会将这字永远自豪地铭记。

你看不到三九一高地上的大字——为集体、为胜利自我牺牲的伟大战士邱少云同志永垂不朽；你看不到朝鲜战争停战书上作为胜利者签下的三个大字——彭德怀；你也看不到后人为纪念你而创作的成千上万本书、影片。

但你作了正确的决定——一动不动，直至死亡；你成功地为五百名战士的生命负责；你用最平凡但最振奋人心的话语鼓励在场的所有人，"胜利是我们的，我不能完成任务了，代我多杀几个鬼子。"

你为所有中国人做了榜样。你是真正的中国人!

但你是否知道,现在的形势并不乐观?美国和其他西方国家不断发动战争,掠夺资源,抢占地盘,实行战略包围;在国内,不断有分裂分子进行破坏,企图分裂祖国;而当代国人只知看别国的热闹,没有危机感,不团结,不进取。再这样下去,最后我们看的只有自己的热闹了。

战火在燃烧,声音在高叫。东方雄狮的去向,让历史与未来去鞭策吧……

9. 一个像春天,一个像秋天
——读《野葫芦引之二东藏记》

张雨辰

澹台玹,孟离己,两个好听的名字;玹子,峨,两个如花的少女。她们本是表姐妹,有着相似的家庭背景,却一个像春天,一个像秋天。

像春天的是玹子。她如一年的伊始,充满着朝气。她对一切都有着浓郁的兴趣和好奇。她是一个长不大的孩子,床上堆满的洋娃娃充分说明了这一点。她总是打扮得花枝招展,如同春日一般绚烂。

但她是否有些太重视物质的享受?日军入侵北平时是她还想着要参加舞会,孟家移居腊梅林时是她还坚持着穿旗袍、短袜，参加各项活动时也是她被称为"大小姐"。

可她终究还是爱国的。她没有去美国领事馆也没有留校任教，而是选择了无趣的云南省府的翻译工作——为了给抗战作点贡献，或者，按她自己的话说，报那"刺刀割衣"之仇。

那么，像秋天的自然是峨了。名字里便带个"离"字，总让人联想起柳永的"多情自古伤离别，更那堪，冷落清秋节。"沉默寡言的她，确也有着几分那份只属于秋的孤傲与清高。虽然没有峪的灵巧可爱，我却独喜欢她的冷漠与倔强。

可，她的性格是不是有点过分了？小娃叫灵已峪，却称她为姐姐，她十二岁时为了不给峪鸡蛋而将它们生生捏碎，她遇到看不惯的事就尖刻地指出……

然而她也是爱国的，甚至可以说，她对于祖国是怀着满腔热情的。她积极参加抗日活动，听讲座，以她独特的方式对那些哪怕只有一点点偏安倾向的人不屑一顾。

澹台玹和孟离已，两个截然不同的人。她们一个像春天，一个像秋天。若是要我选，我想我会选孟离已，并非是因为看不惯玹子的些许放纵，只是纯粹地出于对峨的我行我素的喜爱与向往。

有时我会想，如果孟离已晚生几十年，她也许会对玹子清唱那一曲那英的"也许你不懂我伤悲，像白天不懂夜的黑。"

10. 定
——读《明朝一哥王阳明》
季北辰

读《明朝一哥王阳明》时，我为他一介文官竟能剿灭宁王数十万叛军谋反而称奇，我为他的学生成为各个领域首屈一指的人物而惊叹，也为他的思想流传数百年而不衰，影响着中国乃至世界历史上举足轻重的人物而叫绝。然而一书读毕，我印象最深的却不是他军事上的才能或政治上的谋略，而是定。

定，"泰山崩于前而不变色"的心定，"淡泊名利，宁静致远"的安定，相信"圣人必可学而至"的坚定。王阳明在我的心目中总是一个气定神闲、处变不惊、光明磊落的形象。

身处乱世，王阳明的周围充满了险恶。佞臣当道，乱臣谋反，心中的定力却使他一次次化险为夷。雾气蒙蒙鄱阳湖水上，远远望去，一片白帆与水天融为一体，无边无际。王阳明的手下只有几万拼凑出的军队，而重赏之下，宁王手下异常凶猛的叛军来了，炮舰震耳欲聋的爆炸声威慑人心。遮天蔽日的弓箭和碎片隐没了阳光，却震慑不了王阳明。他在鄱阳湖的座船上指挥若定，泰然自若，在劣势中因心战取胜。终于，他用拼凑的部队打败了宁王的精兵。心定使他处变不惊，用良好的心态打败了对手。

步入官场，他渐渐觉出了官场的险恶与黑暗。阉党专权，大量的官员被贬，他在上疏后，被远谪龙场。他没因名利的得失消极、沉沦，而是安定下来，自愿讲学，为偏远山区的人们传播知识。而在贬谪的痛苦中,他利用此时的宁静沉思着真理,不因浮华的逝去而悲哀。淡泊名利的安定使他最终迎来了曙光:心即是理。在偏远的无人问津的山区,在荒凉而孤寂的恶劣环境中,他迎来了光明。"文王拘而演周易,仲尼厄而作春秋……"伟人常是在艰难困苦的环境中炼就的,王阳明亦是如此。他在一片寂寞中终于明白了人生的真理,在一无所有之时用自己的定力求索到了向往已久的光明,达到了所求的境界。

　　如果说为官的他只是使明朝的苟延残喘得以延续,那么他对"成圣"的坚定信念则对中华思想史有着深远的影响。他的一生以成圣为目标,追求真理,追求光明,始终不渝。他的为圣不仅是"独善其身",还是通过传播光明兼善天下。传播光明的道路是艰辛的。在程朱理学为正统儒学的时代,心学自然不会受到官方的认可。然而,他不在乎官方是否认可,他的目标是让更多的人接近真理。别人以做官为目标,他以传播真理为目标。以他的能力与才学,入阁拜相也不成问题,而他却志不在此。他用人格力量感化那些仍存善心的"恶人",用过人的智谋,为国家的稳定作出了贡献。他希望看到的是人们心中的良知都苏醒过来,而不是为了官场上的得失。如果人人都能"致良知",不知世上会少多少杀戮,多少悲剧。因此王阳明用自己对"人人皆可为圣"的坚定信念,照亮着、点燃了他人心中的光明。

　　"定",是一种心态,一种境界,一种信念。王阳明的"定",让我看到了一个宁静、安详、心中有定力的王阳明。这样的"定",造就了中国哲学史上独一无二的王阳明。

第六章

整本书阅读的评价方法

在教学中，我们不断探索、改进、创新整本书阅读的评价工作，逐渐形成了一套以"过程性评价"为主，并兼顾"考试评价"的方式，有力推进了全校学生的阅读活动。

一、过程性评价为主

阅读是个性化、创造性的学习活动，面对同一部著作，每个学生因为性格禀赋、阅读经验、人生经历的不同，会有不同的阅读进度、阅读兴趣点和阅读效果。而以知识为核心的标准化考试难以对学生的阅读情况做出有效评价，甚至会伤害学生阅读的热情，所以在名著阅读过程中，我们对学生的评价主要是过程性评价。

名著阅读的过程性评价内容，不仅包括对学生阅读进度、参与度的考查，也包括对学生整体感知、合理解释名著内容的考查，更有较高层次的对学生联系名著反思自我、反思现实的评价，对名著内容、艺术特色进行创造性评价的再评价。

在引领学生开展整本书阅读的活动中，我们在评价方面做了一系列的尝试，主要包括课堂上的**表现性评价**、**读书笔记的反馈性讲评**、**读书笔记的范文讲评**等等。其中，**读书笔记评价**是整个名著阅读过程中最基本、最核心的评价方式，对推进名著阅读活动起着至关重要的作用，贯穿人大附中阅读名著活动的始终。

1. 读书笔记作业评价

  我们始终坚持读写结合的做法，要求学生每周写一篇读书笔记，周一上交。通过批阅，大体了解学生的阅读数量、阅读态度及对作品的理解程度。在批改时采用定级评价的方式，具体操作为：依据读书笔记的质量，分别给予5分、5+、5++和范文四个等级，分别记2分、3分、4分和5分的成绩。每一次评价均记入"日常名著经典阅读成绩记录表"，作为"名著经典阅读十佳"评选依据，学期末累积起来以30%的权重计入学期总分。

  对每次读书笔记作业，我们都进行整体记录和评价：哪些同学在名著内容的整合上有进步，哪些同学在人物的品评上有独到之处，哪些同学在名著艺术手法的鉴赏上胜人一筹，哪些同学在联系现实反思自我上融会贯通，只要是在一个方面有突出亮点，哪怕是一句感受的话写得精彩我们也大力表扬。比如有同学在读《决战朝鲜》时写道："那一段文字，一口气看下去，兴奋得喘不过气来……"我们对学生这种充满感性的文字高度评价，目的就是引导孩子们真正带着热情走进名著的世界，去亲近名著带给我们的情感思想世界。比如用小诗鼓励学生写读书笔记，赞美课代表高可心同学："可心可心，端正可心。钟灵毓秀，蕙质兰心。天赋异禀，玉壶冰心。头雁领飞，群雁归心。"还赠诗杜码同学："杜码杜码，为人不嘎；认真踏实，从不戏耍。杜码杜码，绝不松垮；事事仔细，慌张在哪。杜码杜码，能耐不假；加起油来，一个顶俩。杜码杜码，学贵有法；背诗如流，眼也不眨。杜码杜码，无关能卡；成功路上，困难能咋？"这些质朴甚至有些俏皮的评价让全班同学都燃起了名著阅读的热情，其实"读书是最低门槛的高贵"，我们一直认为读书笔记会使学生的情感思想境界有普惠式提高，只要孩子们捧起一本好书，他就站在了巨人的肩膀上！

对于必读书目，因为每个学生的阅读趣味、生活经验不同，写读书笔记的进度、热情就会出现一定差距，这是名著阅读教学的必然现象，换个角度说，这也是名著阅读教学魅力所在，因为它促进了学生的个性化成长和创造性成长。所以，对读书笔记除了进行全班讲评，我们也特别重视与学生进行个别交流。聊书中人物、故事、情感、思想，聊学生家里、班里发生的各种事情，不知不觉地帮学生建立起与名著的精神桥梁，给他灵魂的震撼，带他走进名著的世界。有一次我们布置了一次作文题目《也是一堂语文课》，有同学就记述了老师和他关于《四世同堂》的一次对话，是老师满怀真情的高度认可使他真正爱上了阅读。当然，老师也会与阅读态度不够认真或阅读量过少的学生进行沟通交流，并提出合理建议。

这样，通过读书作业的有效评价，同学们改变了"名著不是课本，可读可不读，可写可不写"的旧有观念，真正走进了"大语文"的学习视野。

2. 读书笔记范文讲评

阅读活动开展之初，同学们的读书笔记还停留在简单的"摘抄鉴赏"阶段，慢慢地就开始写整篇的文章。面对大量的读书笔记，教师不能只简单随意地表扬先进，指出不足，应该就一次或一段时间以来学生读书笔记的优点和问题，进行系统整理分专题讲评，否则范文讲评就容易失之于宽泛，失之于随意。我们经常聚焦的专题有：**内容理解问题**、**写作角度问题**、**章法问题**、**写作态度问题**等等。所以，范文不是随便选的，每次"示范"的角度都有较强的针对性。

范文专题讲评也不限于对范文本身进行评论，这属于"写后指导"，我们还将目光触及学生读书笔记写作的整个过程，对学生"写前"准备情况、"写中"构思过程、"写后"修改情况进行全面的评价和指导。

具体做法是，首先由老师选出范文，然后让作者就写作准备情况、写作构思及修改过程作出介绍，充分调动同学们的积极性，展开生生互评。当然互评的角度有时候是庞杂的，老师要允许和鼓励学生从各个角度评价范文，但也要适时引导学生从某个专题角度切入分析，从而把讨论引向深入，及时解决同学们读书笔记写作中出现的问题。

比如初读《红岩》时，我们发现学生不会取读书笔记的题目，专门制作了微课——"好题目，好角度"，引导学生讨论这个问题。在课堂上总结出了命制题目的五个角度：（1）着眼人物线索，如《小萝卜头——今天的幸福生活也属于你》《天生的叛逆者》；（2）着眼物件线索，如《红梅花儿开》《渣滓洞里有五星红旗》；（3）着眼事件线索，如《胜利大逃亡》《黎明前的越狱》；（4）着眼感受线索，如《深深的感激与崇敬》《感受过去，珍惜现在》；（5）着眼主题线索，如《正义与背叛》《血脉中流淌的忠贞》。同学们看到自己拟的题目出现在了老师的微课中，写读书笔记的热情也更加高涨了，全班同学读书笔记的拟题能力也大大提升。

总之，范文是学生写作的"最近发展区"，范文讲评是推进名著阅读、提升读写能力的关键一环。在我们的激励引领下，学生读书越来越投入，读书笔记写作越来越精彩，近几年来同学们创作的读书笔记已经结集成册，出版了《人人附中学生这样学语文：走近经典名著》（中国青年出版社，2015年1月）。

二、功能化的考试评价同步兼顾

考试评价的作用在于积极推动和正确引领整本书阅读，不恰当的考试评价却恰恰相反。比如这样的考题，"监狱之花出生后谁第一个抱起她并亲吻了她？""华子良在狱中装疯几年？""渣滓洞中现在的特务头

第六章 整本书阅读的评价方法

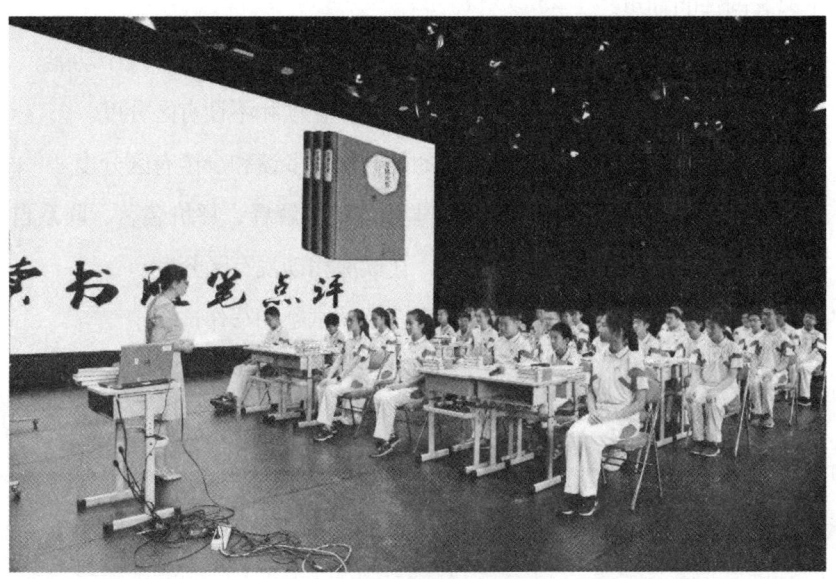

许晓颖老师作《悲惨世界》读书笔记点评示范课。

子是谁？"等等，学生熟读《红岩》也不一定都能答上来。经过这样的考试，《红岩》已不再是名著经典意义上的《红岩》，而是贴着名著标签的命题材料；读书也不再是读书，而是寻找知识点的训练。名著的精神、灵魂早已远遁，只剩下支离破碎、满地狼藉的知识垃圾，完全背离了名著阅读的初衷。

针对以上问题，我们力求让名著阅读考试评价体现以下几个功能。

其一，让学生自己"再现"原著内容，让读和不读有区分度。

其二，考查学生读"整本书"的能力，让多读和少读有区分度。

其三，设置层级评分标准，对学生理解、解释、评价名著，联系自身、联系现实的反思能力作出评价，让读深和读浅有区分度。

整本书阅读的考试评价主要体现在阅读试题和写作试题中。

1. 在简答题中评价

【题1】阅读《红岩》中的几副对联，按要求回答问题。（4分）

是七尺男儿生能舍己，
做千秋雄鬼死不还家。

斧头劈翻旧世界，
镰刀开出新乾坤。

歌乐山下悟道，
渣滓洞中参禅。

看洞中依然旧景，

望窗外已是新春。

这几副对联各展现了革命先烈的哪种精神品质，请分别用四字短语加以概括。

_____ _____ _____ _____

【题2】阅读《红岩》节选，回答问题。（6分）

　　探照灯追赶着逐渐分散的人群，流弹不断划过夜空……忽然，光柱扫向_____，不断地把他罩住。可是，他并不躲避那灼目的光亮，反而停住了脚步，挺立在光柱之中。他看了看渐渐远去的战友，从容地转回身来，面对着射向他的无数弹流。他以蔑视的目光，俯瞰着山脚下的敌人，崛立在一块巨大高耸的岩石上，吸引着全部毒弹的袭击，他决心让自己的战友们赢得时间，转危为安。

　　"扫射吧！"他把双手叉在腰间，一动也不动地分开双脚，稳稳地踏住岩石。"子弹征服不了共产党人！"_____苍白带血的脸上露出冷笑，让鲜血从洞穿的身上流出，染遍了脚下的红岩……

> 1. 以上内容节选自小说的越狱情节，两处下划线上省略的是同一个人物。
>
> 2. 小说以"红岩"二字命名，具有丰富的含义，请结合小说具体内容揭示其寓意。

2. 在综合阅读题中评价

> 【题3】阅读《红岩》中的选段，回答文后各题。（10分）
>
> 语段1：
>
> 铁笔在蜡纸上，发出轻快的沙沙声。白色的痕迹，整齐而匀称地显现出来。
>
> A 专心一意地在蜡纸上熟练地刻写着："美蒋妄图在西南大量征兵的阴谋，现已肯定必将以失败告终，而且，敌分布在川、康、滇、黔四省的第二线全部兵力，已被西南各地游击队拖住，难以向内战前线抽调……"
>
> 写完以后，A 揉了揉略感麻木的指头，一字一句地校对了一遍，又把《挺进报》这一期的标题抽读了一遍："为挣扎在死亡线上的穷苦同学伸出援助之手，大中学生开展争温饱、争生存运动……"
>
> 读完了，A 伸了伸腰，站起来，倒杯开水喝了。时间还早，他丝毫没有睡意，又在桌边坐下，开始思索那尚未完成的新式油印机的设计。

他手里捏着一支削得尖尖的硬铅笔，台灯光照亮面前一大张白纸，为了创造一部理想的机器，他已经熬过了好几个深夜。他咬着铅笔，搅着脑汁苦苦思索着，可是，白色的绘图纸上，还没有留下一点点思维的痕迹。

语段2：
"我是小萝卜头！"

B没有想到会听见这么一个稚气的回答，忍不住笑了起来。真像个"萝卜头"呀！可是B接着又沉默了，无言地注视着这个营养不良的、畸形的孩子。

"你受刑了吗？"

"没有。"

"你说谎！"小萝卜头机灵的眼睛，从B的脸上，找到了伤痕，不满意地望着他，像命令一样地用认真的声音说道："把手伸出来我看！"

B没有懂得他的意思，伸出了手。小萝卜头看见了成岗被扭歪了的指头。他用一种在他这样的年纪还不应该有的，充满悲哀和痛苦的眼光，同情地望着B。

"你没有说吗？"

"没有。"

"那……你是好人。"孩子用他自己最简单的纯洁的心灵，准确地辨别着人的种类。

"你是共产党不是？"孩子又问了。

B不想和一个孩子谈这样的问题；可是他又不能欺骗这个

纯洁而又过于早熟的孩子。于是反问道："你看我是不是呢？"

"我看？"小萝卜头大睁着眼，闪着又信任又快活的眼光叫了起来："啊！我晓得了！"

"你晓得了什么？"

"我晓得你……可是我不说！"小萝卜头似乎很有把握。

1. 语段一中的A与语段二中的B_____（是/不是）同一个人，在电影改编版的《红岩》中，B被替换成了_____（人名）。（2分）

2. 语段一中的A是一个怎样的人？（结合选段中的动作描写进行说明）（3分）

_____

_____

3. 语段二中说小萝卜头是个"纯洁而又过于早熟的孩子"，请你结合文中的具体描写来说明他的这个特点。（3分）

_____

_____

4. 结合《红岩》中的前后情节，文中画线的文字除了交待A在蜡纸上刻写的内容外，还有什么作用？（2分）

_____

_____

【题4】阅读《牛虻》节选的片段，完成以下各题。（13分）

（1）院子里那棵硕大的无花果树下，他的坟墓正等候着他。这是不情愿的人昨夜挖成的，泪水曾经落在铁锹上。当他走过时，他低下了头，面带微笑。看着这个黑色的土穴和旁边正在枯萎的茅草，他长长地吸了一口气，闻着刚刚翻过的泥土的清香。

（2）军曹在大树附近停下了脚步，牛虻回过头来，露出最灿烂的笑容："军曹，我就站在这儿吗？"那人默默地点了点头；他的喉咙有些哽咽，他说不上什么话，救不了他的命。统领、他的侄子、指挥枪决的马枪兵中尉、一名医生和一名牧师都已站在院子里，他们一脸严肃地走上前来。

（3）"早安，先生们！啊，尊敬的牧师这么早也来了！上尉，你好吗？这次可比我们上次见面愉快一些，对不对？我看见你还吊着膀子呢，这是因为我那枪没打准。这帮好汉会打得更准——小伙子们，对吗？"

（4）他瞥了一眼士兵们的阴郁面孔。"反正这次用不着悬带了。得了，得了，不要为了这事闹得凄凄惨惨！并起你们的脚跟，显示一下你们的枪法。要不了多长时间，你们会有更多的工作去做，多得连你们都不知道怎样才能完成，事前可是没有练习的机会。"

（5）"我的孩子。"牧师上前打断了他的话，同时其他的人退后，留下他们单独交谈。"几分钟以后，你就到了造物主的跟前。留给你忏悔的最后几分钟，你就不能做点别的？我请求你想一想，如果不去忏悔，头顶所有的罪恶，躺在那里是件多么可怕的事情。等你站在你的审判者跟前，再想忏悔可就太晚了。难道你打算满嘴开着玩笑，走近他那威严的神座吗？"

（6）"尊敬的牧师，你是说笑话吗？我看你们才会需要这个小小的训条。轮到我们的时候，我们将会动用大炮，而不是六支破旧的短筒马枪，那时你就会看出我们要开多大的玩笑。"

（7）"你们将会动用大炮！噢，不幸的人啊！你仍旧执迷不悟，没有认识到你是站在深渊的边缘吗？"

（8）牛虻扭过头去看了一眼敞开的坟墓。"这、这、这么说来，尊敬的牧师认为等你们把我抛到里面，你们就算处置了我吗？也许你还会放上一块石头，防、防、防止死后三天复、复活吧？不用害怕，尊敬的牧师！我不会侵犯廉价表演的专利。我会像一只老、老鼠一样，安静地躺在你们把我抛下的地方。不管怎样，我们都会动用大炮。"牛虻又笑了起来。

（9）"噢，仁慈的上帝，"牧师无奈地叫道，"原谅这个可怜的人吧！""阿门！"马枪兵中尉喃喃地说道，声音低沉而又浑厚。与此同时，上校和他的侄子虔诚地画着十字。

（10）因为再坚持下去显然也没有什么效果，所以牧师放弃了徒劳的努力。他走到旁边，摇头晃脑，吟诵着一段祈祷文。简短的准备工作没多耽搁，随后就告结束。牛虻自动站在指定的位置，只是回头望了一会儿绚丽的日出。他再次要求不要蒙住他的眼睛，他那微笑而又具有铮铮傲气的面庞迫使上校不情愿地表示同意。

（11）他笑盈盈地面对他们站着，短筒马枪在他们手中抖动。

（12）"我已经准备好了。"他说。

（13）中尉跨步向前，激动得有些颤抖。他以前没有下令执行过死刑。"预备——举枪——射击！"

（14）牛虻晃了几下，随即恢复了平衡。一颗子弹打偏了，擦破了他的面颊，几滴鲜血落到白色的围巾上。另一颗子弹打在膝盖的上部。烟雾散去以后，士兵们看见他仍在微笑，正用那只残疾的手擦拭面颊上的鲜血。"伙计们，打得太差了！"他说。他的声音清晰而又响亮，那些可怜的士兵目瞪口呆。"再来一次。"

（15）这排马枪兵发出一片呻吟声，他们瑟瑟发抖。每一个人都往一边瞄准，私下希望致命的子弹是他旁边的人射出，而不是他射出。牛虻站在那里，冲着他们微笑。他们只把枪决变成了屠杀，这件可怕的事情将要再次开始。突然之间，他们失魂落魄。他们放下短筒马枪，无奈地听着军官愤怒的咒骂和训斥，惊恐万状地瞪着已被他们枪决但却没被杀死的人。

（选文有改动）

1. 这段文字选自作家伏尼契的经典小说《牛虻》，文中的牛虻指的是小说中的哪个人物？_____（请将正确选项的序号填写在答题卡上）(1分)

　　A. 蒙泰尼里　　B. 亚瑟　　C. 琼玛　　D. 费拉里

2. 文中的牛虻反复对周边的人微笑，请你结合相关内容，概括这些人物面对牛虻微笑时的态度有什么不同？(4分)

人物	态度
军曹	悲伤
牧师	（1）
（2）	妥协
中尉	（3）
马枪士兵	（4）

3. 在执行枪决之前，牛虻为什么"回头望了一会儿绚丽的日出"？请你结合选段的内容加以分析。（4分）

_____

_____

【题5】阅读《四世同堂》选段，回答问题。（11分）

（1）一夜飕飕的西北风，地上头一次见了冰。一清早，韵梅须去领粮。看着地上的薄冰，她想找出她的手套来。可是，她并没去找。她不能怕冷，她知道这一冬天，苦难还多着呢，不能先教一点冰吓倒。出了门，冰凉的小风一会儿便把她的鼻尖冻红；她加速了脚步，好给自己增多一点热力。

（2）领粮的人们，有的戴上了多年不见的红呢子破风帽，有的戴上了已成古董的耳帽儿，有的穿着油腻多厚的旧棉袍，有的穿着只有皮板而没有毛的皮坎肩。韵梅看着这些带着潮味的"奇装异服"，忽然怀疑自己是不是在北平的街上立着呢。她知道，北平人是最讲体面的；就是衣服破旧，也要洗得干干净净的。她想不起什么时候看见过这么多，这么脏，这么臭的衣裳来。

（3）仰起头，看看天，那蓝得象宝石的天，她知道自己的确是在北平。那街道，铺户，与路旁落了叶子的树，也都不错，是她所熟识的。她只是不认识了那些人。假若今年，北平人已成了这么人不人鬼不鬼的样子，明年应当怎样呢？她不敢再往下想。

（4）正在这时候，她敢起誓，她的的确确的看见了老三瑞全！他穿着一件短撅撅的，像种地的人穿的，蓝布旧棉袄，腰中系着一根青布搭包。光着头，头上冒着热汗，他顺着马路边走，走得很快。她张开口，喊："老三！"可是，没有声音。一眨眼的工夫，老三已走出老远去。

（5）老三！老三！她无声的叫了多少次，她不冷了；反之，她的手心上出了汗。老三回来了；刚才，他离她不过有两丈多远！老三，在户口登记簿上已经"死"了，居然又回到北平！老三，在外边打敌人，不单没被敌人打死，反倒公然的打进北平，在马路边上大踏步走着！韵梅的眼亮起来，腮上红了两小块。她无须再怕任何人，任何事，老三就离她不远，一定会保护她！

（6）领了粮，回到家中，多少次她要把这个好消息告诉给老人们。可是，她晓得这不是随便说着玩的事，必须先和丈夫商议一下。她的话像一群急于出窝的蜂子，在心中乱挤乱撞。她须咬紧了嘴唇，把唇咬痛，才能使那群蜂儿暂时安静一会儿。院中每逢一有脚步声，她就以为是老三。即使没有声音，她还时时的看见他，在厨房，在院中，在各处，她看见他，穿着蓝短棉袄，头上出着热汗。好容易到了就寝的时候，她才得到开口的机会：

（7）"小顺儿的爸，你猜怎么着，我看见了老三！"

（8）瑞宣已经躺下，猛的坐起来："什么？"

（9）"我看见了老三！我起誓，一定是他！"

（10）"在哪儿？他什么样子？"

（11）韵梅一五一十的告诉了他。

（12）抱住膝，他把眼盯在墙上，照着韵梅所说的，他给自己描画出一个老三来，象一张像片似的，挂在墙上。呆呆的看着那张想象的像片，他忘了一切。耳中，他仿佛只听到自己的心跳。

（13）韵梅一脱鞋，响了一声，瑞宣吓了一跳；墙上的形影忽然不见了。他慢慢的躺下。"你可千万别对任何人说呀！"

（14）"我就那么傻？"

（15）"好，千万别说！别说！"

（16）"一定不说！"韵梅也躺下。

（17）夫妇都想说话，可是谁也不知道说什么好。都想假装入睡，可是都知道谁也没有困意。这样愣了好久，韵梅忽然说出一句来："老三在外面都作了什么呢？"

（18）"不知道！"瑞宣假装在语声中加上点困意，好教她不再说话；他要静静的细琢磨老三的一切，从老三的幼年起，象温习历史似的，想到老三的流亡。

（19）可是，她仿佛是问自己呢："他真打仗来着吗？"

（20）瑞宣的眼睁得很大，可是假装睡着了，没有回答她。他真愿和韵梅谈讲老三，说一整夜也好；但是，他必须把老三的过去全盘想一过儿，以便谈得有条理。老三是祁家的，也是民族的,英雄;他不能随便东一句西一句的乱扯。

(21)韵梅也不再出声,她的想象可是充分的活动着:她想老三必定是爬过山,越过岭,到过很远很远的地方,甚至于走到海边,看见了大海。她一生没出过北平城,对于山她只远远的看见过西山与北山,老那么蓝汪汪的,比天色深一点。她可不晓得山上的东西是不是也全是蓝颜色的。对于海,她只见过三海公园的"海",不知道真正的大海要比三海大多少。

(22)她不由的又问出来:"大海比三海大多少呀?"

(23)"大着不知有多少倍!干什么?"

(24)她笑了一下。"正想,老三看见了海没有!"

(25)"他什么都看见了,一定!"

(26)"那多么好!"韵梅闭上了眼,心中浮起比三海大着多少倍的海,与蓝石头蓝树木的蓝山。海边山上都有个结实的,勇敢的老三。

1. 小说选文的(1)至(3)段有什么作用?(3分)

2. 结合小说选文(1)至(6)段,说说韵梅是个怎样的人。(3分)

3. 选文中的(20)(21)(26)自然段描绘了瑞宣夫妇的心理活动,从中可以看出他们对瑞全怎样的感情?(2分)

4. 老舍先生的《四世同堂》有不同的版本,老舍先生自己也对《四世同堂》的一些章节进行过修改,下面两段选文是不同版本中瑞全见到招弟后的描写。你觉得哪段文字更好,为什么?(3分)

[甲]一碰到她的胳膊，瑞全感到一阵愉快与兴奋。但他马上警告自己："留神！留神！"她靠得他更近了，却不再感到愉快与兴奋：和他手挽手的是个特务，间谍，敌人！如果被她打动了，他就会变成一条丧家之犬。

[乙]一碰到她的胳膊，瑞全马上警惕起来："留神！留神！"稍微一不留神，就许上当。

参考答案

题1

视死如归　改天换地　理想坚定　必胜信心

(为国捐躯)(革故鼎新)(执着信仰)(乐观主义)

题2

1. 齐晓轩

2.（4个得分点）

（1）中共驻重庆办事处驻地名红岩村，"红岩"象征中国共产党；

（2）为了更多难友脱险，齐晓轩用身体吸引敌人的弹流，血洒山岩，赞美牺牲精神的伟大；

（3）无数烈士为革命流血牺牲，红岩象征革命胜利来之不易；

（4）红岩巍峨高耸，代表革命和正义，象征革命志士的顽强不屈。

评分标准：

答案有4点，每点结合具体内容0.5分，揭示寓意0.5分；完整地答出4点中任意3点即可得3分，语言表达1分。

题3

1. A与B是同一个人　江姐

2. A是一个专注认真的人（"揉了揉略感麻木的指头，一字一句地校对了一遍"，"咬着铅笔，搅着脑汁苦苦思索"，手指已经麻木才想起揉一揉，又逐字逐句地校对了自己刻写的内容，冥思苦想时"咬着铅笔"，这些动作描写能体现出他的专注认真）

评分标准：

答出"专注"1分，结合原文中动作描写1分，语言表述通顺1分。

3. 用受刑后有没有招供这一简单原则来判断好人、坏人，显示出小萝卜头的天真、纯洁；看到成岗扭曲的手指头，流露出与年龄不符的悲哀和痛苦目光（判断成岗是共产党员，但为了他的安全而执拗地不说），显示出小萝卜头的"早熟"。

评分标准：

答出体现"纯洁""早熟"的语句2分，语言表述通顺1分。

4. 交待《挺进报》传达信息的重要作用，衬托出成岗工作的艰巨性、重要性；通过环境描写侧面交待了当时的社会背景，写出内战中重庆地区的战斗形势，为后文反动势力大肆抓捕、审判共产党员的情节做铺垫。（答出以上任意两点，给2分）

题4

1. B. 亚瑟

2.（1）无奈　（2）上校　（3）激动　（4）恐惧

3. "回头望了一会儿绚丽的日出"，既写出牛虻在最后时刻生死诀别的眷恋，又写出牛虻即使在被执行枪决的时刻，仍然坚信有一天革命者会"动用大炮"，写出他坚信革命必将胜利的乐观精神。（答出"眷恋"或者"乐观"任何一点，给2分；只答出坦然无畏，给1分）

题5

1. 自然环境写出了天气的寒冷，表现了韵梅的吃苦耐劳和生活艰辛；社会环境描写北平人缺吃少穿顾不得在意"体面"，反映了日本侵华带来的深重苦难。

2. 没有找手套冒严寒领粮，吃苦耐劳；看到老三无声的叫喊，镇定顾全大局；做饭时惦念老三，关爱弟弟的大嫂。

3. 想念、骄傲、期盼

4. 开放题，言之成理即可

3. 在"年级笔会"中评价

刚刚从小学进入初中学习，孩子对如何阅读、如何写读书笔记还是一片懵懂。很多同学一写读后感就大段复述故事情节，读书笔记变成了"故事会"。所以最开始我们的笔会题目切入角度比较小，往往只让学生挑选阅读名著后感触最深的一个角色、一个情景去写，强调写出个人的感受、感悟。字数的要求也比较少，通常是两三百字。所以每一次的笔会题目就需要教师精心设计，题目既要有一定高度，体现对学生的指导和引领，又要让学生觉得有的可写，有兴趣写，能写出自己阅读后的独特体验。

"阅读十佳"的评选活动每个学期进行4次，期中前两次，期中后两次，每次评选时兼顾优秀和进步明显的同学，所占的比例一般为各50%。每获得一次"十佳"的同学，将在期中或期末考试语文成绩中加1分以资鼓励。每次评选结束，年级会制作漂亮的展板对获奖的同学进行表彰。到目前为止，2010级同学共有720人次获得"阅读十佳"称号。我们相信——在学校的支持下、年级的推动下，学生们的"名著阅读"将开展得更好，而"阅读"将成为孩子们一生的习惯、一生的财富！

下面是刚刚开展名著阅读时，我们为学生的"笔会"设计的几个题目。

【题1】
　　一个人的精神史诗就是他的阅读历史。通常情况下，阅读的高度、深度、广度决定了一个人写作的高度、深度和广度。而只有名著，才能展开历史、社会、人生的宏大叙事，阅读名著的过程就是强心力、锐目力、妙笔力的过程。在前一段的名著阅读中你的精神财富一定增加了不少，请按要求写下你的感受。

　要求：
　（1）在作文纸内左上角写明自己所读的这本名著的书名。
　（2）文题自拟。
　（3）请分析此本名著中给你感触最深的一个主要角色，将你对其深刻的体会和感受有条理地、清晰地表达出来。
　（4）不少于200字。

范文

1. 残缺的美
——读《穆斯林的葬礼》

杨佳希

新月，希望的象征，如此超凡脱俗、纤尘不染、如玉如银，宛若羞涩的少女，在夜色中隐去大半玉容，只露出一双灵动的妙目窥视人间。

只可惜，她永远不可能拥有满月的完满。

如是说，新月是残缺的。《穆斯林的葬礼》中的韩新月，如此美的一位少女，在自己的花季中瞑目长眠，竟只是在临走前才得知自己的生身母亲究竟是谁。她没能拥有她应得的母爱、年华、婚姻、家庭，她的人生并不完美。她拥有新月的曼妙，同时也拥有新月的残缺。

但，残缺也是一种美。

多愁的人对着新月低吟浅唱，善感的人对着新月潸然泪下。但是，面对新月的残破，除了从心底油然而生的凄凉，一定还有美，仿佛一枝玫瑰，哪怕滴着鲜血，哪怕全身满是荆棘，哪怕下一刻就要凋零，哪怕她的生命只有须臾，她也是美的，因为她留给了世间以美好。

新月不曾拥有健康的身体，但她的心灵却是健全而美好的。那种对亲人的爱，对师长的爱，对朋友的爱，对知识的爱，对生活的爱，对生命的爱，使她不再仅仅是一个拖着病躯的柔弱少女，她拥有心灵的富足、精神的充实，拥有不尽的生命的力量。她真的宛如新月，残缺却依旧拥有盖世光华。

残缺是一种美，正如新月，哪怕转瞬即逝，也是微笑着，踏着美妙的舞步，华丽而优雅地转身离去。无需鲜花和掌声，残缺的美在人生的舞台上闪烁着独特而迷人的光辉。

2. 文天祥拒拜忽必烈
——读《南宋痛史》

曹雨晨

《南宋痛史》一书描述了自宋理宗末年直至南宋灭亡的历史，全书之中，使我头脑中最挥之不去的一幕即是爱国英雄文天祥拒绝跪拜元主忽必烈。

当忽必烈手下臣子用铁器敲打文天祥膝盖甚至将之敲出血时，文天祥也没有给忽必烈行跪拜礼。文状元一如既往地忠于那已消亡三载的南宋皇朝，这不是愚忠，而是一种大无畏的英雄情怀。一道寒光，一腔热血，洒在了南宋史的最后一页上，那一句"我宋状元丞相，世沐宋恩，焉可忠于两个皇朝"喊出了千古忠烈的气概！

文天祥那不畏强势的气概值得每一个人去学习，忠于自己的信念，即使是付出再大的代价，也决不屈服于命运面前。

【题2】

翻开一本本名著,我们的心会不由自主地和那翻动的书页一起跳动,那书中的一段段文字、一个个人物、一个个场景让我们为之欢乐、忧伤、叹息、震撼;请分析一个充满矛盾的人物形象,写出自己的思考。

要求:

(1)自拟题目,不少于200字。

(2)语言通顺,书写规范,标点正确。

范文

1. 矛盾
——读《四世同堂》
张殷杰

齐瑞宣无疑是《四世同堂》的中心人物。他原先是一位教师,极负责,从来都是一丝不苟。他家人的生活也算安稳。可是一场中日战争打破了一家人的生活,如同玻璃瓶般被摔得粉碎。瑞宣的二弟瑞丰叛国投敌当了汉奸,三弟瑞全去了战争前线;只有他在家里不知所措……

瑞宣是爱国的。他不止一次望着日本人想破口大骂;他不止一次想看见天安门前有人向敌人投下一颗炸弹;他不止一次想奔向战争前线……因为爱国,他放弃了在外国人那里兼职的机会；因为爱国，他放弃了在学校教书挣钱的机会；因为爱国，他放弃了和二弟和好，当兄弟的机会……

瑞宣是爱家的。每当他想冲向战场时，总被家庭拉回；每当他想担负国家的重任时，总是被家庭的重担压垮；每当他想提笔给三弟写信时，总是被家庭的重担"逼"得提不起笔。

瑞宣是优柔寡断的。他放弃了学校的工作，却又在英国府找到了工作；他希望有人向天安门扔炸弹，又怕有人被杀；他希望去打仗，却总是离不开家……先进的外国思想，教他愤怒，教他激进；中国传统教他尊重，忍让……他知道国破家必亡，但他总夹在国与家之间作不出选择。他不愿当汉奸，但又被家逼得去英国府找工作……他知道当汉奸不对，但总被卡在生存与叛国之间作不出选择……

瑞宣内心充满矛盾，或许是战争使然。他在书案前沉思，他在床上辗转反侧，他在失败与更失败间选择……

他只得身在曹营心在汉，他只得站在北平的白塔旁凝望南方……

2. 那膝下的每一秒钟
——读《四世同堂》

朱敏铱

虽然早已读完《四世同堂》，但对那本书的感悟却慢慢从心

> 里流露出来。最让我记忆深刻的就是常二爷给日本人下跪的场景，这深深触动了我。
>
> 常二爷在书中虽不是重要人物，但他伟大，因为他不当汉奸。当他的钱被日本人掠去，并且被罚跪时，他哭了！他并不是因为钱，而是一种尊严！一个六十多岁的老人给日本兵下跪，是多么可耻，那膝下的每一秒钟都是那样慢，那样羞耻。这下跪的场景让我感到了日本兵的恶毒和常二爷的羞耻，他的不愿和他内心的斗争，可是他没有办法，因为北平被日军占领着！那膝下的每一秒钟都是那么悲伤，那么凄凉，让我的泪也慢慢落下。这不仅仅是侮辱了常二爷，更是侮辱了全中国人的尊严！
>
> 那膝下的每一秒钟都让我忘不了，那膝下的每一秒钟都让我感到无比羞愧，这就是尊严！

随着名著阅读的不断深入，我们的笔会试题又有了新的变化。题目的创设更具文学性和创造力。希望学生能在广泛阅读的基础上思考更有广度和深度，对作品中人物的复杂性能深入剖析，不仅能走进作品读懂那个时代，还能走出作品联系我们的生活，进而使学生能够具有一定的文学鉴赏能力。由于阅读使孩子成长了许多，读书笔记越写越好，升入初二后，这时，我们提升了"名著阅读"笔会的写作难度，尝试通过对比，引领孩子进行深层思考。

【题3】(2012年4月,初二"名著阅读"笔会)

在你阅读的众多名著中,可能有这样一对人物:他们或在同一本书中出现,或在不同的书中演绎;他们或有着相同的性格、共同的命运,或有着迥异的个性、天壤之别的人生选择;他们可能让你又爱又敬,也可能让你愤恨惋惜……他们可能是《四世同堂》中的高第和招弟、瑞宣和瑞全,可能是《决战朝鲜》中的黄继光和邱少云,也可能是《假如给我三天光明》中的海伦与《老人与海》中的桑提亚戈……他们让你深深思考、受到启发、感悟人生、收获成长。

要求:

请你选择让你有所触动的一对人物,让大家分享你的阅读感悟。字数在400字左右。

范文

1. 怪
——谈《苏东坡传》中的王安石、苏轼

秦健桐

怪,是什么?是奇异的,又是不平常的。

在我们看来,本是惺惺相惜的亲密友人,因为文学,因为王安石的"不畏浮云遮望眼"与苏轼的"如蝇在食,吐之乃已"感到敬畏,而他们的"怪"又是不同的。

王安石的"怪"在于其行为举止，他对于衣食住行毫不在乎，就如林语堂在书中所述，他所需要的，仅仅是遮在身上的一块布和离他最近的饭菜，因为他需要足够的时间去思考如何强国富民，他的满怀火气变成了"急"，所以他的严谨慎重便全部倾注在案牍之上，与人相处和用人方面就少了许多心思。而现在的我们，往往头顶上悬着"防人之心不可无"七个大字，对比我们的处处设防，王安石自然怪异。

而苏轼的"怪"则是在其思想与信仰，他是信仰佛教的，所以在水涝灾患时，他上山求香拜佛，而因为他是文人，又是中国的文人，所以思想中必然有儒家的忠、孝与"学而优则仕"的观念，这就解释了为什么他早早踏入宦海，沉浮不定。中晚期的他又是追随道家的，他爱自然，所以在他被贬至杭浙时，能够写下"水光潋滟晴方好，山色空蒙雨亦奇"，这也可能与其喜爱陶渊明的山水田园诗有关吧。而他的眼里也是不容沙子的，就如文首所提及的"如蝇在食，吐之乃已"，可是，官场甚至民间的争斗是不可能有绝对净洁的，为了利益可以不惜一切代价，而他的天真，在那里只能说是可笑；矛盾的他是很怪的。

总而言之，简而言之，他们两个不适合哪个朝代，或许他们不是适合任何一个朝代的，包括现在。介甫需要的，是一个直言不讳、心无杂念的官场，而子瞻需要的，则是一个安详平和、不受打扰的世界。

怪人如半山，他的不肯登高到心急于政后全部塌倒，化为梦幻泡影，后来，他丧子归平，骑驴喃喃。

怪人如东坡，他的"快哉快哉"到几次被贬后全部静下，化为一场空梦，后来，他流放岭南，蜡炬成灰。

或许怪人的结局是否都是如此？因为他们性情奇异，所以在所谓"正常"的环境中显得十分突兀，又因为他们的行为奇异，所以可能在我们有限的视野中容不下这么一粒沙粒。但请不要忘记，"怪"又是不平常的，正因为不平常，才能够轻挥臂袖，下一决定并为之付诸一生，也正因为不平常，才能够墨笔一舒，作一诗词并流传千古耐人寻味。我们无法判断东坡是否死于远于家乡的岭南，我们也无法断定半山是否晚年精神患疾，但是我们可以深信，他们的"怪"可以永远留在我们心中，亦可引人深思。

2. 没有第二个故乡
——从《1911》《钱学森传》谈孙中山、钱学森

曹雨晨

玲珑秀美的苏杭，祖国边陲的两广，分别走出了两位我国近代史上著名的人物——钱学森和孙中山。一位是民国的开创者，一位是共和国的科学巨匠。他们生逢乱世，选择了不同的职业，走上了不同的道路，却怀揣着同样的理想。

孙中山留学夏威夷，后又东渡日本，为革命奔走呼号。他的足迹踏遍四方，他神采奕奕的讲演和勇往直前的性格令人折服。孙中山胸怀天下，壮志凌云；他的梦想高远而神圣，他的

事业宏大而辉煌。孙中山在海外组织了无数次的民众运动，他身在天涯，心系故国，得知武昌起义胜利的消息后，他迅速动身回国，指挥同仁们完成四万万人的理想，构建大同社会。孙中山多次被迫漂泊出洋，远遁他乡，而他永远向往神圣的故土，更向往自己神圣的理想，未竟的事业。

钱学森留学美国，业绩丰富。他拥有最现代化的实验室，一流的助手，良好的研究环境。但他历经五年的奋斗，最终以被"驱逐出境"的名义返回了满目疮痍的祖国，开始了全新的事业。前路多艰，但他义无反顾，毫不畏缩。几十年如一日的奋斗，他为中国的航天和国防事业立起了一座座丰碑。这里面浓缩了他的智慧，他的付出，他的心血！

孙中山和钱学森都曾为了振兴中华的梦想漂洋过海，他们为祖国的事业几十年如一日地奋斗。无论他们身在何方，心中永远惦念着东方的那一片沃土。无论是依依弱柳的江南水乡，还是豪迈苍劲的北国风光，永远是那两个浓墨重彩的大字"中国"；在他们心中，这些景致有更深远、更崇高的含义："故乡"。

他们心中永远没有第二个故乡。

3. 是时候去享受阳光了
——从《假如给我三天光明》和《我与地坛》谈海伦·凯勒和史铁生

李玮涵

一个是双目失明的聋哑女孩，一个是常年与轮椅为伴的花甲老人；一个是金发碧眼，一个是白发黑眸；一个似是生活在春光明媚的庭院里，一个则只有一棵合欢树为伴。但是，他们用两段截然不同的经历，让孤独隔绝于体外，心房只留阳光灿烂。

海伦用心中的阳光驱走了眼前的黑暗。她触摸，她闻，她感受，用的是她的心。暂且不谈她的求学励志，仅仅是度过了黑暗的87个年头，就足以令我们赞叹敬佩。

试想一下，当你试图闭上眼睛，花五分钟从班级走到图书馆，这距离就似乎漫长到几公里——你害怕，你恐惧，你犹豫不定——因为你承受不住那种黑暗。

每个人都拥有阳光，只是海伦的阳光，在她心里。而我们，是时候享受阳光了。

史铁生用心中的阳光驱走了他家破人亡的痛苦。他微笑着面对了时光的流逝，生死的离别。他轻轻地走，轻轻地来，没有什么担忧，没有什么不舍。因为他来过，他爱过，他活过，他拥有阳光过。

每个人都拥有阳光，只是史铁生的阳光，在他心里。而我们，是时候享受阳光了。

我们拥有眼前的阳光，只是太多太多人忘记了它。我们在家与学校——两点一线来去匆匆，忘记了路上的阳光；我们用冷漠掩饰了自己的心灵,再也没有大把的阳光流露。

看哪,阳光正坚持不懈地想要从深蓝色的窗帘外挤进来,我轻轻拨开沉封已久的黑暗,让阳光一点点,一点点倾泄了进来。

是时候,去享受阳光了吧?

4. 花开别样
——谈《春》中的淑英和蕙

欧阳蓓

两人都是旧社会家中的小姐,有着相似的美丽的面庞:瓜子脸,柳叶眉,美丽的丹凤眼中总浮着一层淡淡的愁云。她们就是《春》中的淑英和蕙。

她们宛若春天里两朵美丽的花,同样清新,甚至命运都是如此相似。蕙来省城,就是为了完结父亲早已定下的亲事;而淑英,不久也会成为陈家的儿媳妇了。对于自己的亲事,她们已在各处打听到了"姑爷"的情况,但是谁会知道她们心中的不情愿?同样面对严厉的父亲,蕙服从了,从此走向了悲惨。

淑英没有服从!她在觉民、觉慧和琴表姐的支持和帮助下,逃出了这个"绅士"家庭——令人窒息的"鸟笼子"。她从不相信命运,她也从来不被命运所左右!家中各房之间无休止的战争和勾心斗角露出了这个旧社会最肮脏的一面。她厌恶这个家,厌恶这些无聊的人，厌恶这个旧社会的一切！她向往春天，向往自由，向往新知识，向往新思想，向往新社会的世界。她知道，那个世界才有她想要的精神上的满足！她勇敢地反抗父亲，她要告诉所有人：她是不会屈服的！她的不屈，她的思想，加上哥哥姐姐的帮助，如同阳光雨露，为她提供养分，让她如花般开得更美、更艳！

蕙默默地忍受了这一切："奇才"丈夫的冷漠、公婆乖戾的性格以及一切一切令人不能忍受的规矩。她也向往春天，向往自由的世界。可是她怕，怕她的父亲，怕别人的闲言碎语。她只好向命运低头，做命运的俘虏。到了这种时候，别人对她只有怜悯与悲愤，没有人能帮她了，只有靠她自己才能拥有自由、拥有春天！她的软弱却换来了自己死无安身之地的悲惨结果！她宛若一朵春花被人玩弄，慢慢地凋谢、枯萎……

蕙走进婆家，迎来了自己悲惨的命运，而淑英的出走，迎来的是自由、美好的世界！两个人，同样的命运，自己的行为竟让两人的结果有如此大的差别！

淑英在信中说："春天是属于我们的！"是的，春天是属于这些敢于反抗，敢于创新的年轻人的！他们一定看到了春天，看到了他们的春天！

两朵春花，各有花开花落，最后的结果只因她们自己而改变！夕阳落下，蕙的那一朵花只是化为香土；而淑英的那一朵，一定会在最灿烂的阳光下绽放！

5. 可怜君心似流水，对烛洒泪空悲叹
——品《红楼梦》中尤氏姐妹

蔡钰洁

还记得《红楼梦》中有一对貌美如花的姐妹吗？即使一时得到了眷顾，最后也是香消玉殒。她们的命运有交集，有分歧，交叉过后，还是失意的结局。导致她们分歧和殊途同归的原因是什么呢？是各自的心性。

尤二姐不失温柔与善良，单纯地信任着每个人。信任贾琏的正房谎言，信任贾琏的"爱"，甚至信任颇有城府的王熙凤。如此善良，似乎蒙蔽了自己的心，使她只认识到了一个浅浅的世界。然而，在她处的封建社会，哪里不是暗流汹涌？单纯的善良，在黑暗之下，只能说是一种悲哀。

尤三姐看上去就明智多了。不受诱惑，看出了贾琏、贾珍的虚伪，看到了世界的虚伪。但形容她的词还有一个"刚烈"。柳湘莲只看见了尤家的表面，低估了尤家还有这么一个女子，一个至情至性的女子。他终究是后悔的，因为那句"妄待君已五年矣"，因为尤三姐的痴情。

自刎也好，吞金也罢，这两个女子，处在封建社会底层，含着失望，悲凉死去。她们的一生令我们深思，在如今，我们该是尤二姐还是尤三姐？

尤二姐的善良温柔，作为女性，这无疑是一种优良品质。可看不清世界地活着，能长久吗？尤三姐的刚烈坚韧，对人忠诚，是一种对自己尊严的肯定，令人赞叹，亦是难能可贵的。但

> 她的性格，是不是太冲动了？
>
> 其实我们应从两人身上各汲取一些。应该有尤三姐的心性，刚烈坚韧，也应该尽量保持善的本性。懂得变通，能屈能伸，这样才是基本的生存之道吧。

6. 忍与让
——读《骆驼祥子》与《茶馆》
周展平

忍让，"让"往往更需要一种大智慧。

"忍"使祥子在那个出奇的不公平的世界中最终失去了自己的灵魂，而"让"却使王利发掌柜在颠沛流离的时代中挺起尊严维持下这个仅有的茶馆与自己的人格。

他们有着诸多的相似，但处事的不同方式使他们有了不同的人生；虽然他们的结局同样悲惨——这是由于无法改变的大时代大社会造成的，但他们在人生的精神上截然不同。

他们同处于那个可悲的时代，富人与当权者统治着他们的社会。侦探肆意跟踪敲诈车夫，并掏出枪加以威逼，富人家可以将车夫当作奴隶使唤，巡警、大兵拿着枪横加勒索，密探不知在哪个角落中认真地听着，观察着茶馆里每一个人的言谈举止，稍有疏忽就立即被抓捕。在那个极富特点的可悲的旧时代，穷人注定要受人欺压、凌辱一生，甚至他们的子孙也要注定贫苦一生。

就是在这样的背景下，他们又同样是穷人——命中注定悲惨的穷人。骆驼祥子来自乡下，抱着无限的希望拼命地拉车赚钱，为的是有一辆崭新的属于自己的车啊！他受尽苦，暴风中骤雨里的举步维艰，一口饭一丝茶间的咬牙节省，他是在每日的极端恶劣的忍耐中奋斗——忍耐下所有勒索、欺压、屈辱。同样，带着振兴茶馆的理想，王利发掌柜努力维持着这仅存的心血。面对大兵、巡警的敲诈，他摆出一副笑脸相迎，试图用钱换取茶馆的安宁；面对秦老板，他放下脸面乞求将茶馆继续开下去；面对密探，他不断地说着奉承话，希望化干戈为玉帛。他想用自己的交际手段在各方间不断周旋，以达到相对的平衡。

这就是他们最大的不同之处。祥子选择了通过隐忍消极地面对一切，而王掌柜则努力地积极解决问题，退让而不失尊严。消极隐忍可以忍过一时，却不可能忍过一世，而积极的退让则可以以退为进，化解矛盾。

带着不同的处事态度，祥子最终领悟到了那个世界的不公，在无限的隐忍之中他失去了斗志，失去了希望，失去了灵魂，他堕落成了一个野兽；而王掌柜在奋斗中尊严地死去，他的生命也具有了崇高的意义。

忍与让，让往往会产生更好的结果；祥子与王利发，一个忍，一个让，最终产生了不同的结果。在感叹世道不公之余，也要学习这种"让"的大智慧。

7. 女儿身男儿心
——谈《野葫芦引》中的峨与明妮

牛家赫

清秀的中国女孩，明亮的双眸中却有着别样的坚定，"爹爹，娘，我要去从军！"她是峨；特殊的外国人面孔，战火纷飞的年代里，她清晰地说，"我要留下！"她是明妮。

都是那硝烟四起的时期，都是个女儿身，一个中国女孩和一个洋人，不约而同地选择为那苦难的中国尽一份力。谁说女儿干不成大事业？女儿那颗炙热的男儿心，让两个根本毫无关系的人因为这个决定，被"救亡图存"四个字紧紧联系在了一起。她们都是那救亡中国大家庭中的一员。

她们本是两个毫不相干的人。峨还只是个学生，和父母手足过着与他人别无二致的生活，其乐融融的家庭中她快乐地成长；明妮也只是个普通的在华洋人，在金陵女子学院里尽职尽责地做着她的工作……可是就在此时，抗日战争爆发，两个人走上了同一条路。

虽是女儿身，两个人心中有着同样的男儿心。峨是勇敢的、是爱国的，所以她毅然奔赴战场，没有一丝一毫的犹豫。多少伤员经她看护慢慢恢复，多少战士经她照料重上沙场！明妮是坚强的、是正义的，所以她毫无怨言地接下吴校长留下的学校，在异国他乡肩负起了一份牵连上千民众生命的重担。多少女人在这里免于受难，多少孩童在这里躲过一劫！

峨、明妮，虽是出身不同，但同样的女儿身、男儿心让两个人如此相近，让我尊敬！

8. 他与你
——谈柳永与李煜

李铭磬

你（柳永）

多少年，多少年，日日，是你映在窗棂上的侧影，夜夜，寂寂是纸笔的沙沙声。十年寒窗苦，只为一夕名。

许多泪，许多泪。当年，官至公卿是你的宏图伟业。最终，自负风流才调的你却名落孙山，未上金榜。

于是你沮丧、愤慨，少年的轻狂与桀骜，令你写下了传诵一时的名作。你皇帝老儿不让我及第去做官，我不做官。又奈我何？在词坛上叱咤风云，难道不也是一样的辉煌？正是"才子词人，自是白衣卿相。"

于是，有了《鹤冲天·黄金榜上》，有了"把浮名，换了浅斟低唱。"有了你翩身畅饮的性情，有了"楚天阔，浪漫斜阳，千里溶溶。"

他（李煜）

空回首，望见月光下，破败的皇家园林里，那个在孤楼上掩面叹息、身着华服的男子。他的愁思如絮，剪不断，理还乱。他的叹声如旧，是"芦花深处泊孤舟"般的孤寂。是"路遥归梦难成"的无奈与伤感。

他，一个偏安江南的皇室第三代，风流倜傥、才气横生的一代君王，他爱"晚妆初了明肌雪"的美人，更爱"凤箫吹断水云闲"、"待踏马蹄清夜月"的闲适与逍遥。

他，一个长于深宫妇人之手的深情男子，一手葬送了南唐将近半个世纪的繁华，但那一手风流才调、风流天成的好词却成就了他的千古绝唱。

　　也罢，也罢。"几曾识干戈"的他如何去看护那沉重的江山？

　　也罢，也罢。风流才调的他如何应对那心机险恶的朝纲？

　　也罢，也罢。他独爱三寸金莲，霓裳羽衣，又如何去独守那空寂的皇宫？

　　也许，他的存在，多有造物者戏谑的笔触。

　　正如你一般。

　　你（柳永）

　　你的一生是狂放不羁，是怀才不遇，是愤懑悲愁。你的内心矛盾复杂，在功名与逍遥间挣扎。有时觉得"千名利禄终无益"，有时又自我安慰地说："富贵岂由人，时会高志须酬"。你在"孤馆，度日如年"却仍是"念利名，憔悴长萦绊。"

　　这是命运，萦绊住了你的人生。

　　而他呢……

　　他（李煜）

　　好像这是一种深沉的宿命，注定了要让一个才子亡国。他，成为了受尽众人辱骂的亡国之君。他寄人篱下，为人填词，看那"雕栏玉砌应犹在，只是朱颜改"，叹那"离恨恰如青草，更行更远还生"。

　　当年踏月而归的雅兴，化作了浓浓的绵愁；当年的醉生梦死，手提金缕鞋的嬉闹，早已变成了对繁华的陈思旧忆。

　　他说"触目愁肠断"，他说"夜长人不寐"。

> 他说"往事知多少",他说"笛在月明楼"。
>
> 是命运的错置,是苍天的不公,将他,放在了最残酷的政治格局中。
>
> 一碗毒酒,几行清泪……
>
> 那瘦弱的身躯轰然倒下,倒在那昔日属于他的土地上。
>
> 你(柳永)
>
> 你死后,甚至没有人来为你送行,只是那些昔日陪伴你作乐饮歌的乐妓站在你坟头哭泣。当年那个向心爱之人许诺"定然魁甲登高第"的你,已然变为浪迹江湖的失意才子,已然安详地睡去。词声,曲声,歌声,还有你那曾经高远的政治理想,是你一生的回忆。
>
> 那年的金榜,早已化作了朽土一抔,而那年的《看花回》、《安公子》,还在夜色渐近的江南河傍,伴着琴瑟琵琶,久久地回响……
>
> 他(李煜)
>
> "林花谢了春红,太匆匆,无奈朝来寒雨晚来风。胭脂泪,离人醉,几时重?自是人生长恨水长东……"

4. 在考试的片段写作中评价

每学期的期中、期末两次考试,试卷满分为100分。为了强调读写的重要,我们设置了大、小两道作文题,而且两道作文题均与整本书阅读密切相关。而其中的小作文10分,大作文40分,写作总分值占整个试卷的50%。这种高分值对提高学生对读写的重视程度作用重大。此外,考试具有指挥棒的作用,试题的导向对引领学生如何阅读和写作意义重大。所以我们在命题时，以激发兴趣、培养能力为目的，尽量让题目开放自由、能够舒展个性，易于让学生写出自己内心最真实的收获与成长；而力戒把学生导向死记硬背、猜题押宝的歧途。

在实践中我们发现，这种做法既有利于推进整本书阅读，又有利于提升写作能力，从而获得读写双丰收。

【片段写作题目一组】

（1）最近阅读的名著中给你感触最深的一个形象是谁？是令人心疼的小萝卜头、向往自由的小狼，是爱国的瑞全、勇敢的田晓霞，还是老实本分的梁亦清……你对这个形象有怎样的思想感情，请你写出你最真切的感受。

（2）在阅读名著的过程中，你一定有沉醉其中忘却自我的感受。可能你想痛骂卖国的大赤包、冠晓荷，可能你和追逐自由的小狼一起驰骋在辽阔草原，可能你想对少平说"我真佩服你！"，可能你想……你可以把想对书中人物说的话以书信的形式写下来，表达你真切的思想感情。

（3）你的生活中一定有不少快乐的事情吧。名著当中的人物也和你一样，经历着属于自己的乐事。《朝花夕拾》记录了鲁迅童年的乐趣，其中《从百草园到三味书屋》一篇里，鲁迅对斑蝥的喜爱，对描绣像的迷恋，还有对捕鸟的记忆，都让我们体会到孩童的天真与自由的快乐；《苏东坡传》中，旷达的东坡居士即便被贬黄州，也依然能够寄情山水，写下"一点浩然气，千里快哉风"的千古名句……

细品人物的"乐"，你能看到他们不同的精神追求。"乐"

是韩新月站在未名湖畔浮现的笑脸，是孙少安看到红砖第一次出炉时成功的欣喜。细品人物的"乐"，你更能体悟不同的人生态度。你一定记得瑞全远赴战场时，心中涌起的喜悦，还有大赤包得到那不堪的"官位"时得意洋洋的眉眼。

这小小的"乐"字值得让我们回味与思考，尝试写出你对人物"乐"的理解。

（4）刚开始阅读"战争文学"之时，"战争"这个词语可能让你联想到——血腥、哭泣、死亡……但也许你在阅读了一系列战争题材的文学作品后，在残酷的战争中你也感受到——信仰、无畏、乐观……请结合书中的具体场景、人物、细节写下你的感触和思考，相信你一定会有与众不同的思索。

（5）在名著阅读的世界中，我们的心会不由自主地和那翻动的书页一起跳动，那书中一段段文字、一个个人物、一个个场景让我们为之欢乐、忧伤、叹息、震撼。合上书页，也许你并没有因阅读完毕而忘却那些你用心品读过的文字，你的心灵在震荡，你的思想在成长。作家的作品虽然终了，但书中的某一个场景却在你的脑海里挥之不去，那情景带给你什么样的感受和思考？名著作品中总会有一些充满矛盾的形象，他（她）身上的矛盾带给你什么思考和成长？

5. 在期中期末考试作文中评价

经多年的教学实践证明，读写结合既是培养阅读能力的重要举措，也是培养写作能力的有效途径，形成了"以读促写，读写结合"的语文教学法。除了读书笔记之外，期中期末考试的作文题也可以直接指向读书，体现读写结合。

【作文1】_____让我_____（初二期中考试作文）

升入中学以来，同学们阅读了大量的文学名著，在书香的熏陶中同学们收获了阅读的快乐、知识的积累、心智的成熟……读"茅盾文学奖系列丛书"让你获得精神的给养和成长；读《钢铁是怎样炼成的》让你更加坚强；钱默吟先生让你懂得爱国的真谛；娄山关战役让你体会到震撼与悲壮……

请同学们自选角度补充文题，具体结合你喜爱的名著写出阅读后的独特感受、独特思考、独特成长。

要求：

（1）将文题补充完整。

（2）应选择升入中学后的名著阅读。

（3）所选角度、所谈感受不要与年级、班级交流范文雷同。

（4）不少于600字。

范文

1. 战士的无畏让我自豪

张景开

我自豪，我是中国人，我们的战士在朝鲜半岛上立下属于自己的丰碑；我自豪，我是中国人，有无数无畏英雄用自己的热血证明着中华之强盛。

《决战朝鲜》中,那一个个奋勇杀敌的身影,那与阵地共存亡的豪气,那誓死保卫祖国的呐喊,无不让我热血沸腾。人固有一死,或轻于鸿毛,或重于泰山。朝鲜战场上,战士们的无畏让我无比自豪。他们的死,是比泰山还要重的,他们的无畏,是任何人不能想象的。松骨峰上,一句"来世再见吧——好兄弟!"让我热泪盈眶;上甘岭上,一把把挖秃了的铁铲让我呐喊加油;机枪口上,黄继光没有一滴血的身躯让我肃然起敬。战争是要死人的,可为祖国之尊严而死,我们何惧?为祖国之安危而死,我们何恐?为祖国辉煌而死,我们何等光荣!奋勇的拼杀,震天的呐喊,豪情万丈,中国人无所畏惧!

九个战士一声含泪却豪迈的告别,昭示着他们的无畏。我自豪,大中华的队伍里有千千万万这样的英雄。他们无名却伟大,无畏而光荣。为国家献出生命,他们的生是有价值的,他们的死是有意义的!上甘岭上为何血水如流?因为无畏战士们在战斗、在拼命,在捍卫荣誉与尊严!从师长到营长,再到连长。剩下一个人也要拼搏!正如师长所说:打剩一个营,我当营长!打剩一个排,我就当排长!通讯员喊出百万志愿军的心声:过了鸭绿江,我就没打算回头……

他们,十分清楚"生"的欢乐,他们也曾惧怕死亡。但在国家安全受到威胁、国家尊严遭到侵犯时,他们心中没有别的,只有报国!我自豪,中国军队有如此无畏的勇士,舍生忘死地冲锋;我自豪,中国军队有无数英魂无所畏惧,慨然赴死!他们,为了祖国的利益;他们,一扫中国头顶无数"称号"与不平;

他们，用生命证明中国人肩膀的坚硬；他们，用热血书写着泰山般雄厚的绚丽史诗；他们，是无畏的战神；他们，是我、是大中华不朽的自豪！

【点评】

读这篇激情澎湃的随笔，你怎会感受不到沸腾的热血和发自肺腑的自豪感带来的冲击！

2. 她让我懂得信念的力量

马子麒

她，有着柔软的皮肤，清秀的面孔——处处散发着柔弱的气息，她，是江南女子谭怀明。

她，胸膛、肩膀已被砍伤，额头的伤口喷涌着鲜血，在生命的最后时刻仍喊着"同志们，敌人已经支持不住了！杀死他们呀！"——她，是红军女战士谭怀明。

她是红四方面军妇女团一营一连的一名普通士兵，腊子口之战中为护送500伤病员牺牲的70余人之一。

一个柔弱的江南女子，怎能如此勇猛地战斗？或许此时她心中只是一个简简单单的念头——"现在伤病员们正在过桥，咱们就是死在这里，也不能让一个敌人接近"，而就是这个保护伤病员的念头，竟支持着柔弱的她毫无畏惧地与土司骑兵肉搏到底，直至付出生命！这便是红军战士心中神圣的革命信念。

革命的信念让黑暗中的人们永远看到路尽头的光明，并为其不知疲倦地奔跑。当这样的信念深深植于她的心中，点燃她的青春热血，她便甘愿为革命奉献自己的一切。这信念让她在那原本同我们一样柔弱的外表之下，更有了强大的精神力量。而这种来自内心深处的力量，足以超越一切物质需求乃至生命！

生于和平年代的我们或许难以感受到如此强大的信念力量，但通过书中的描写，我们却分明地看到了它创造的奇迹：江南的弱女子可以那样从容地面对死亡，未曾衡量过以命换命的得失；单薄的女红军竟有勇气在残酷的战场上同彪悍的土司骑兵抗衡到最后一刻。这些，正是因为她背后的那个信念远比面前的强敌还要强大许多。

正是谭怀明，一个柔弱的女红军创造了奇迹，让我看到了每一名红军战士深藏心底的信念爆发出的无限力量，也正是这种信念的力量，推动着红军走完二万五千里征途的光辉路程！

【点评】

当信念的火种植根于当今学子的心中时，在未来的日子里，将会产生何等巨大的精神力量。

3.《四世同堂》让我懂得何为"国家"

洪迪帆

黑压压的雾气依旧盘踞在北京城的上空,我的手指停留在那本浅黄色封皮的书的最后一页。看着那黑字白底的最后一页,我的眼睛忽地有些模糊,"啪"的一声合上了书。我看着窗外,思绪开始重新游走起来,仿佛到了卢沟桥枪响过后开始改变的小羊圈。

祁老太爷活了大半辈子都没想过住在北平这块福地的他会被矮小而可憎的日本兵夺走了一个个亲人,就连门前那口大缸似乎也保不住他的四世同堂、他的八十大寿。祁老人有些慌了,他一生与世无争,从没想过会落到这种境地,他只想要安安稳稳地度过晚年,为什么偏要有人去破坏呢?他想不明白,可是当他的瑞全冲出家门,他的挚友被鬼子打得遍体鳞伤,他气愤、震怒,可转而又明白了什么,明白了那个支撑他们这么做的东西是什么。

不是别的,那个东西叫作"家",只不过这个家叫作"国",祁老太爷突然明白了,有了大"家",终才能保住小"家"。

"如今我们的国家",我脑海里突然冒出了这半句话,思绪被猛地拉回。是啊,如今我们的国家有多少人像祁老太爷最初的想法一样,有家,却忘了国。甚至有多少人只是在乎自己,连家都不顾了?在物质飞速发展、生活速度加快的今天,有些埋藏在心底的东西被淡忘、泯灭。我们有多少人还记得何为国家?有多少人还会认真对待生活、对待工作和职责?我想国既然是家,就需要每个人的付出。我们为了国轰轰烈烈做些大事固然伟大而值得歌颂，而身边的小事难道不应该做好么？古人云"一屋不扫，何以扫天下。"每件小事都是生活中至关重要的一环。我想，如果负起责任认认真真完成自己应做的事情，不必更多就已经是为你属于的群体作出了贡献，而那个群体也可以是家国。要是连自己的责任都无法担当，我们又何谈中华、何谈国家，更从何谈起爱国？

或许有太多的东西被我们遗忘了，忘掉了我们的血性，忘掉了我们的担当。

国是什么？家是什么？我想每个人心中都有个不同的答案，但也许谁也说不清楚，祁老太爷或许也说不清。可是我仿佛看到在他的九十大寿上，他一脸喜气地，坐在儿孙环绕的厅堂上，然后他告诉他的家、告诉他的后辈——"有国才会有家。"

我看着窗外，阳光已撕开了云雾，洒在街上。听着悠长的鸽哨，我眼前浮现出了祁老太爷的脸，浮现了那个四世同堂的小羊圈。

【点评】

由《四世同堂》展开联想，反观现实，表现了一种更难能可贵的反思，见证了小作者精神的成长。

4.《悲惨世界》让我更相信善的力量

李雅榕

《悲惨世界》是法国伟大的批判现实主义作家维克多·雨果的作品。小说讲述了法国大革命背景下苦役犯冉阿让的人生经历。当他年轻时因姐姐那一群饥肠辘辘的孩子偷拿了一块面包而被抓之后,苦役犯的头衔就一直如影随形地陪伴着他。即使在他化名为马德兰,成为受人尊敬的市长时也不例外。

但就是这样一名被不公的社会判决为罪犯的人,却在那仁慈的汴福汝主教指引下,以宽容、博爱和高尚的心灵,以人性所散发出来的善良的光辉照亮和温暖着这个悲惨的世界。

小说中我印象最深刻的场景是两位主人公冉阿让与珂赛特的初次相遇。寒冷的冬夜里,一个受尽折磨、衣衫褴褛的八岁小姑娘,在几乎丧失人性的东家逼迫下,拎着巨大的水桶去河边打水。她完全被寒冷、饥饿、劳累和无边的恐惧所包围,几乎绝望。就在这时,一只大手拎起了水桶,一个高大的陌生人,仿佛神灵派来的使者,悄悄来到她的身边,给她带来了以往不曾奢望的漂亮娃娃,给她破烂的鞋子里放进了灿烂的金币,更重要的是,给她带来了前所未有的安全感。而冒着巨大危险来到她身边解救她的这个人,是带着她可怜的母亲生前的嘱托的。也许,他的到来,只是为了遵守对那个陌生又悲惨的女人芳汀的承诺。

从此,珂赛特重生了。虽然过着隐居的生活,但她的生命里有了一位将她视若珍宝的老人。而这个人,其实和她素昧平生。

获得重生的并不只有珂赛特。那位被压在马车下的贫苦人割风，那位曾因长相与苦役犯相似而被冤枉的老人，还有那在巷战中受伤而奄奄一息的马里于斯……他们都因为冉阿让的舍身相救获得了重生。甚至沙威，那个忠于职守的警长，始终都在追寻他所认定的在逃犯，也终于拜倒在冉阿让善良高尚的人格面前，不得不承认自己一直以来所维护的制度是何等的颠倒黑白，最终选择了自杀。沙威死了，但他内心的善却得到了重生——这更是一种使人震撼的灵魂重生，是对那个社会的无情嘲讽与深刻批判，也充分彰显了善的力量。

也许，冉阿让一生都没有走出社会制度给他的判决，但他始终是向善的。无论经过现实怎样的沉重打击，他向善的信念一直未被摧毁。所以，这部小说让我深切地感到对真善美的坚持也是一种强大的力量。这个悲惨的世界，任它是伪装的咆哮，还是虚伪的平静，任它是怎样的可怜、可悲、可叹、可笑，甚至可憎，善都不会向它低头！

"真正的光明并不是永无黑暗的时间，只是永不被黑暗所战胜罢了；正如真正的英雄并不是永没有现实的残酷，只是永不被现实所屈服罢了。"真、善、美的光芒，又岂是印着"悲惨"字样的幕布所能遮蔽得了的？

【点评】

面对一部上百万字的鸿篇巨制，把目光聚焦在一个"善"字，然后通过冉阿让的系列善行，写出"善"的力量。对于一个孩子来说，在漫漫的人生路上，还有比发现并相信善的力量更重要的事情么？

5.简让我懂得友情的坚守

詹晓鸥

《简·爱》是英国女作家夏洛蒂·勃朗特的代表作品，讲述的是一位心地善良的姑娘追求自由、独立和爱情的故事。书中那位身材矮小、相貌平平的家庭女教师简·爱，即使在一百多年后的今天，仍然为许多读者所喜爱。有人崇尚她的自强，有人敬重她的自尊，而她同时更让我懂得了友情的坚守。

记得书中那个月光皎洁的夜晚，洛伍德慈善学校正笼罩在伤寒病的阴影中。当简·爱听到最要好的朋友海伦·彭斯病危的消息时，她冒着违反校规受罚的风险，冲入海伦的病房。海伦憔悴地躺在床上，看着脸色苍白的好友，简·爱流着泪伤心地问道："你真的，要走了吗？"海伦无神的双眸露出了笑意，"是的，我要回家了，回到我永久的家……"她是如此镇定，一脸的安详与圣洁。巨大的悲伤萦绕在简·爱心头，她不顾被疾病传染的危险，一下钻进海伦的被窝，用双臂将她紧紧地抱住……

在简·爱的怀中，海伦渐渐停止了呼吸，在真挚友情的陪伴下，回到了她心中永久的家。

我被这场面深深地震撼了，眼中噙满了感动的泪水。这是一个多么善良、忠诚的简·爱啊！当简·爱初到洛伍德时，是海伦给了她珍贵的友情；当她在全体师生面前被校长羞辱时，是海伦给了她真挚的安慰。从此，海伦成为简·爱无话不谈的知心好友，给简·爱在洛伍德的阴郁生活带来了温暖阳光。简·爱深深地感激海伦，因此，在海伦罹患重病，即将永远离她而去的时候，善良的简·爱奋不顾身地用最真诚的拥抱坚守了这份真挚的友情，我相信，那时的她全然没想过自己正面临被传染的危险。

从小到大，我身边也有许多可爱的伙伴，她们真诚地对待我，在我挫折的时候给我安慰，在我困难的时候给我帮助，就像海伦对简一样，是那么的真挚。那些温暖的笑脸在我脑海里一一闪过，亲爱的朋友们，相比简·爱，我为你们付出的是不是有些少呢？

童年时的伙伴，是内心深处最纯真的一缕回忆；少年时的朋友，是青春年华最明丽的一道风景。我希望自己能像简·爱那样，真诚地结识朋友，善良地对待朋友，真挚地为朋友付出，与朋友们一起，用心坚守住那温暖的友谊，让友情的芬芳洒满人生之路。

【点评】

简·爱张开了温暖的双臂将身处弥留之际的好友紧紧地抱住……小作者被这一幕深深震撼,并由此生发开去,谈自己对坚守友情的理解。一个对友情有了这份理解的人,她的人生会何等芬芳。

6.读《边城》让我体味幸福

熊若茜

每一次翻开沈从文的《边城》,都是一次纯净的心灵之旅,都会有一些新的收获。其中令我感触最深的,是那个小城镇中人们简单而幸福的小生活。

书中曾有一大段文字描写老祖父进城的情景,我至今记忆犹新。他的生活平凡而又简单:上城中买几斤肉,陪人喝两口小酒,乐呵呵地怀揣着虾米和米价油价涨跌的新闻,又回到家中替人摆渡。或许是老祖父为人憨厚,或许是他的差使所致,他似乎同谁都是一家子,从不吝惜个啥。正因此,他整日沉浸在自己的小幸福与小满足中,在这个小城镇中过得自在而幸福。

老祖父满足而幸福的生活,使我不禁想起读过的许多名著中,那点点滴滴的幸福:在《呼兰河传》中,幸福是回忆中与祖父一起在小花园中嬉闹的短暂而又美好的童年时光;在北平的祁老太爷心中,幸福是拉着重孙的手,一起极慢极慢地去逛护国寺和大街……这就是幸福，看似简单却无比丰富，而这背后，是最为淳朴的人心。幸福是人们内心深处所珍藏的最美好的感情，是生活给予我们的珍贵礼物。

幸福其实也简单，它就在身边，不需要再过多地为幸福而忙碌奔波。就像边城中的人们一样，他们的生活从容、简单，平凡而琐碎，但他们无忧无虑，悠闲自得。因为只有这样的人们，才有闲暇去感受幸福、迎接幸福，在每一件家常事中体味那一份温暖与幸福。

带着这样一份感悟，我开始重新"检阅"我的生活，在生活细微处，学会捕捉这样那样的点滴幸福。运动会上，所有人的奋力呐喊中，我体味到了幸福；每天放学回家后，手捧一杯暖茶，与妈妈分享各自遇到的趣闻，两个人在一起捧腹大笑的时候，我体味到了幸福……这才发现，其实每个人的身边都洋溢着小幸福，只要学会捕捉幸福，就能拥有幸福。

再读《边城》，让我体味幸福、懂得幸福，在忙碌的生活中做一个真正幸福的人。

【点评】

什么是幸福？小作者捕捉住小说的精彩细节，由《边城》说到《呼兰河传》，再由小说联想到生活，得出了"幸福是人们内心深处所珍藏的最美好的感情，是生活给予我们的珍贵礼物"的感悟。对于一个十二三岁的孩子，这是多么的难能可贵。

第七章

重视阅读"无字书"

第七章　重视阅读"无字书"

学好语文，写好作文，需要读两本书，一本是"有字书"，一本是"无字书"。

所谓"有字书"，也就是书报刊等实体读物。对作文而言，读书比什么都重要。没有一定的阅读积累，想写好作文是不可能的。但是光读"有字书"，难免"纸上得来终觉浅"，因此，还要去读"无字书"。

所谓"无字书"，是一部包括生活、自然、社会、人生等在内的大书，它比"有字书"更丰富、更浩繁、更广博。这个世界上的一切"有字书"都是对这部"无字书"的解读，而读懂这部"无字书"，需要更敏锐的眼光、更细腻的心思、更高远的智慧，要求我们时时事事处处做一个有心人，不仅要热爱生活、拥抱生活，而且还要观察生活、体悟生活、思考生活。一个对社会人生一无所知、对万物自然一片懵懂的人，是很难写出像样的作文的。

"有字书"与"无字书"如同鸟的两翼。在语文学习中，读万卷书，便是行万里路；同样，行万里路，也是读万卷书。如果一个同学既热爱读有字书、又爱读无字书，便能在广阔的语文天地自由自在地展翅飞翔。

读丰富多彩的自然，于是，孩子们发现花鸟虫鱼皆有灵性，日月山川尽显神采。在孩子的笔下，蜗牛频频道谢，小蟹善于游击，小虾与人交流，螳螂会打太极……无论是鹫峰耸翠，小雨淅沥，还是海潮汹涌，喀纳斯如梦，一切都无限美好。

读无比鲜活的生活，于是，在孩子的随笔中，学校里兴味盎然，社会上斑斓多彩。从小中见大的《榜样》、妙趣横生的《笑能否"传染"》、令人捧腹的《班长与"伪猿长"》,到难得一见的《猫眼》《奇遇》《小城一角》《难忘那目光》,信手拈来,尽显百态人生。

读斑斓多姿的异国风光,读者的眼前会出现威尼斯风情、难得一见的北极地质奇观、意大利教堂大理石的诗、一望无际的南非动物王国以及变化万千的巴黎的绿树、蓝天和白云……

读镌刻在大地上的历史,孩子们看到了发生在颐和园的腥风血雨、想到了内乡县衙对联背后的故事,寻访到南京"金陵女子学院"、凭吊了南京大屠杀纪念馆,由东京国立博物馆感受了"菊与刀"、在甘肃安西旅游途中发现了西路军的遗迹……

读丰富多彩的影视作品,孩子们感悟、思考、对比、点评,写出了入情入理的《亮剑精神——〈亮剑〉观后感》《失望——话剧〈四世同堂〉观后感》《海豚的悲歌——观〈海豚湾〉》《苦涩的完美——〈钢的琴〉观后》《"人"的这块匾——观话剧〈王府井〉》……

语文的外延与生活的外延相等,生活即语文,语文即生活,因此"留心处处皆学问"。学生在多读"有字书"之外,养成仔细观察、勤于积累的习惯,用心去品读"无字书",既读日常生活这部大书,又读多姿多彩的艺术、变化万千的自然和镌刻在大地上的历史,尽可能拓展语文学习的空间,对学好语文是有百利而无一害的。

一、万物皆有情

在我们生存的世界里,春有"百般红紫斗芳菲",夏有"接天莲叶无穷碧",秋有"万类霜天竞自由",冬有"千树万树梨花开"。我们的眼前,一会儿是草长莺飞,柳絮榆荚,鹧鸪杜鹃,一会儿是橙黄桔绿,小荷残菊,清霜白露。大自然无比丰富,无穷变化,无始无终。如果我们有一双善于发现的眼睛和一颗善感的心灵,就会收获无穷的乐趣和感悟，作文也随之鲜活灵动起来。

这个世界里的物类不仅极其丰富，而且一草一木、一鸟一虫皆有灵性。

在这万千世界里，你会认识很多十分有趣的另类"朋友"：比如点头称谢的蜗牛"爬爬"，狡猾顽皮的小蟹，卖萌讨主人开心的仓鼠"萌萌"，有太极大师般风范的螳螂，善解人意又让人怜悯的小虾，以及懂得"韬光养晦"的不慌不忙的风信子……

但是，如果你的生活节奏过快，就会在步履匆匆之间错过一切美好。

如果你的步履从容，你眼前的万物就会灵性尽显，庄子就会与游鱼同乐，欧阳修就会与百鸟同乐，小作者们就会与小虾小蟹、螳螂蜗牛同乐。

只要你善于发现，你的笔下就会无限丰富，你眼前的一切就永远写不尽道不完。

范文

1. 可爱的"爬爬"
汪子琪

中秋节期间的一天，天下起了雨。雨过天晴后，很自然地，蜗牛们都出来透气了。我做作业时，一抬眼便望见窗户外趴着一只小小的蜗牛。我喜出望外，推开窗户，把小蜗牛请了进来。仔细端详它，还是一只很漂亮的蜗牛呢！而且，它可爱极了，总喜欢到处爬来爬去，我便给它起了个很"响亮"的名字——爬爬。

爬爬生性活泼，哪儿都敢爬，也爬个不停。我甚至怀疑它是不是有"多动症"！我怕它出意外，就精心为它准备了一个带盖的干净盒子，里面还有一个专用"餐厅"——奶昔杯盖用来装菜，小瓶盖再倒些水。这样，爬爬的"衣食起居"都解决了，多么舒适的小屋啊！

本以为这样的环境对爬爬来说就像"天堂"一般——"衣食无忧"。可没过两天，我就发现爬爬突然不爬了。它总愿意将头缩回硬壳里，老半天都不探出来。爬爬的饭量也减少了，刚来的时候，一片白菜叶子爬爬基本都能吃掉，而现在即使放几根短梗，它也连碰都不碰一下。我既伤心又奇怪，不明白爬爬到底怎么了。渴了？水很多啊！饿了？食物也不少啊！闷了？我每天陪它啊！难道生病了？此时此刻，我最大的愿望就是立即长大，当一名兽医，好赶紧看看我的小蜗牛——爬爬到底怎么了。

又一个早上，一觉醒来，我往盒子里一望，咦？爬爬哪儿去了？我一下子慌了神，东瞧瞧，西望望，可爬爬就是找不到了。这时，我抬头一看，呀！爬爬怎么爬到柜子顶上了？

"啊！"我情不自禁地叫出了声，拍了一下脑袋。爬爬是动物，是属于大自然的，应该把它放归大自然才对呀！是啊，我原来怎么就没想到呢？考虑好了，我便小心翼翼地把爬爬从柜顶上摘下来，轻轻地把它放在窗户外面。过了几分钟，只见爬爬慢慢把头伸出壳外，探出双角，向我这个方向点点，好像在对我说：谢谢你又把我放回了大自然。

我坐回书桌前，静静地思考着：人类总在说"要懂得环保""要爱护动物"，"地球是我们唯一的家""要和动物平等相处"……然而，我们又真正做到了吗？先不提对动物的迫害，就单说有的时候，我们一厢情愿地把一些心仪的小动物当成自己的宠物，把它们禁锢在我们自以为舒适的家中，其实我们忽略了——大自然才是小动物们真正的家！就像我的爬爬，把它放归自然才是对它真正的爱！

【点评】

"爬爬"生性活泼淘气，喜欢四处乱爬、自由觅食。面对主人的精心照料和衣食无忧的环境，它反而"绝食"。当被放归窗外时，它"慢慢把头伸出壳外，探出双角，向我这个方向点点，好像在对我说：谢谢你又把我放回了大自然"。

我们不能"一厢情愿地把一些心仪的小动物当成自己的宠物，把它们禁锢在我们自以为舒适的家中……大自然才是小动物们真正的家"——在生命成长的路上，小作者有了一个多么宝贵的收获。

2. 蟹岛捉蟹

志桐

"桐桐，今天咱们去蟹岛捉小蟹吧！""太好啦！"妈妈的话让我一蹦三尺高，急忙收拾好所需物品向蟹岛进发。

中午时分，我们抵达了蟹岛。那儿的天气特别好，天空中万里无云，天空和海水好像融为了一体，真是水天一色。现在已是秋季，尽管还是艳阳高照，但已不再炙热，加上海面上的阵阵微风和从不远处传来的海鸥叫声，令人感到十分舒适。

傍晚时分，我们开始了"捕蟹大计划"。我们拿着手电和小桶去海边的小水洼里捉蟹去了。"嘿，那儿有只小蟹！"哥哥指着不远处说。我立刻行动，悄无声息地逼近小蟹。突然，我来了个"大鹏展翅"直扑小蟹，小蟹狡猾地来了个"三十六计走为上"，往我前方拼命奔逃，我则卷起裤腿紧追不舍。小蟹见势不妙，来了个"就地生根"，钻进沙子里不见了。我灵机一动，来了个"守株待兔"，以逸待劳，趴在岸边等小蟹自己送上门来。果然不出我所料，小蟹不一会儿就探头探脑地从沙子里钻出来了，我以迅雷不及掩耳之势扑上去，一下逮了个正着。"叫你跑，"我对小蟹说，"看你这回往哪跑！"一边说，一边松开手把小蟹放进小桶里，顺便给它加了点水。小蟹嘴里不停地吐着泡泡，好一副不服输的架势！"不服气是吧，那我就放了你。"我说，"看我能不能再捉到你？"小蟹这回有了教训，出来后又一头扎进沙子里，怎么等也不肯出来。"我掘地三尺也要捉住你！"我心中暗想。于是，我找了把小铲子往下挖，不一会儿，小蟹就被我翻了出来，再一次成了我的俘虏。

这个晚上，我们一共捉到了8只小蟹，大家开心极了，个个脸上都笑开了花。这天夜里，我做了一个梦，梦见我还在捉蟹，妈妈说我睡觉时都在笑。是呀，捉蟹是一件多么令人愉快的事情呀！

第二天早上涨潮的时候，我们拎着小桶，披着满天的霞光，又来到昨晚的海滩，把小蟹重新放回大海。

【点评】

　　捕蟹过程是一次奇妙的发现之旅，充满了与小蟹斗智斗勇的乐趣。在小作者笔下，小蟹是蛮通人性的：它先是"狡猾地来了个'三十六计走为上'"，被逮住后，"嘴里不停地吐着泡泡，好一副不服输的架势！"有了教训之后，则"一头扎进沙子里，怎么等也不肯出来"……一次捕蟹就是一场游戏，而机敏、狡黠的小蟹就是最好的玩伴。

3. 小鼠自述

毛骏奇

　　大家好，我的名字叫小黑。我是一只萌萌的仓鼠。我来自花鸟鱼虫市场，现在住在我主人给我准备的别墅里。这里可好了，有吃有喝有玩的，好不快活！比我在花鸟市场的那个家好多了！

　　还记得我在花鸟市场的那些日子，我和一大堆同类们挤在一起，去抢店主给的那么一点点的食物，那里简直就是地狱！我迫不及待地想离开那个地方。但是，当我看着一只只鼠鼠被带走的时候，却没有人注意到角落里的我。我就这样半死不活地在花鸟市场度过了一个月。

　　终于，在一个阳光明媚的下午，一个改变我一生的小朋友，踏进了这家店的大门。我看着"它"，"它"也看着我，我们就这么对视了几秒钟，然后"它"径直向我过来。"它"要带我走了，要带我走了！我想我终于可以有一个温暖的家了，在花鸟市场的这段恶梦终于结束了！我幸福地闭上了眼睛，感受着那双温暖的大手把我捧了起来。

半晌，我和我的小主人欢快地回到了家，我兴奋地在笼子里上蹿下跳，虽然现在应该是我的睡觉时间。两个小时之后，我累坏了，闭上眼睛，心里有种说不出的感觉，没有吵闹的噪音，没有兄弟们的推搡。啊，这才是真正的生活，想着想着，我进入了甜蜜的梦乡。

不得不说，小主人对我太好了。吃的顿顿都很营养、健康，像什么黄瓜、西兰花、胡萝卜，等等等等。尤其是西兰花，养过鼠的人都知道，天底下没有不爱吃西兰花的鼠。主人常常给我买西兰花吃，因为它又健康又美味！像什么麻子、瓜子这些容易上火的美食，主人给我控制得恰到好处，让我不馋也不上火。而生菜、梨这些根本不能吃的东西，主人也从来没有喂过我。主人为我花的时间之多，和"它"写作业的时间差不多了。啊，我真是太幸运了！

作为一只鼠，我也不盼着能帮主人做什么事。只要"它"开心，我就开心；如果"它"伤心，我会尽力去卖萌，哄"它"开心。反正，我要尽我所能去帮助我的主人，让"它"幸福！

【点评】

　　明明是自己对心仪的宠物小仓鼠喜欢得无以复加,照顾得无微不至,可是,小作者却别出心裁,写了篇《小鼠自述》,借小仓鼠之口来表现这一切。

　　读着这篇情趣盎然的小文,一个憨憨的、萌萌的、幸福指数极高而又充满灵性、懂得感恩的小仓鼠仿佛就站在你的面前:"我看着'它','它'也看着我,我们就这么对视了几秒钟,然后'它'径直向我过来。"——寥寥数语,人、鼠换位。在读者眼前,小鼠成了"人",人则成了物化的"它"。诙谐风趣,妙境顿现,读后令人笑逐颜开。

4. 螳螂捕食

陆天明

　　螳螂一直是我感兴趣的昆虫之一。法布尔把它描写成威胁昆虫世界居民的老虎,杀人不眨眼的凶手。所以我对它不光心怀敬畏,还十分好奇它高超的捕食技巧。

　　在大围山,我有幸得到了一只,是姥爷在散步途中俘获的。它仅长出了短短的翅膀,还是一只幼虫。它还需要一年才能长成羽翼丰满的成虫。如果以人的年龄来计算,它正风华正茂。

　　它的头部是精致的倒三角形工艺品,有条纹状花纹,两只透亮的圆眼睛像宝石一样晶莹,与下方的小嘴形成鲜明的对比。

嘴边有四条细小的护食须点缀，像几撇小胡子。但一张开就会露出鲜红的凶器。我把它放在纱窗上"饲养"，捉来活的蚂蚱，看它们PK。

它的捕食足最有特点，令人毛骨悚然，强大而有力。捕食足共分为三节：第一节没有针刺，但是很结实，像人的臂膀。另两节都是钉板，上有无数长短刺，成行排列。平时折叠起来，立于胸前，摆出一副拳击选手伺机攻击的架势。一旦打开，就能以迅雷不及掩耳之势捕食到较远的猎物。我被螳螂夹过，深知大钳子的厉害。它的四条后腿与大多数昆虫相同，并无特别之处。令我惊奇的是，有一次，它用力一蹬，居然轻轻松松跃过一米多，从纱窗上跳到了床上。

它似乎并不讨厌纱窗上的生活。大多数时候都静静地趴着，时不时用大钳子拉下头上的触须在嘴里舔吮，说不定是在梳妆打扮呢！有时，它也会悠然自得地在窗纱上散步。只有当我把折了后腿的蚂蚱放上去，它才警觉地竖起脖颈进入备战状态。它的头立即转向猎物所在的方向，触须慢慢地摆动。它并不急于进攻，而是静静地打量着对方，头脑中酝酿着进攻的策略。这种风格颇有大家风范，与虎狮蛇蝎们相似。而可怜的蚂蚱却总是迷迷糊糊，不知道死神正向它逼近。螳螂一步步靠近猎物，它走走停停，有时四条后腿着地，身体前后晃动，让我联想到太极拳的招式。一旦时机成熟，它便以闪电般的速度把猎物拿下。蚂蚱的身体被可怕的排锯夹住，动弹不得。

猎物一到手，它便变成一个优雅的食客，津津有味地细嚼慢咽，两只大钳像刀叉一样好用。它通常挑选柔软的部位下口，如腹部、头部或头背装甲之间的连接处。它的嘴不停地咀嚼着，不一会儿，蚂蚱的头就被掏空了，腹部鲜绿色的肉也被消灭殆尽，露出黑色的内脏。它对污秽的内脏不感兴趣，只吃周围的"腹肌"。等它饱餐完最后一条大腿，肚子鼓了起来。它开始用大钳子整理衣妆，然后折起大钳摆在胸前，活脱脱一副祈祷的姿势，与先前凶猛嗜肉的模样截然不同。它在祈祷什么呢？估计是下一顿美餐吧！

【点评】

"螳螂一步步靠近猎物，它走走停停，有时四条后腿着地，身体前后晃动，让我联想到太极拳的招式。一旦时机成熟，它便以闪电般的速度把猎物拿下。蚂蚱的身体被可怕的排锯夹住，动弹不得。"

——小作者对螳螂的捕食过程观察多么仔细，描写得多么生动精彩！你看它，有时以退为进，有时虚中有实，有时引而不发，有时以逸待劳，一副大智若愚的样子。时机不到，绝不会轻易出手。待到万无一失之时，则迅雷不及掩耳，一招置对手于死地。出手之坚决果断，动作之干净利落，一如太极高手出招，让人自叹弗如。

5. 小虾

牛家赫

从那一缸活蹦乱跳的虾中我一眼就看到了你，你弓身弯背，一副蓄势待发的架势。就在我向你伸手的时候，你像一根小橡皮筋，竟飞身跃起，弹到了缸的另一边。我被你吓了一跳，半生气半开玩笑地把你从缸中捞出来单独放在一个盛满水的小碗中。

"看你这小东西还吓不吓人了！"我想着，却见失了同伴的你猛地来到这么个地方，就像大海上一叶失了方向的小舟，漫无目的地乱闯。闯累了，你也该明白是逃不出我的手掌心了吧，我坏笑着，伸手去挑逗你，你怎么好似被抽了筋骨，软绵绵地随水波漂，腿无力地垂了下来。

我有些心疼你，轻声唤你："小虾，小虾，你怎么了？"你似乎听懂了，仰起头，两只黑珍珠般的眼睛转了转，突然开始发狂般舞动着我怎么也没数清有多少条的细腿。这回你不再乱闯了，而是狠狠地顶着碗边，似乎想把碗顶破。"别闹了，小虾。"我用手把你拨开，你却依旧执著地追求着破碗之后的自由，重复着徒劳无功的动作。我终于"怒"了："都快要上'屠宰场'没命了，你还这么发疯地寻找什么自由？"

你一定是听懂了，仰头看看我的眼睛，应该是看到了同样的意思，便瞬间把那紧绷的神经松开了，腿一下子就停了，又像一块没有生命的东西漂在了水面上。"小虾，小虾！"我惊惶地叫你。你懒洋洋地伸展了一下腿脚，之后沉了下去，静静地沉到了碗底，连那黑珍珠一般的眼睛也向中间靠近了。看着你把一切都放松了，我霎时明白你是要用一种略带颓废的放松迎接死亡。

我害怕了，连忙用手指抚你的脊梁，你仰起头，我看见那黝黑的眼中有深不可测的一团，让人看了透不过气来，绝望充斥了你整个身子。不忍看你像一颗夕阳迅速沉下去，我连忙对你说："我向你保证，你不用上'屠宰场'，不用！"可这次，那么通人性的你对我的话没一点反应。

我使尽了浑身解数也没把你留下，就那么静静地看着你睡去，直到你的身子软得像棉花，腿像无力的水草随水波摆。

把你送上"屠宰场"的那一刻我不知道自己是什么一种心情，好像痛到麻木。小虾，你知道么，大多数虾都是活着上"屠宰场"的。

红焖大虾上来了，我已认不出哪个是通人性的你。小虾，你听我的，下辈子你做鲸，大到人类无法捕杀。这样你就能在挚爱的水中畅快地游，没有天敌，你会那么快乐直到老去……

【点评】

一只即将走到生命尽头的盆中小虾，竟然也可以成为小作者语言交流和情感沟通的对象，奇哉！

从一发现小虾，"我"与虾的交流就开始了。小作者将小虾人格化，当小虾预感到生命行将结束时，文中有这样的描写："你懒洋洋地伸展了一下腿脚，之后沉了下去，静静地沉到了碗底，连那黑珍珠一般的眼睛也向中间靠近了……""你仰起头，我看见那黝黑的眼中有深不可测的一团，让人看了透不过气来，绝望充斥了你整个身子。"——小作者不仅捕捉到小虾在濒临死亡时眼神的细微变化,并且能够生动传神地将它刻画出来,实在难得!

另外,在写自己与小虾的神气相通时,还流露出众生平等的思考和悲悯弱小的情怀,也着实可贵。

6. 风信子
高鹏昊

一个月前,妈妈买来一棵风信子,放在我书桌上作为装饰。如今,它已经开满了小花,而刚买来时的样子却和现在远不可比。

开始时,它还只是一个上面有个小尖的球。与其这样说,还不如说它是一个有着大蒜形状和洋葱外表的植物。它被放在一个特制的瓶子上面托着,根部刚好被水浸过,瓶子下面则有几块色彩艳丽、形状各异的"水晶石"。每个看到它的人都会对下面的石头产生兴趣,其实它们只是些装饰,而上面被人忽视的风信子才是真正的明星。

谁也不会相信这样一个丑八怪能开出美丽的花朵,而它好像要故意证明这一点。随着时间一天一天过去,它的根也越扎越深,最后整个瓶子里都是它纤长而白嫩的根须,相互交织盘络在一起,令人无比惊叹,这么小的风信子竟然有如此长的根!

根发育完，营养和水分就有了保证，它终于要从里面冲出来了。果然，最上面的尖被顶破了，露出嫩绿的小芽。小芽越长越绿，越长越高，终于完全从原来的茎中蹿了出来，完整地呈现在眼前。

　　这确实让我惊呆了。如此平凡的外表，却有鲜艳而美丽的内在，但它却是真的像妈妈说的那样，花才是最美的呢。把它放到窗台上，过了一个晚上，那绿得发青的花苞就打开了。其实那并不完全是花苞，因为外层只是绿叶，里面才是真正的花。从最上面打开，里面是一个如皇冠般的"塔"，这难道就是那美丽的花吗？

　　等待着花盛开的日子，我很兴奋也很着急。然而过了几天，皇冠没有打开，倒是上面的几个小突起变成了粉色。再一天早上起来，我发现皇冠上开了一朵小花，粉色略带一点白的，有着淡淡的香味，原来每一个小突起都是一个花朵啊！

　　如今皇冠上已满是花朵，房间里也满是幽香，但谁又能猜到它当初的样子呢？

【点评】

　　不知道妈妈为什么会买个"丑八怪"摆放在"我"的案头，也不理解大蒜模样的花何以叫了"风信子"这个富有诗意的名字，更不相信它将来会开出美丽的花朵。然而，它从容地生根、抽芽、绽绿、含苞，直到最后纵情盛开，见证了生命的灵动和奇妙。同时告诉人们，在平凡的外表下，却可以"有鲜艳而美丽的内在"。小作者观察细致入微,文笔生动细腻自然,让人称道。

江山如此多娇。无数的奇山秀水是大自然的慷慨馈赠:从峰峦峭拔,到原野坦荡;从千里冰封,到小桥流水;从九曲黄河,到万里澄江;从五百里滇池,到八百里洞庭;从飞流直下三千尺,到天台四万八千丈;从大漠孤烟直,长河落日圆,到万壑树参天,千山响杜鹃;从赤橙黄绿青蓝紫,到山水烟花雪月风……

不要说历代文人墨客吟咏不尽的名山大川,就是平平常常、普普通通的"无风景处",只要你善于观察,处处留心,同样可以发现别样的风景,成就笔下的精彩。

7. 喀纳斯之旅

王雪莹

在抵达新疆后的第三天,我们一大早就前往令人心驰神往的喀纳斯景区。

我们坐上景区内的区间车,顺着喀纳斯河前行。碧绿的河水翻滚着雪白的浪花,不停息地向后奔涌而去。车驶过一座桥,我们从河的一岸到了另一岸。这桥真是神奇,波涛汹涌的河水一经过桥便缓和了许多,水面也变得平滑如镜。后来导游告诉我们,那其实是一座坝。

很快,我们到了卧龙湾。开阔的水面中浮着一座形状奇特的苍翠的小岛，仔细一看，正好似一只展开双翅的翼龙安卧于水中，景色十分怡人。继续前行，就可以看见喀纳斯河的几道湾中最美也最著名的一湾——月亮湾。河水在这里划出一道优美的"S"形，又恰似一弯初升的新月，河水颜色极绿极蓝，给人纯净与宁静之感。而月亮湾中两座平坦的小岛，犹如两只巨型脚印，更是引起人们无限的遐想。再往前走，有一片河滩，那里的河水将森林和草地切分成一块块似连似断的小岛，淡淡的云雾缭绕在小岛上空的山腰处。碧波粼粼的水面倒映着蓝天、山峰、云雾、树木，整个河滩简直像一片静谧的仙境。此处便是神仙湾。

接下来我们乘车来到喀纳斯河发源的地方——喀纳斯湖。两岸连绵不断的高耸的山峰夹着中间宽阔而平静的湖面。坐上游船，我便更加清晰地观察到了湖水的颜色。那是混合了乳白和碧绿的颜色，极其纯净与圣洁。而那些关于喀纳斯水怪——大红鱼的种种传说，更是为这宁静的湖泊增添了几分神秘的色彩。坐完游船，我们开始登观鱼亭。区间车把我们送到半山腰，然后我们沿着一条蜿蜒的木质栈道向上爬。栈道两旁，野生的柳兰花繁茂地盛开，散发着一股与丁香香气相似的芳香，沁人心脾。我们就要爬到顶了，抬头望见观鱼亭正矗立在山巅，在阳光的照射下，这座古色古香的双层圆顶木质亭台闪耀着金栗色，煞是好看。登上观鱼亭，俯瞰四周，近处的湖泊、河流、草原、森林、山峰尽收眼底；远处，那刺破云霄的雪峰也清晰可见。各种地貌交汇在一起呈现在我眼前，简直就是一幅美不胜收的全景图！这壮丽的景色让我感到不胜惬意。

时间流逝，我们原路返回，并怀着依依不舍的心情离开了这片人间净土——喀纳斯,我将把这次喀纳斯之旅永远地珍藏在我的记忆中。

【点评】

喀纳斯河的几道湾中最美也最著名的一湾——月亮湾,河水在这里划出一道优美的"S"形,又恰似一弯初升的新月,河水颜色极绿极蓝,给人纯净与宁静之感。而月亮湾中两座平坦的小岛,犹如两只巨型脚印,更是引起人们无限的遐想。

走进《喀纳斯之旅》,优美的画面让人赏心悦目。小作者仿佛一位丹青高手,用心中的情感和奇妙的想象调和着各种色彩,为读者画出了一幅美不胜收的喀纳斯全景图。

8. 小雨淅沥

牛家赫

大暴雨过后的几天都没见到雨了,这天傍晚却突然小雨淅沥起来。

大大的笑容在脸上绽开,我连忙扯了把雨伞下楼去玩。下了楼,才发觉这雨伞打不打都行,干脆就不打了,任那冰凉的雨打湿我的头发和肩膀。

一切都有些模糊。浓重的水汽掩住了花的红、草的绿,连那柳树的叶儿似乎也被水泡得发白了。院子里有条人工小河，河水两岸用石头砌成高低不平的河岸，河的尽头有个小湖。没有鱼的湖水本是没有一丝生气的，平静得恍若不存在，可是下了雨，就完全变了样。一圈圈涟漪荡漾开来，互相碰撞着、碰撞着，继而又消失了，又立刻有新的涟漪展开在水面上。一圈一圈又一圈，好像个漩涡，把我的目光死死地束在了里面，这安静却不平静的湖面实在太吸引我的眼球了。

雨扑簌簌地下大了些，风也不知从何处跑来助阵。撑上伞，却总有雨丝斜着打湿了我的裤子。一切似乎穿上了纱。沿着河岸上高低错落的石头走着，那雨打石的脆响总是不绝于耳。噼噼啪啪，极像首小小的奏鸣曲，小小的声响回荡、小小的旋律清唱、小小的音符跳动……有块石头没放稳，我一个趔趄，一脚便踏进了清亮的水中。丝丝凉意立刻顺着脚直窜向头顶。我连忙撤回脚走上小桥，桥板上印出了一串湿漉漉的脚印，又很快隐没在雨点的击打中了。

雨渐入尾声，风却得了势。水气吹散了，花红草绿又回来了。树叶沙沙直响，带下来大滴大滴的雨水。湖面开始起大波，一圈一圈大大地散开。小小的雨点不知被带到了何处，我就以为，雨已经停了。

后来回了家才发现，其实雨还是有的，只是，雨点藏进了风中，淅沥声则被风儿悄然带走了。

【点评】

　　小雨，实在是一种再平常不过的"景"了，它的形影神韵，让人难画难描。可是，在小作者的笔下，小雨被写神了！

　　"我连忙撤回脚走上小桥，桥板上印出了一串湿漉漉的脚印，又很快隐没在雨点的击打中了。"从雨点隐没脚印的描写中，我们分明看到了小雨的飘洒。若是积水满地的中雨大雨，哪有这样的景致呢？

　　还有更奇妙的描写呢！"其实雨还是有的，只是，雨点藏进了风中，淅沥声则被风儿悄然带走了。"一个"藏"字，写出了无雨之"雨"的踪迹；而"悄然带走"几个字，写出了无声之"声"的去向。在小作者的笔下，"小雨"就是这样一个顽皮可爱的善捉迷藏的精灵。

9. 海

景一馨

　　将近五个小时的车程一过，离海边已是仅有数米之遥。清清鼻子，尽是淡淡的海腥味。先是一顿海鲜，随后就来到了沙滩。周一人算不上很多，但也把喧闹的海滩占得满满当当。几把太阳伞构成的小小村落，孩子们挖的隧道、护城河，还有些穿着泳衣的人们坐着椅子有意无意的聊天以及海上大大小小的游泳圈，很是壮观。

初秋已到，恐海水太冷，搬了把椅子在沙滩上的水线上，离开了鞋的束缚，脚被海水冲洗着，冰冰凉凉，颇有些情味。海的味道已更浓，耳边也只有浪潮一起一伏的水花声，甚是好听。随性捡几颗小石子，半透明的乳白色带着几条红色条纹，记得曾沿着沙滩捡了一小袋这样的石子，经海水一洗也沾了些海的味道，袋子晃一晃，那些小小的石头碰撞声叮叮咚咚，像是铃铛，也像是木琴。只是那些小石头已不知去向，唯留下淡淡的回忆。

那海很浑，泳镜完全不能起到看东西的作用，水下只是一片混沌的黄沙，偶尔夹杂着几根海草，被我们误认为是海带，还抓在手里很久，舞来舞去。

海里还有些贝壳类或是海螺，它们大多有个像蜗牛一样的壳，只是在缺口处伸出来的是一只小小的钳子。我还差点抓到只小螃蟹，我踩到了它，就潜下去把它拿上来，谁想刚一看，竟是只淡褐色、张牙舞爪的螃蟹。吓得我手一扬，不知扔哪里了。想想真庆幸它没夹我，不过被夹一下抓住它也不错，但这都是后话了。旁边那位发话了，你踩了它，它一定会来报仇的。我笑笑，这螃蟹心胸也太不宽广了，全煮了吃。

后来又致力于像是建造拦水坝一样的建筑，当然用沙子。我们先是垒起了两边的河岸，称为"第×道防线"，后来又挖了一个蓄水池。全程采用U形，为了防止浪潮对沙子的直接冲力，弯道会好一些。其中不断有"山体滑坡"和"橙色预警"，最后涨潮之时我们当初的第一、二道防线早已不见踪影，第三道歪歪扭扭冲掉一半，蓄水池里的水也都顺着一个豁口流走了。浪花越来越大，那位已瘫坐在地上，而我亦知道无力回天却仍在徒劳地淘沙、挖深。

徒劳，这时候做什么都是徒劳的，浪花仍在一浪浪地拍打着沙滩，连河里尖锐的石头都终将圆滑，你凭什么来保住这个小小的沙堆呢？

耳边又响起那亘古不变的海浪声，一浪，又一浪。似乎完全没有尽头，突然想出一个比喻：海浪是绝对的。面对这沙，海浪就应是绝对的。绝对的时间也好，绝对的强大也好，绝对就是绝对的。

浪花上来又下去，人们来了又离去，不知有多少孩子曾在这片沙滩上玩耍过，但当你早上起来，却发现一切照旧：沙滩依旧平平整整，仿佛从未有过笑声。

【点评】

"浪花上来又下去，人们来了又离去，不知有多少孩子曾在这片沙滩上玩耍过，但当你早上起来，却发现一切照旧：沙滩依旧平平整整，仿佛从未有过笑声。"

海边游玩后，小作者写下了这样的句子。读着它们，不由想起"人生代代无穷已，江月年年只相似"的妙句。不知道小作者读没读过这句子，但笔下同样流露出对岁月对人生对宇宙的叹惋和思考。

10. 草原的湖

赵嘉熹

草原那令人心旷神怡的美景中,最让我记忆犹新的是草原的湖。

清晨的湖,是宁静的。远远望去,湖面上团团的乳白色水汽静静地飘动。走入芦苇荡,只见淡黄色的芦苇一簇簇,随清晨的微风轻轻舞动,好像一位翩翩起舞的蒙古族少女。周围如钢铁战士般守护草原的树林,几乎笼罩在团团浓雾下,身处其中有种飘飘欲仙的感觉。尤其当太阳从地平线上缓缓露出脸来,湖面的水汽缓缓升入半空,变成天上悠悠的白云,湖中央几只小野鸭悠闲地游动,若隐若现,惊得我们好像来到了人间仙境。我们大口大口地呼吸着"仙境"的空气,好清凉舒服!清晨,到处都寂静得出奇,连出气的声音都听得见。

上午的湖,是无瑕的。没有风的时候,湖面光滑无痕,湖水清凉洁净,清澈见底。倒映出广阔无垠的蓝天,此时整个湖好像晶莹剔透、毫无瑕疵的蓝宝石,那蓝是我所见过的最纯洁、最干净的蓝,令人心旷神怡、心驰神往。湖边草原的风景更是美不胜收,昼夜巨大的温差,使岸边的植物身上都披上一条条雾凇。雾凇洁白透明,在阳光的照耀下熠熠生辉,远远看去仿佛岸边的水草都穿上了由水晶砖石镶嵌而成的大衣,仿佛衣着华贵的外国贵族。用手轻轻掠去,雾凇就会像雪花一样飘落下来,好美丽的景观!

下午的湖,是忙碌的。岸上是无数芦苇精心编织的"地毯",在齐腰的地毯间,已被来自五湖四海的观光游客踩出了无数交错相间的小径。远远看去整个芦苇荡被分割成星罗棋布的小区域,游人在丛中或躺或坐,摆出各种姿势拍照。慢慢靠近湖边,脚下开始感觉软塌塌的,好像地面正在下陷,低头看去,湖水像伤口中的血汩汩地流出……

傍晚的湖,是富丽的。微风在水面轻轻拂过,原本光滑的水面就仿佛从小孩的脸变成了老人的脸,皱纹层层叠叠。在落日余晖的照耀下,美丽的草原湖上仿佛镀了一层金子,金光闪闪,显得富丽堂皇。

尽管在草原上只待了两天,可随处可见的草原的湖给我留下了极深的印象,它们与杭州的西湖、颐和园的昆明湖带给我不同的感受,相信它们都将成为我记忆深处的宝藏!

【点评】

这是一篇文辞优美而又颇有意境的游记。

小作者抓住草原湖的景色特点,按照清晨、上午、下午、傍晚的顺序,写一天之中草原湖的四种变化——宁静,无瑕,忙碌,富丽。文中想象、联想丰富,动静相衬,虚实结合,把一幅幅色彩斑斓、充满诗意的画面推到你的眼前,给人美的享受。

二、经历即财富

有一句话很有名：语文的外延与生活的外延相等。

这句话告诉人们一个道理：生活即语文，或者语文即生活。生活的外延有多宽，语文学习包括作文学习的外延就有多宽。而生活是一部百科全书，其外延是无限广阔的，语文学习的天地自然也是无穷无尽的。凡有生活的地方，都是学习语文、学习写作的地方；人生所到之处，都可以学到语文、学得写作。

当你懂得时时、事事、处处去观察生活、留意生活、思考生活时，你已经是一个语文学习的有心人。而世上无难事，只怕有心人。

有人说：一花一世界，一石一如来。

一件不引人注意的小事，一次意料之外的巧合，一个看似平淡无奇的场景，对这些生活中的点点滴滴，如果你发现了它的真趣，同时又能给予生动地表现，就会是一篇好文章。

一次"笑能否传染"的诡异实验，一次课间同学的追逐打闹，一场一触即发的"战斗"的化干戈为玉帛，一次小摊买锅上当的偶然经历，一次与餐馆50多岁男服务员的近距离接触……一件件皮毛小事，在小作者的笔下，变成了精彩的故事、流动的画面和别样的风景，让人捧腹，启人思考，给人美的享受。

范文

1. 笑能否"传染"
郑逸杉

最近我一直在想,人们都说打哈欠能传染,我也这样认为,因为我亲身体验过。当你犯困,打哈欠时,你旁边八成有另外一个人跟着你打。那么笑呢?笑能"传染"吗?

为搞明白此问题,我在化学课上做了一个绝对不值得效仿的实验:把手伸直,指着另外一个同学不停地笑,看那个同学会不会笑。

坐在我后面的于瀚洋成了我的第一个实验品。

上着化学课,我突然转过头去,指着于瀚洋大笑,笑得特别开心。不过声音不大,没被化学老师发现。于瀚洋被我这么一笑,还以为他脸上有什么东西,不停地问:"怎么啦?怎么啦?"我不回答,继续指着他疯笑。他看我笑得那么欢,觉得很莫名其妙,又因为我的表情猥琐,顿时喜感倍增,开始不停地笑。好的,第一阶段实验结束。

他的同桌郝祎辰,看我和于瀚洋不停地对笑,可能觉得我们精神不正常,也忍不住了。说实话,我在上课时做这种实验,本身就是精神失常的一种表现。第二阶段实验结束,被感染者已经开始向外传播"笑原体"了。

第三阶段,就是爆发期。周围的丁子扬、胡雨石、胡荣格、涂轶翔接连被传染,教室后部爆发出一片笑声。这回,终于被化学王老师发现了。王老师以"你们这一片太不严肃"为由,把郝祎辰和于瀚洋叫了起来,让他们站着,不笑了再坐下。这回没人敢笑了,却不时发出很轻的"噗"的声音——有人忍不住了。

他们两个坐下后,郝祎辰笑着对于瀚洋说:"再过十分钟下课,咱们坚持住,下了课尽情地笑吧!"

下课铃声响起,老师宣布下课。我后面的同学立刻开始狂笑,直到笑得打嗝,脸部肌肉疲劳,笑不动了为止。实验到此结束。

我都没想到这个实验有这么大的威力。

我相信,笑完以后,这些同学心中一定都有一个疑问:是什么让自己狂笑不止的?

我也不知道。

实验后,我得出了一个结论:笑是能够传染的且传染性比打哈欠强得多。在三种情况下,你会笑得很欢。一、当你不明白别人为什么在笑时,即使笑的是你;二、当许多人一起笑一件事时,即使并不那么好笑;三、当你感到一件事很好笑时。这三种原因导致了笑的传染。

放学后,我指着高鹏昊大笑,于是,他立马就笑喷了。

【点评】

打哈欠能"传染",那么笑能"传染"吗?

在化学课上,小作者突发奇想,随后,便投入实验。在获得笑的"产生期""传播期""爆发期"三个阶段的实验结果后,得出了"笑"不仅是能够"传染"的,"且传染性比打哈欠强得多"的结论。

就是这样一次开玩笑般的所谓"实验",就是这么一点儿不值一提的皮毛小事,通过绘声绘色的描写,便可成就一篇如此妙趣横生的文字。那么,我们生活中又有什么不可以拿来以成就自己的文章呢?

读着这充满童心、童趣的文字,你也会不由得"笑逐颜开"的吧,而这,又在无形之中给"笑是能够传染的"的"实验结果"增添了一个例证。

2. 班长与"伪猿长"

张雨辰

他,高高的,胖胖的,黑黑的,说话声音粗粗的。他有着《野葫芦引》里游击队长彭田立那样一双女孩的眼睛,大大的,水汪汪的,深深的眼线,长长的睫毛……这一切的精致、细腻都与他给人粗犷、宽厚的印象极为不符。而他本人似乎也是一个矛盾体,有时十分威严,往往一声就能镇住全班同学,有时却非常细心,大家都遗忘的事他反而记得。就是这样的一个人,他是我们班的班长。

他,矮矮的,瘦瘦的,黄黄的,说话声音尖尖的。他也有一双大眼睛,却并不适合用水灵来形容,只一分聪明,一分灵动,整天转来转去的,让人不知道他又在想些什么鬼主意。他可是个不折不扣的捣蛋鬼,心中似乎从没有什么规矩可言,大家高兴才是王道。就是这样的一个人,他是我们班的"伪猿长"。

这两个人的性格明显是水火不容,却偏偏都是处在风口浪尖的人物,难免要擦出些火花。我们对此也不在意,只当是免费看了一场戏,而且,这戏还是常演常新的。

这不,这一天,好戏又上演了。

事情是这样的。

班长姓熊,而这恰好跟一位我们都很熟悉的著名人物——《奥数教程》的主编熊斌同姓,于是,我们机灵的"伪猿长"同学就赐给了他一个外号"熊斌",昵称"斌斌"。可班长本人看来并不太喜欢这个称呼,尤其是从"伪猿长"那张说不出什么好话的嘴里阴阳怪气地冒出来的那一声声"斌仔"就更让他难以忍受。"伪猿长"的性格大家也是知道的,哪壶不开提哪壶,越不让他叫他就偏要叫,结果,叫着叫着就给自己叫来了麻烦。

要知道班长大人向来不是好惹的,惹急了那可是会施暴的主儿,人家忍得了一时忍不了一世啊,可"伪猿长"似乎并不懂得这个道理。于是,在一个阳光明媚的午后,他再一次扯着嗓子大喊"斌斌"的时候,班长再也按捺不住心中的怒火,好戏开锣了。

只见班长迈开大长腿,飞也似地冲向"伪猿长"。"伪猿长"似乎早有准备,拔腿就跑。于是就有了以下这个搞笑的画面:一个小矮个儿在前面疯狂地跑,一个大高个儿在后面玩命地追,前面的人不时转过头来做个鬼脸,还附赠一句高亢的"熊斌"……

虽然班长跑得不慢,但怎敌"伪猿长"身轻如燕,不一会儿就不见了踪影。可班长自有他的办法，他不慌不忙，径直走向"伪猿长"的座位，拿起"伪猿长"的书包，放到了窗台外面，就又去追他了……这下该头疼的可就是"伪猿长"了……

"伪猿长"归来后起初果然大惊失色，可不久就恢复了平静，取回自己的书包后又瞄住了班长的书包，趁班长在外面追他，抱住他的书包就跑……

好戏剧，就像喜剧电影里演的一样，班长又回来了，不见自己的书包，又拿起"伪猿长"的，毫不犹豫地把它调了个个儿，抖了一抖，哗啦一声，书本散落一地。还是班长比较狠。

话说这"伪猿长"脾气也真好，丝毫没有要生气的意思，只是低头默默地拾起地上的书本，轻快敏捷地摆整齐，又好像什么都没发生一样嬉皮笑脸了……

这场对决，是班长与"伪猿长"的对决，是后排同学与前排同学的对决，是"正义"与"邪恶"的对决，是"正经"与"调皮"的对决。这场较量，不分胜负，没有结局，无关成败。这只是漫长乐章中的一小段插曲，这只是16班生活的一点一滴。但，它却是独一无二的，只属于我们的，只属于我们16班的。

【点评】

同学之间的戏耍原属平常，可是，到了《班长与"伪猿长"》中，你就不由得眼前一亮了：

他，高高的，胖胖的，黑黑的，说话声音粗粗的。

他，矮矮的，瘦瘦的，黄黄的，说话声音尖尖的。

> 就是这样两个从形体到性格都有强烈反差的同学，在课间上演了一出追逐玩耍的好戏。小作者以诙谐幽默、细腻洒脱的笔调，再现了这一生活图景："在一个阳光明媚的午后"，一个敏如猿猴、身轻如燕的小个子，与一个人高马大、长腿阔步的大块头展开了一场实力对决。班长与"伪猿长"两个个性鲜明的人物跃然纸上，读来令人捧腹。

3. 榜样

张云柯

每个人的心中都有一个榜样，他也许不尽完美，也许很平凡，但只要有某个方面的优点，就是我们学习的榜样。

他，我的初一同学，相貌平平，脑袋尖尖的，嘴一张就显得非常大，因此得了一个雅号——大嘴。

在班里，"大嘴"学习并不是最好的一个，其他方面好像也没发现有什么特别让人羡慕的地方。

"铃铃铃……"第四节课的下课铃响了，我们全都紧握着饭卡，冲出教室，飞下楼梯，直奔食堂。和往常一样，我和大嘴又走在了一起。

买好了面条，我们一块儿说笑着找地方坐。正当我们回头时，一名身材高大的同学侧身从我们前面撞了过来，直撞到了大嘴手里满满的西红柿打卤面——咣叽！"大嘴"的面洒了我一脸。

"你眼瞎啦!没看见我正招手呢!有病!"那位肇事的同学破口大骂。

我看看自己身上的西红柿鸡蛋面,心想:你小子真没长眼睛,撞我们一身"迷彩",你倒有理了,不赔礼道歉,还出口伤人,简直无赖!我怒不可遏,瞪着他大喝道:"好啊你!你把我们弄脏了,你还充老大!信不信我拿臭鸡蛋砸你!"说罢,我从我自己那份幸存的面里挑了点儿西红柿和鸡蛋,朝他脸上一扔,对大嘴说:"我们走!"

谁知"大嘴"没走。

他走到那同学面前,用餐巾纸替他擦去了脸上的西红柿和鸡蛋末,也掸了掸自己身上的面条,微笑着对那同学说:"哥们儿,对不起呀。下次注意点儿就得了,我们不怪你,我们不是也分神了嘛。"他转过来对我说:"没事了,和好了。"

这太出乎我的意料了!

我怔一下,往前走了一步,朝那同学伸出了手,他也伸出了手。我们互相握着对方的手,齐声说了一声"对不起"。

于是,一场一触即发的"战斗",就这样化干戈为玉帛了。

同学们整天生活在一起,产生矛盾、出现摩擦是难免的。如果一遇纠纷就不计后果,气血乱冲,很可能惹出大的麻烦。反之,如果理智、忍让一些,就会"退一步海阔天空"。在这方面,"大嘴"为我树立了榜样。

【点评】

小作者讲述了一个"一场一触即发的战斗",由于"大嘴"的调节,最后"化干戈为玉帛"的故事。

小作者善于场面描写和人物刻画,三言两语,紧张的气氛、人物的个性就活灵活现了。

文章的结尾,小作者由一件小事生发感悟:"同学们整天生活在一起,产生矛盾、出现摩擦是难免的。如果一遇纠纷就不计后果,气血乱冲,很可能惹出大的麻烦。反之,如果理智、忍让一些,就会'退一步海阔天空'"。这种认识难能可贵,它见证了小作者生命的成长,也给其他同学有益的启迪。

4. 奇遇

马子麒

走在新中关商场明亮的灯光下,经过无数炫目的彩色招牌,最终吸引我的还是那声音。

——那是一种很奇怪的声音,穿透力极强也极洪亮。虽说洪亮却并不嘹亮,甚至有些低而沉闷,总之与商场的气氛极不和谐。循声而来,我逐渐看清那是一家快餐店,也渐听明白他喊的内容。

"前面有菜单,后面有座位……""×××套餐优惠,仅需×××元……"我看清他的面貌——眉毛略扬,浑浊的眼里含着一种莫名的笑容。大概50岁上下的中年男子被套在亮橘红色的短袖T恤与米色长裤内，花白的短头发从浅黄的帽子里露出来。他高大而健壮，远远看着，他比店内身着同样鲜艳店服的年轻店员们大出整整一圈。

我想你一定听熟了年轻女服务员那一声清脆的"欢迎光临"，看惯了那种露出六颗牙齿的职业微笑，你也一定熟悉了西服革履的推销员，见了你远远跑来，一边说好话一边谈着他的项目，可你一定没有见过这样的场景：50岁的高大男子一边当服务员，说着"欢迎光临"，一边又作推销员，凑到路人身边散发传单……

我总以为这样的工作是年轻人初入社会要经历的磨炼，却从未想到还有这样年龄的人也在做着如此艰苦的工作……

我买了一份饭，在靠门的位置坐下，他立刻走来站到我桌边，用唱戏一般的腔调说着"请慢用"，又露出那种笑容。他那样高以至于我要使劲抬起头来看他（因为他站着，我坐着），使我有些惊惶而不知所措了。

原来，仰视不仅代表崇敬，在这里，仰视更突出了那种坐着的人与站着的人的绝对差别。

我忽然觉得我离他好远。为缩小这种令人窒息的绝对距离，我只好借整理包儿的借口也站起来。

现在我们都站在桌边，离得那样近，他还是比我高那么多，仰视着都很困难。

【点评】

　　文章的主角是一位餐馆老服务生，50多岁的男人，相貌臃肿……本来似乎毫无"看点"可言，但小作者从一个独特的视角，为读者描绘出一幅别有意味的图画。

　　"（他）眉毛略扬，浑浊的眼里含着一种莫名的笑容。大概50岁上下的中年男子被套在亮橘红色的短袖T恤与米色长裤内，花白的短头发从浅黄的帽子里露出来。他高大而健壮，远远看着，他比店内身着同样鲜艳店服的年轻店员们大出整整一圈"。

　　传神的刻画，让50多岁的男服务生的形象跃然纸上。独特的感受，传达了一种别样的滋味。

5. 宠物？玩物？

季北辰

　　走完了一个个项目，我们开始休息了。不一会儿，广场上的椅子上、台阶上都坐了很多人，各种牌类、棋类游戏被拿了出来，大家开始兴奋地玩。

　　就在这时，我们突然听到了"唧唧"的叫声，似乎是什么小动物。循声望去，只见一只浅黄色的小鸡正在叫呢。没过多久，我们桌上也有了一只毛茸茸的小鸡。小鸡身上披着一层嫩黄色的绒毛，头上长着一双小小的眼睛，好像没睡醒一样，总是眯着。尖尖的小嘴一张一合，发出欢快的叫声。它的脖子与小小的脑袋和身子似乎没有十分明确的界限，而是自然地连为一体。它的一双小巧的翅膀总是贴在身体两旁，不注意还不容易发现。小鸡的小脚是橘色的，每只脚三只细细的脚趾，自然地伸开，踏在地上，支撑着整个身子的重量，使我不禁有些担心这样小的脚是否能支撑得住它微胖的身体。这只小鸡很是可爱，却因为太幼小而略显柔弱。不过，它还是精力十足，总想跳出篮子，看看外面的世界。

玩牌玩腻了，就有些同学把注意力放在了这些活蹦乱跳的小鸡身上。各班、各桌的同学们开始想出各种各样的办法来逗弄小鸡。开始只是轻轻地拍抚，小鸡们也顺从地让同学们的手指从身上缓缓划过。有不"安分守己"的小鸡从篮子里逃出来时，同学们就又把它放进去。不知何时，又有人想出一种新玩法，把小鸡从笼子里"解放"了出来，但这种"解放"只是暂时的。小鸡往前走着，同学们突然往前面放一个障碍物，小鸡绕开以后，又有了新的障碍。小鸡也就因此一会儿面前突然出现一只盒子，一会儿又被塑料袋蒙住了脑袋。当不知所措的小鸡好不容易挣脱出来时，一只无情的大手又把什么放在了小鸡身上。它们很快就累了，叫声也变小了，似乎夹杂着喘息。还有的小鸡被提了起来，两脚在空中拼命地蹬着，嘴里发出了无助的哀叫。尽管有人制止这些行为，但这些小鸡很快就不再那样充满活力了，甚至还有一只已经奄奄一息，两脚朝天躺着，没有了叫声，只是偶尔微微动一下的双脚才让我知道它还活着。还好，这还是少数。

到了车上，同学们又开始专心玩牌，玩游戏，或是欣赏窗外的景色，小鸡们也专心地叫着，没有了干扰，叫声显得更加欢快了。一路上叫声一直伴随着我们，却并不让人感到吵闹，反而给无趣的车上旅程增添了几分欢快与和谐。

回到学校以后，我就回家了，看到还有同学在和小鸡玩。

第二天早上来到学校，我看到的是一幅惨状：两只小鸡身体扭曲，双脚痉挛，一只躺着，一只趴着，在桌子上一动不动。显然，它们已经断了气。看到这种景象，我感到很不舒服。做值日时，我又看见一只小鸡的脑袋被压在桌子底下，变了形，五官已经完全辨认不出，周围是一滩血迹。当想把它移开时，它的脑袋甚至已经粘在了地上。看到这个，我突然感到一种悲哀。难道这就是一只小鸡应有的命运吗？也许它们还没睁眼见过父母就被夺走，孤独地待在笼子里或是篮子里，像一件没有生命的商品一样等待着被出售。作为一个"宠物"，它是否受到宠爱还取决于它的主人。如果这位主人只把它当做玩物，那么这只小鸡将要面临的注定只有死亡和恐惧。

虽然它是我们的宠物，但是，这并不代表我们可以随意对待它。它先被夺去了父母，来到主人手中又成了玩具，被不停折腾，甚至折磨，直至死亡。这对于一个幼小的、柔弱的生灵来说是多么残酷！小鸡虽小，却也应拥有生命的尊严。我们夺去了它的自由，绝不应该再夺去它的生命和尊严。因此，当我们想得到一只小动物时，应该想清楚，自己需要的是宠物还是玩物？它可以带给我们欢乐，但我们带给它的，将是什么？也许是伤害。没有人会存心伤害一只弱小的小鸡，但是这种不合理的对待小鸡的方式，确实会给它们带来极大的伤害。

我听说，死去的小鸡有的被扔进了垃圾桶，还有的被扔上了房顶。我不知道这是不是一种葬礼的方式。然而，我想，既然在生前，小鸡的生命尊严没有得到足够尊重，死后，这也就没有那么大的意义了。

【点评】

《宠物？玩物？》描写了发生在教室里的惨烈一幕。

最先出现在我们眼前的是一幅可爱的"雏鸡图"：

毛茸茸的嫩黄的绒毛，像没睡醒似的小小的眼睛，尖尖的小嘴发出欢快的叫声，橘色的小脚自然踏在地上……"我不禁有些担心这样小的脚是否能支撑得住它微胖的身体。这只小鸡很是可爱，却因为太幼小而略显柔弱。不过，它还是精力十足，总想跳出篮子，看看外面的世界"——一群多么可爱的小生命！小作者用细致入微的笔触，为我们描绘了一幅生机盎然的图画，为下文作了有力烘托，形成了强烈对比。

第二天早晨，当自己走进教室时，眼前的场景令人触目惊心而且惨不忍睹：昨天那群稚态可掬的、活蹦乱跳的生命，一个个已经身首分离、尸骨四陈。在习作里，小作者悲情难抑，言辞激切，对把宠物变玩物、视生命为儿戏、无端滥杀生灵的残忍行为给予了无情控诉和批判。尊重弱小生命、普爱万物生灵的可贵情感充溢字里行间，有一种打动人心的力量。

6. 小城一角

周展平

　　这是一个繁华、喧嚣的都市。在这个城市的一角，有一群似乎与城市格格不入的人。但他们不能被忽视，他们建设了城市，并成为一道亮丽的风景。他们有一个共同的名字——外来农民工。

　　清晨，在工地上阵阵清脆的敲击声中醒来。迎着朝阳充满希望的光芒，他们走了过来。他们几十个人一起，手提着满是土灰的安全帽，嘴里叼着一根烟，阵阵烟雾从早已被熏黑的牙齿间溢出。他们只有破烂而布满水泥渍、尘土的旧迷彩服，脚上勉强穿着已经磨平了底的灰色球鞋。被晒得黝黑的脸上，像被无数把刀刮过，又被日晒雨淋，调和出沧桑的颜色。他们经常笑，牙齿便完美地展露出来，而脸上又涌起了阵阵波涛式的条纹，他们是充满活力与生机的。

　　中午，暴晒的阳光大发淫威。他们吃午饭了。手拎着一塑料袋馒头，抱在怀中像护着宝贝一样。吃饭时，手中拿着馒头，蹲在楼下荫凉处大口啃着。雪白如玉的馒头映衬着粗糙灰黑的手，手上只有十个指甲稍微白些，指甲缝中又是一圈黑色。他们边吃，边抬头看着，看自己建设的楼。那不是楼，是艺术品，是他们这些"艺术家"们的毕生心血。"艺术家"们为它们付出了青春，却不曾拥有过它们，他们无偿奉献着自己。他们的眼神中有一丝伤感，但匆匆吃完食物，又鼓起劲干活去了。他们是无私奉献、可敬的一群人。

> 夜晚，他们筋疲力尽地走出工地，走在寂静的街道上，树枝间的点点光隐去，又显现。皎洁的月光下，他们的背影被拉得很长、很长。
>
> 是的，正是有了无数个他们，才有了我们的城市，才有了幸福的生活。他们正是丰碑下的一粒沙子，一块基石，筑起了上面的整个社会。
>
> 他们只在城市的一角，但他们不能被忽视。
>
> ——他们值得尊敬。

【点评】

周展平的《小城一角》关注着农民工的生活：

中午，暴晒的阳光大发淫威。他们吃午饭了。手拎着一塑料袋馒头，抱在怀中像护着宝贝一样。吃饭时，手中拿着馒头，蹲在楼下荫凉处大口啃着。雪白如玉的馒头映衬着粗糙灰黑的手，手上只有十个指甲稍微白些，指甲缝中又是一圈黑色。

小作者把眼光投向农民工这个特殊群体，通过早、中、晚三个典型场景的细致描写，形象生动地表现了农民工的社会处境与生存状态，字里行间满怀关注与同情。透过这些文字，我们仿佛看到了农民工紧张、忙碌、疲惫不堪的生活全貌。

7. 难忘那目光
——丽江古镇偶遇有感
孙闻溪

  太阳渐渐褪去了白昼的锐气，一阵微凉的风缓缓游过大街小巷。天色渐暗，夜幕降临在了丽江古镇。一排排昏黄的灯亮起来，照亮了木梁黛瓦，温暖了青石板路，晕散了情愁。沿街的小店里，摆满了琳琅满目的手工艺品，凝聚着人们的智慧和匠心。有说有笑的游客纷纷走进了街道两旁灯火辉煌的商店。各种特色的小商品五彩缤纷、琳琅满目，众多的美味小吃，令人目不暇接、垂涎三尺。

  我随着欢乐的人群在这灯光璀璨的古街中漫步，饱吸着清新湿润的空气，穿行在如天上街市般的夜景中，体味着那种新奇、喜悦、温馨的味道。

  突然，我感到我的衣袖被人往下拉，我并未发现身旁站着什么人。"买，买枝花吧！"一声略带沙哑的童音从左臂下传来。我低头一看，一个五岁左右的小男孩儿，一手紧紧拽着我的衣袖，一手举着一束玫瑰花直往我的怀里塞。仰着的一张小脸上没有红润和稚嫩，黑兮兮的脸上仿佛盖上了一层疲惫；一双小眼睛没有天真和好奇，眼中仿佛多了些买卖人的精明。"买枝花吧！"没有让人心喜的稚嫩的童声，却带着些不容我拒绝的语气。他见我不说话，便又说"买枝花吧，买枝花吧！"那企望的神情、乞求的语气、疲惫的声调、机械重复的这句话，使我真的不好意思拒绝他，可又一想，我这个初一学生要它有何用，这不是浪费钱吗？于是我向他摆摆手，说："谢谢，我不要！"甩开他的手，快步向前走去。谁知他又向前追了我两步，见我毅然不回头，便停下了脚。我回眸窥视，只见他耷拉着脑袋看着那束玫瑰花，又怅然若失地看了看我，而后不情愿地转身离去了。我望见那个小小的身影，一闪，消失在了人群中。

原本如释重负的我，原本认为甩掉了麻烦而心中有些窃喜的我，此时却增添了新的包袱和烦恼。

这个孩子之所以拉着我非要我买他的花，大概是看我个子高，长得有些老成，误以为可以买束花送给男朋友吧？唉，那不是我的错呀！你这个年龄该是上幼儿园的时候；你这个年龄，该是"不为金钱所动"而无忧无虑的时候；你这个年龄，此时该是在家里吃喝玩乐，在爸爸妈妈面前撒娇的时候……可你，为什么"与众不同"呢？

是贴补家用吗？是家长为金钱所为吗？是孩子的喜好吗？是孩子的追求吗？是这里的风气吗？……我无论如何也想不通，我无论如何也找不到答案，我无论如何也甩不开想象中的可怕的答案！我无论如何也忘不掉那企盼的眼睛、失望的眼神和那怅然若失的目光……我不知道透过孩子这种种目光背后的，又是一些什么样的人，什么样的目光。

【点评】

丽江古镇旅游，街头遭遇"买花"一幕：

"一个五岁左右的小男孩儿，一手紧紧拽着我的衣袖，一手举着一束玫瑰花直往我的怀里塞。仰着的一张小脸上没有红润和稚嫩，黑兮兮的脸上仿佛盖上了一层疲惫；一双小眼睛没有天真和好奇，眼中仿佛多了些买卖人的精明……"

眼前的情景牵动了小作者一连串的猜测与思考，也给读者留下了想象与联想的广阔空间。

《难忘那目光》再次印证了一句有名的话：留心处处皆学问。也可以说，留心之处即文章。

8. 烈士陵园凭吊

王欣

新的一年来到了，天却阴沉沉的。表哥带着我熟悉小县城的景观。不知不觉中，面前出现了一些大理石制成的阶梯。我抬起头，四个刚劲有力的字"烈士陵园"映入眼帘。"二战时，日寇大扫荡，许多八路军战士英勇牺牲，解放后，烈士们被安葬在这里。"一旁的表哥说道。"哦，进去看看吧。"

我踏上了台阶，可能是由于天气太闷、太阴沉，我的脚步竟是那么的沉重。向上走着，走着，面前的路已变得平坦，到了。越过门槛，眼前竖立着高耸的纪念碑，血红色的字体记录着烈士抛洒的热血。想要数清究竟有多少人牺牲，却发觉根本无法实现。甚至有些人，连名字都没有留下，只剩下那代表他们的光荣的红色编号。

表哥轻拍我的肩："到里面看看吧。"沿着鹅卵石铺成的小道，我机械地往里走，才发现这里是如此的宽阔，使人感到一丝清寂。一个个小丘整齐地排列着，就如他们生前一般纪律严明。表哥告诉我，每个坟包里都埋葬着将近一个排的战士。那次战斗中，他们那支部队全体壮烈捐躯。

看着他们，我想到了自己正在阅读的《掩不住的阳光》中的方志敏。他是一位伟大的革命先驱。他不惜一切，积极地宣传、实践着心中伟大的信仰。我心中的他，神采飞扬，深邃的瞳孔中闪着亮光，他充满斗志的演讲，鼓舞了多少敢于抛头颅洒热血的青年。他受过的皮肉之苦我们无从计量，但他不怕。永远只为党的他只有一个执著的信念——为共产党找寻更多的人才，创立一个属于人民的新中国。他努力了，他成功了。在黑暗的监牢里，他不断地教育着每一个人，甚至在赴刑场的道路上，他也不断地宣传着党的精神，让他人感受到共产主义无私的精神。到了生命的最后一刻，他仍然一心向党。他是嘴角挂着笑意牺牲的……

天似乎更阴了，还下起了濛濛的小雨，我们也要回去了。我看着这些小山包，深深地鞠了三个躬。沿着来时的路，我们走了回去。雨水淅淅沥沥地滑过我的脸庞，更冲刷着我的心灵。

【点评】

小作者去烈士陵园凭吊,阴沉的天气恰好作为烘托,为缅怀烈士、表达对先烈的景仰之情营造了一种肃穆、庄严的氛围。同时,小作者由眼前情景生发开去,联想到了长篇纪实小说《掩不住的阳光》中的方志敏。通过虚实结合的描写,丰富了文章的内涵。

文章首尾呼应。开篇时,"天却阴沉沉的";收笔时,"天似乎更阴了,还下起了濛濛的小雨"。在一种略显压抑的气氛中,小作者写下了凭吊烈士陵园带给自己的精神洗礼:

"我看着这些小山包,深深地鞠了三个躬……雨水淅淅沥沥地滑过我的脸庞,更冲刷着我的心灵。"

三、世界风光美

有一句古诗,叫作"人生无处不青山"。也就是说,在我们的人生路上,时时处处皆风景。

随着我们的长大,我们生活的空间也会拓展得越来越宽。不知道哪一天,你便有可能踏上他国领土。从你旅程开始的那一刻起,你的语文学习便打开了一个全新的更为广阔的空间。

"经历即财富"。作为学生,经历首先是你语文学习的财富。到了国外,当奇特纷繁的事物让你目不暇给时,当光怪陆离的异域风光让你新鲜备尝时,你想到过要记下那让你觉得新鲜、觉得好玩、觉得刺激的点点滴滴吗?你是否养成不管走到哪里都不忘记随时随地动笔的习惯呢?你能在一闪而过的事物中捕捉到最有价值的东西吗?你知道怎样才能写得生动形象、情采兼备吗？——这一切，可都是语文，都是写作。

这里精选的几篇游记体的生活随笔对上述文题做出了回答。

走进一篇篇随笔，你不仅可以浏览巴黎美丽的自然风光，了解北极的独特冰川岩层，分享水城威尼斯的独特景观，一览意大利的奇观大理石雕刻以及南非的动物王国，从中领略小作者的情感与思考，而且可以通过学习借鉴他人习作之长来提升自己。

范文

1. 绿树·蓝天·白云
——旅行随笔

孙闻溪

在法国巴黎，不是像北京一样的现代化高楼大厦占领着整个城市，将少的可怜的几点绿色包裹其中，而是大团大团的绿色簇拥着街道与古朴的高楼，仿佛从一个不起眼的小角落里都能迸发生机。绿树蓝天白云，是这个城市里最常见、也是最美丽的风景。

密密匝匝、深浅不一的绿叶连成了一道"绿墙"，肆无忌惮、漫无边际地向远处延伸着。微风拂过树梢，"沙沙"的声音仿佛在唱响一曲夏日的颂歌、浪漫的颂歌。几缕金纱从空中倾泻而下，吻着绿叶，为它镀上了一层金边，又从叶隙间穿过，稳稳地落在地上。看去，斑斑驳驳的树影衬着绚丽的金色光斑，像一路碎金。

蓝天像一块纯澈的浅蓝色画布，恰到好处地映着树冠的颜色。巴黎并不总是万里无云，一大朵一大朵的白云慵懒稍带些倦意地半倚在天空中，半天也不肯挪动一步。这倒是让我体会到了一种"去留无意，漫随天外云卷云舒"的悠然意趣。这云白得这么纯粹，这么敦厚，这么高雅，这么空盈……在这浪漫之都，仿佛是寄托了太多的爱恋与思念，这云，才会白得如此美丽。

树，是静止的；云，是静止的；天空也无一丝变化。这一刻，仿佛和时光一起凝固在了弥漫着咖啡醇香的空气中了。抬头仰望，仿佛是大自然用油彩画出这般纯美的油画。这，是自然的美，生机的美，单纯的美，清新的美。

呼吸几口清甜微凉的空气，感觉整个肺都变得像玻璃一样透明了；看着这绿树蓝天白云，感觉整颗心都变得水晶一般纯净了。在这炎炎夏日，树影投在地上，印证着我前行的足迹；半透明的水绿色树叶，则在天空，铺开一段关于我的深深浅浅的清凉记忆。

这绿叶蓝天白云呵，绿得这样灵性、清新，蓝得这样质朴、纯澈，白得这样高雅、纯粹……

【点评】

来到世界大都市巴黎，佳妙去处不可胜数。写什么？是写富丽堂皇的卢浮宫，还是去写高耸云端的埃菲尔铁塔？是写摩肩接踵的香榭丽舍大道，还是去写波光粼粼的浪漫的塞纳河？

聪明的做法应该是：不去写最热闹的、让自己眼花缭乱的地方，而去写让自己最为心动的、有独特感受的地方。一篇文章一旦注入了自己的独特感受和思考，这篇文章就有了血肉和灵魂。

小作者就是如此。

来到巴黎，美丽的自然环境——绿得灵性、清新的绿叶，蓝得质朴、纯澈的蓝天，白得高雅、纯粹的白云……让自己陶醉不已。于是，小作者把这些感受注入笔端，深情写道：

"呼吸几口清甜微凉的空气，感觉整个肺都变得像玻璃一样透明了；看着这绿树蓝天白云，感觉整颗心都变得水晶一般纯净了。"

读着这样的句子，你是否也受到些许感染呢？

写自己感受最深的事物，这是《绿树·蓝天·白云》给我们的启发。

2. 北极地质奇观

石宕川

北极地区有其他许多地方无可比拟的奇特地质构造，例如火山岩层、冰川、地质板块裂缝等。它可以称为地球原始地质特征的拥有者，具有极高的科研价值，它也为我们展示了地球的本来美貌。

冰川是斯瓦尔巴群岛最为典型，也最为常见的景观。它们在群山中星星点点地散落着，仿佛上帝将它们由天山撒下去，嵌在山谷中似的。它们中，年轻如数万到数十万年历史的，都放出白而亮的光芒，而较年长的，如数百万至数亿年的冰川，则白中透出深邃的淡蓝色。这些白或蓝色，都显露出冰川的纯洁与澄澈。它们自山巅而下，在时间的考验下，一步步进化、推进，将冰舌伸入大洋中。它们碰撞，它们挤压，形成了形态各异的冰渍物；它们升温，它们融化，创造了圣洁无比的融水流。冰川是北极的地质代表，是神圣的冰雪之神！

  与冰川同样常见，并且在冰岛随处可见的便是火山岩层。它们横贯于山上的峭壁，宛如一道黑带穿越漫漫地质史，静卧于两层并不引人注目的沉积岩中。它承载了那个熔岩横流、毒雨肆虐的原始地球之历史，为我们提供了极高的观赏与科考价值。其中最负盛名的就是冰岛的黑色沙滩。一眼望去，在北大西洋海浪拍打下的一条黑丝巾赫然系在冰岛的西南部。沙滩边有一座完全由玄武岩构架而成的高耸石峰，还有一个天然岩洞立在岸边。海滩上有大而圆的光滑火山岩石，还有细腻的黑沙。面对如此壮丽的世间景色，我们有什么理由不敬畏自然！

  还有板块断裂带、苔原等奇特地质，在此就不再一一叙述了。北极地区及其周边由于独特的地理位置和特殊的历史演变，为今天的我们呈现出充满浓浓历史意蕴的自然地理特征。这是自然的馈赠，我们有义务捍卫它们！

【点评】

"北极地区有其他许多地方无可比拟的奇特地质构造"。面对"许多"奇特景观，怎么写？小作者采取了"弱水三千，我取一瓢"的聪明办法，从这"许多"中选择了两个"点"——冰川与岩层去写，借"一斑"而窥"全豹"，成就了这篇出色的随笔。

值得称道的是小作者观察与描写之细。尤其写"冰川"的一段，由形态而色泽，由历史而眼前，由运动而变化，写得仿佛历历在目，可见小作者思维之严密。另外，文章调动各种表现手法，通过想象、比喻、拟人的精彩使用，给读者一种身临其境的感觉，写活了冰川这个"冰雪之神"。

3. 走进威尼斯

曲悠然

我一直想探寻西方的文明，西方的风景，西方的风土人情。这个假期，我终于如愿以偿，走进欧洲，走进意大利。

穿过一条老路，很快到达了通往主城的码头，一眼望去，碧蓝无边，亚得里亚海浮现眼前，此时还寻找不到主城的踪迹。在去往主城的途中，我站在甲板上，感受着惬意的阳光与清凉的海风。不久，威尼斯的建筑便映入眼帘，而再往里望，密集的建筑群已在两岸默默注视着一个个慕名而来的游人。

上岸后，略作停留，便坐上"贡多拉"开启旅程。细看小舟，船身精美，仅容六人同时乘坐，有些形似古时的独木舟。

首先映入眼帘的是叹息桥与总督府，相传囚犯在走过此桥时总会仰天长叹，然后走进死牢，这也许便是欧洲中世纪的黑暗写照。经过叹息桥，便进入静谧的小水巷，在这里，虽然船来船往，却远离嘈杂，使人很快融入那里的生活。在仅容两船同时通过的小水巷中，两侧都是水门和泊位，再往里望去，是一个个民居和咖啡馆。这座古城能给人一种无形的幸福，一个梦乡，一个只有快乐没有痛苦的地方。任何人在这里都会忘记烦恼，只想静静地享受。

突然，船夫的吆喝声又大了起来，一定神，原来到岸了。

来不及回味水巷的韵味，便来到威尼斯广场，广场中央屹立一尊方尖碑，大教堂和鸽群环绕周围，两个石柱作为威尼斯的大门立在海边，站在方尖碑下——千年前的海，而如今却变成城市，威尼斯人在千年前，从海面建起了这座精致的城市，这使我不得不叹服欧洲人的智慧与毅力。

而那古老的水巷，则更能体现欧洲人的文化，它蕴含他们眼中最高的享受——恬静，而也许是这种文化千年的沉淀才使向来以吵闹著称的中国游客也安静下来了吧！

读万卷书，行万里路。若说读万卷书是长见识，行万里路则是实践。带着未解再旅行，才可有所收获，有所体会。也许这便是威尼斯带给我最重要的东西。

【点评】

水城威尼斯"乱花渐欲迷人眼"。一到这里,你马上明白了什么叫"车水马龙",什么叫"游人如织",什么叫"目不暇给"。那么,写什么?怎么写?从哪写?

小作者心中不慌,眼前不乱,下笔有章法。通过移步换景,一一记下自己的所见所闻。随着小作者移动的脚步,水城威尼斯的美景在读者眼前渐次展开。整篇文章条理清晰、层次井然而又详略得当。

4."大理石的诗"
——意大利教堂印象

刘泽禹

今年暑假,我去了意大利,在那儿有两座不同的教堂令我印象深刻,然后彻底体会到了马克·吐温所说"大理石的诗"。

我满怀好奇来到了世界闻名的梵蒂冈圣彼得大教堂。从外面远观时,它的巴洛克式富丽堂皇的大穹顶已使我惊叹。可当我进入教堂时,才发现真正的精彩在里面:两旁的人物身着的衣服上的褶皱十分鲜明,各种不同的褶皱令我感觉他们穿着布做的衣服,衣服轻柔得好像被风一吹,就能随风飘扬;再看雕塑的面容:有的低眉沉思,有的面带微笑,而有的像要开口说话……一个个脸上的表情栩栩如生,一切真实得仿佛你伸出手去抚摸他们，就会感觉到他们皮肤的弹性……能想象出吗，令人浮想联翩、如入诗境的这一切竟然是坚硬的大理石雕刻的。

带着对圣彼得大教堂雕刻艺术品的深刻印象，我来到了米兰，准备去参观多姆大教堂。当我转过街角，无意中抬头瞥见了这个教堂时，陡然呆住了：上百座哥特式的尖塔插入云间，塔的每一细微处都刻有精美的花纹，如同进入了一座石林一般。下层由白色大理石砌成的柱子支撑着高达百米的尖塔，柱子上都雕有不同的图案。整座教堂拔地而起，与四周的房屋比起来卓尔不群，如一个仙人居住的宫殿般精雕细琢却又气势雄伟。

参观完这两座教堂，我的心灵被极大地震撼了：圣彼得大教堂的建造历时120年才完工，而多姆大教堂甚至花费了近600年的时间才修建完成。六个世纪的时间啊！中国历史上鲜有朝代能延续这么长时间，更有甚者，在朝代更迭过程中发生了无数"楚人一炬，可怜焦土"的事，后来者把前朝完成的精美艺术品付之一炬或洗劫一空的事常有发生，更有无数珍宝不知所终……而米兰的人们，在这600年的世事沧桑和人事更迭中，一代代始终继续前人未完成的事业，不计名利，不计个人得失，是什么力量让他们这么做呢？我找到了答案：那是信仰！当地的人们信奉天主教，为了信仰，他们一丝不苟，心甘情愿地付出了自己的一生，修建了这座教堂，将无数坚硬的大理石变成了精美的艺术品。

走进教堂，一股庄严和宁静的气息扑面而来，人们安静地祈祷着，丝毫不理会观光的游客。这里没有一丝商业气息，有的是人们的那种虔诚和安宁。这股信仰的力量造就的壮观的"大理石的诗"也在一代代地传承下去。

【点评】

都是天主教堂，都是哥特式建筑，都以大理石石雕而著称。那么，在记述两座教堂时，怎样才能避免雷同、写出特点呢？

小作者的处理方法很巧妙。

写圣彼得大教堂时，重点在石雕艺术："人物身着的衣服上的褶皱十分鲜明，各种不同的褶皱令我感觉他们穿着布做的衣服，衣服轻柔得好像被风一吹，就能随风飘扬；再看雕塑的面容：有的低眉沉思，有的面带微笑，而有的像要开口说话……一个个脸上的表情栩栩如生，一切真实得仿佛你伸出手去抚摸他们，就会感觉到他们皮肤的弹性……"而写多姆大教堂时，重点在教堂的哥特式尖塔外观。于是，两座教堂都给人留下了深刻的印象。

接下来，合写教堂的建造历史和心灵感受，点题收笔，干净利落。

5. 动物王国之旅
——我的南非之旅

舒羽霄

南非，那人间的圣地，动物的天堂，令我向往了多年。今年暑假我终于有机会去那里，体验了一次期盼已久的"动物王国之旅"。

경过了13个小时的飞行，我们飞越了赤道，从夏天来到了冬天。从飞机上向下望去，看到的并不是栋栋耸立的摩天大厦和繁华的都市，而是广阔的原野和成片的树林。仔细观察，才能发现在树林中藏起来的房屋，正可谓"房在树中"。

在南非，无论是大街小巷，还是在各处旅游景点，最容易见到的便是动物。南非的动物是不怕人的。在街心公园里，只要在你的掌心放些食物，蹲下身子就会有可爱的松鼠跑到你的面前，从你的手上叼走食物。倘若你把食物举高点，就会有海鸥、鸽子停在你手上。

说起动物，就不能不谈到这次我们去的匹林斯堡国家公园。进入公园后，运气好的话可以看到著名的"非洲五霸"——大象、狮子、猎豹、野牛和犀牛。虽然这次我的运气不算太好，并没有见到狮子和野牛，不过活泼的羚羊，沉默的角马，优雅的长颈鹿，成群结队的斑马也足以令我目不暇接，惊喜不断，渐渐忘记了五霸未看全的遗憾。望着这些纵情奔跑的生灵，再想想动物园里那些无精打采，整日昏昏沉沉的动物，我不禁百感交集。自由与野性，对于动物是多么的重要！

在这次的行程中，我们还参观了海豹岛和企鹅湾。听导游介绍，这里的3000多只企鹅竟然是由最初发现的两对企鹅，在当地居民自发的保护下，历经了20多年繁衍而来的。包括我在内的所有游客都被深深震撼，人群里不断发出啧啧惊叹声。

印度圣雄甘地曾经说过，一个国家的道德是否伟大，可以从其对动物的态度看出。这次的"动物王国之旅"不仅让我更加喜爱这个美丽的国度，也引起我很多的思考。

> 【点评】
>
> 　　来到南非动物王国，满眼都是野生动物。面对看也看不尽、赏也赏不完的飞禽走兽，你无论如何废寝忘食勤奋挥笔，也不可能把它们全部写下来；况且也实在没有全写下来的必要吧。聪明的办法是：适当分类，分出主次；然后详略得当、点面结合地作出描述。
>
> 　　小作者就是这样做的。
>
> 　　这篇随笔选择了"南非动物王国"两个特点去写，一个是它的"自由与野性"。通过这里的动物"不怕人"和匹林斯堡国家公园中"纵情奔跑的生灵"两个内容作为印证。另一点是南非对野生动物的保护，通过海豹岛和企鹅湾由两对企鹅发展到3000多只的突出实例来说明。最后引用名言"一个国家的道德是否伟大，可以从其对动物的态度看出"收篇，提升了文章的理性高度。

四、触摸"活"的历史

　　为了丰富自己的阅历，要积极参加社会实践活动，以拓展生活视野，增加生活储备，打开人生格局。

　　无论美丽的自然景观，还是丰富的历史人文资源，都是语文学习的宝贵资源。但是令人遗憾的是，在沉重课业负担的压力下，学生两眼不闻窗外事，一心只读"垃圾书"，陷身题海，无暇他顾，以致生在北京不懂颐和园，长在西安不明大雁塔，身在武汉不晓黄鹤楼，置身长沙不见岳麓山。有时即便游览了，也是走马观花、浮光掠影，在苏州园林看不到随处可见的楹联匾额，登泰山看不到四处遍布的碑文石刻，游晋祠嗅不到几千年历史的气息……作文是综合素质的体现,一个学生的核心素养如此欠缺,何谈写好作文?

当你去探访孔孟、老庄、李杜的遗风流韵时,当你去参观名人故居和名人进行穿越时空的对话时,当你满怀景仰之情重走长征路时,当你走进博物馆、影剧院时,当你穿洋越海来到异国他乡时……如果你随时随地记下了自己的所见所闻所思所想,你的写作能力就在不知不觉中提高了。

在这里,我们不去说"读史使人明智",不去说"鉴古可以知今",不去说"历史是前人给后人留下的生活教科书",不去说"读史可以让一个人站在精神的制高点上",不去说"一个民族的集体失忆是非常危险的",也不去说"忘记了过去就意味着背叛"……

在这里,我们想说的只有一句话:"文史不分家"——这是语文学习的常识。

人大附中的语文教学,向来重视文史之间的联系。为了强调"读史"的重要,有时,我们甚至"不择手段",用诸如"不读史不懂史,即便你天生聪明,男人是小男人,女人是小女人"之类的有些刺激人的话来鞭策同学去"读史"。

历史,有的写在书本中,如《史记》《资治通鉴》《大秦帝国》《长征》《1911》《抗日战争》《解放战争》……;有的刻在大地上,如一座座伤痕累累的历史名城,一片片风雨凄凄的古今战场,一堵堵让人触目惊心的残垣断壁,一处处寂无声息的历史遗存……这里精选的几篇习作,就是小作者品读刻写在大地上的历史之后写出的感受。

范文

1."金陵女子学院"寻访记

杨靖云

我为什么会忽然想起到南京来呢?这跟我最近读过的一本书有关,那就是《南京安魂曲》。

作者哈金以南京大屠杀为背景,在书中描写了1937—1938年日军入侵南京期间,金陵女子学院——这所外国人在南京开办的学校收容了近一万名难民的情节及校长明妮·魏特琳女士在那段血雨腥风的日子里为保护中国难民所做的一切,这些深深地打动了我。为了更多地了解这段历史,我来到了南京。

经过在地图上辛苦地查找和多方打探、询问,我们最终找到了金陵女子大学旧址,即现在的南京师范大学。我读过许多书,但是,这是第一次,读了一本书,又立即去了这本书的背景所在地。走进南京师范大学的校门,我顿时有一种回家的感觉——熟悉的校园,熟悉的楼房,除了门前的池塘今已无迹可寻,其他事物都好像已经见过多次。只是当时的人物已大多都到另一个世界去了。今日的南京师范大学已经恢复了平静。没有了难民,没有了安全区,更没有了日本人在此胡作非为的一丝痕迹,只有静谧的校园,悄无声息地呈现在我们面前,任我们用丰富的想象力来找寻当年的情景。那些饱经沧桑的建筑物,经过修缮,有一部分还完好地保留着,建筑门口还挂着当年的楼号:100号、200号、300号……还能大致揣测出这幢是当时的教学楼,那幢是曾经的学生宿舍,其中一幢竟然还有"吴贻芳工作处"的牌子(注:吴贻芳是学院的中方校长),我们对照书中学校的布局示意图一一进行了寻找。漫步在这座曾经就是金陵女子学院的校园中,我不禁想起了书中的明妮·魏特琳……

明妮是当时金陵女子学院的临时校长。她将她几乎一生的精力都献给了这所学校。南京沦陷前,学校其他国内、国外的老师纷纷因为恐慌而离开了南京。可是明妮,面对诸多可以预想的危险因素,考虑到这个学校需要一个外国人来照看,便毅然留了下来。南京沦陷了,她打开美丽的校园,收留、庇护那些无家可归的妇女儿童。她日夜操劳,为难民筹集粮食、衣物、过冬取暖的煤。和日本人周旋,阻止日军进入学校,用自己外国人的身份竭尽全力守护金陵女子学院。她是难民心中的救世主、活菩萨。她惊人的毅力和仁爱的行为令人叹服。尽管明妮拼死保护难民,但还是没能避免日本人借和明妮谈判之机,闯入学校抓走二十余名妇女去做妓女,防止不了日本军人溜进学校,为非作歹。被日军祸害过的一名女学生服毒自杀了,被日本人抓走的玉兰姑娘疯了……明妮为此十分愧疚,甚至夜不能寐。她为自己没能保护好这些妇女而深深地自责。

这位面对恫吓、危险和死亡毫不畏惧,保护了近万名中国妇女、儿童的坚强女性,终于还是倒下了。内心被日本人的惊人暴行烙下了严重的创伤,加上来自外界的嫉妒和恶意诽谤,明妮最终患上了抑郁症,在厨房打开煤气阀,自杀身亡……

如今,站在昔日的金陵女子学院中,我们已无法找到与明妮·魏特琳有关的任何痕迹,只能通过这些遗留下来的建筑设想当时的情景。南京师范大学从前的这些厚重的历史，正迈着沉重的步伐，向历史的深处走去，而这些动人的故事，也会随着时间的推移被人们渐渐遗忘……

随后，我们参观了南京大屠杀纪念馆。在那里，我第一次看到了明妮·魏特琳的像。这位慈祥的女人用和蔼的目光注视着我，走到了我心灵的深处，使我久久不能平静。忽然，后面有一些青年男女，看着她的像，不解地问道："明妮·魏特琳是谁啊？没听说过！"我陷入了深思……

【点评】

读过《南京安魂曲》这部写在书上的历史之后，小作者被"深深打动"。于是，又利用周末，只身前往寻访故事的发生地"南京金陵女子学院"，去品读这段刻写在大地上的历史。

寻访故地的过程颇费周折，而寻访的结果更是让小作者思绪万千，心中久久不能平静：

"如今，站在昔日的金陵女子学院中，我们已无法找到与明妮·魏特琳有关的任何痕迹，只能通过这些遗留下来的建筑设想当时的情景。南京师范大学从前的这些厚重的历史，正迈着沉重的步伐，向历史的深处走去，而这些动人的故事，也会随着时间的推移被人们渐渐遗忘……"

全文充满了对历史的反思，对现实的追问，对生活的思考，抒发了小作者的痛切情感和深深忧虑，读来字字沉重，发人深省。

2015年，在抗日战争暨世界反法西斯战争胜利70周年之际，

《中国政协报》全文刊出了这篇《"金陵女子学院"寻访记》。

2. 血与泪
——凭吊南京大屠杀纪念馆
石宗华

这是一段每个人都应该铭记在心的历史。这是中华民族难以忘记的伤痛。

当我阅读《南京大屠杀》《南京安魂曲》时,我只是把那惨痛的一周当作历史,而当我真正走进这座肃穆的纪念馆时,这一周,便不再是写下的历史,而是切肤之痛的悲剧、国难。

1937年12月,日军攻入古都南京。短短几周内,30万人被残忍屠杀,使南京变成了空气中氤氲着血气的空城。"300000"这个数字——确切地说,它不再是一个数字,而象征着这一段屈辱的历史,突兀地出现在灰黑色的外墙上。下面是青铜雕塑,是当时在日军铁蹄践踏下绝望的南京市民,充满了惊慌和恐惧。

文史资料展馆,也就是第一个馆,罗列出日军血淋淋的罪证,使我心惊肉跳。而时常有的场景还原更加逼真。屠杀、焚烧、强奸、细菌部队,残忍的罪行使我不忍直视,只感到深深地悲愤。我在《南京大屠杀》里读到的向井敏明与野田毅的杀人比赛又一次以更多的资料震惊了我。两个杀人狂魔居然用屠杀活生生的南京市民比赛,使得两百多无辜市民成为了刀下冤魂。

一出馆，外面的阳光很刺眼，也与馆内的沉重压抑形成了鲜明的对比。下一个纪念馆就是万人坑，日本军队就在此地屠杀了一万多人。骇人的尸骨在沙滩中若隐若现，注释上写着这些不幸的人的基本信息：上至蹒跚的老妪，下到懵懂的孩童，葬身于这片沙地。有的白骨上刺刀、枪眼的痕迹还分明可见。原来他们都是日军暴行的受害者。森森白骨杂乱陈列，各种各样的姿态诉说着死时的痛苦。缓缓行走在白骨堆中间的过道上，就像行走在人类历史中最血腥的时空里，我在感受人类历史上最耻辱的一页。

出了"万人坑"，有一个宽敞的院落，种满了葱绿色的草。正墙上有一个大大的花圈，中书一个"奠"字。下面是熊熊燃烧的火炬，周围摆满了白菊。再往前走就到了冥思厅。

厅内很昏暗，有许许多多蜡烛，摆在地上的，挂在天花板上的，用点点火焰为逝者祈福，也象征着我们对冤死者的思念，正所谓"冥思"。正墙壁上有一段话，在此情此景中句句震撼：

让白骨可以入睡，让冤魂能够安眠。

把屠刀化铸警钟，把逝名刻作史鉴。

让孩童不再惊恐，让母亲不再泣叹。

让战争远离人类，让和平洒满人间。

出了纪念馆，截然相反的明亮与洁白使我一下子不太适应了。这就是和平公园，有青翠的绿地，潺潺的清水，洁白的浮雕。我不禁心中生出浅浅的感动：即使在鲜血的浸染、灾难的铁证下，我们，中国，世界，依旧追求着和平，而非以毒攻毒，以牙还牙。和平女神永远是洁白的，屠杀和暴行不会玷污她一毫,鲜血和眼泪也只是她的洗礼,使她更加珍贵。无论如何,我们依旧渴望着和平。

来过南京大屠杀纪念馆后,又重读了《南京大屠杀》,又一种不同的心情,或许因为浸染了鲜血和眼泪吧,整本书变得更加沉重,而其记载的历史也更显得残忍血腥了。再想到如今日本政府的战争叫嚣,心中更是义愤难平。

【点评】

本篇习作先写自己从"有字书"走进"无字书"时的不同感受:

"而当我真正走进这座肃穆的纪念馆时,这一周,便不再是写下的历史,而是切肤之痛的悲剧、国难"。

最后又写自己从"无字书"回到"有字书"的感受:

"来过南京大屠杀纪念馆后,又重读了《南京大屠杀》,又一种不同的心情,或许因为浸染了鲜血和眼泪吧,整本书变得更加沉重,而其记载的历史也更显得残忍血腥了。"

从书本到生活,再从生活回到书本,在这个过程中,小作者的认识不断提升,感受不断加深。这一经历会给你这样的启示:把读书和生活实践结合起来,既有利于提升你的写作能力,也会带来你精神的发育和生命的成长。

3. 被遗忘的西路军
——游甘肃瓜州（安西）随笔

沈含章

"4月16日李卓然、李先念支队850余人，经过31天的艰苦行程，从安西东南走出祁连山到达石包城。到安西后稍作休整，即向星星峡行进。

4月22日李卓然、李先念支队进至安西蘑菇台，受到万佛峡道士郭元亨的接济资助。

4月24日李卓然、李先念支队攻打安西城，因敌情变化，攻城未克且战且退，又遭敌包围。"

这次敦煌之行，和很多到过莫高窟的游客不同，我们在行程中安排了一天前往瓜州参观榆林窟。西路军在这里开过最后一次集会，我读过三卷本的《西路军》，因此，提议作为行程中的必选地。

遗址旁有一块空地，或许是因为这里有树荫的关系，一些从榆林窟方向开来的车会在这里做短暂的停留修整，有的还在树底野餐。那里对他们来说近在咫尺，却很少有人过问。

安西和敦煌一样是戈壁滩中的城镇，路边常能看到红柳、胡杨一类的戈壁植物，有水的地方却树木林立。这一带在西路军到达时应该还是荒无人烟的，更别提公路和水源了。

其实所谓的遗址不过是一个小院子，周围用铁栏杆围着，我留意到一座石碑立在荒草中，正是万佛峡道士郭元亨的纪念碑。正中的那间屋子上挂着"红西路军安西战役纪念馆"的牌匾，门窗都是木制，很多地方都掉色了，看上去从西路军离开后就没有重修过，或许是没有财力、也没有重修的必要吧。

一个老人坐在门边，看到我们时显得很高兴，估计平时这里很少有人踏足。屋子里黑黢黢的，只有门口那幅油画在阳光的照射下可以看清。老人笑呵呵地帮我们打开电闸，展板上才有了微弱的灯光。

我们沿墙壁逐一浏览，上面主要讲述的是西路军出祁连山到进入新疆的部分，和书上差别不大。整个展馆中除了一些黑白照片、人物介绍、战役示意图，几幅用来突出情景的粗糙油画外，就只有两件郭元亨道长生前用过的物品以及程世才将军和装甲兵政治部的两封来信了。

1937年4月24日，西路军转战祁连山一个多月后路过蘑菇台，人困马乏，处境危险，于是向郭道长寻求帮助。郭道长认为扶助他们是自己责无旁贷的义务，再加上红军军纪严明，不进道观，不惊神龛，很快便送来了1000斤面粉，4000斤小麦，400斤黄米，30斤胡麻油，4口袋盐，30头羊，1头骡子，2头牛，1匹可以穿越戈壁的马，最后还硬是拒绝了程世才战后归还的要求。可以想象，这些重要的补给对于西路军来说是多么珍贵、多么难得！

与郭道长告别后，西路军遭遇了最后一次战役，此后便散落四方。他们出征时总人数约21800人，战死700余，被俘后遭杀害5600余，失散者约4500余，返回延安的仅有3000余人，尤其被俘者受到了极为残忍的待遇。而他们却义无反顾地完成了中央交待的所有任务。现在的我们都已知道尘封多年的历史真相，这是生在这个年代的幸运，既然真相的大门已经敞开，我们就不该将它们遗忘。

看罢之后，那位老人告诉我们，他正是那位郭元亨道长的孙子。不知道他在这里守了多久。老人很和蔼，问我们从哪里来，去过哪里，也和我们聊了很多这边的情况。要离开的时候，他让我们在一个记录本上签名，看着那满满的一本，我顿时有些欣慰，西路军到底还没有被人们彻底遗忘。

【点评】

"走马观花""浮光掠影""吃喝玩乐""休闲消遣"等词汇几乎是"中国式旅游"同义语。然而，当一位同学爱上了读书并且读了很多书，恰巧其中还包括《西路军》这部记述红军西征史实的著作时，她的"榆林窟"之行便会从单纯的游山玩水、消遣休闲中超拔出来，上升到文化的、历史的、精神的层面。

趁着这次"驻足"，小作者带着一双善于求索的眼睛和一颗善感的心灵，眼观、耳闻、口问、笔录，搜集到80年前西路军浴血征战的丰富史料和大量具体详实的数据，小作者感慨万千，于是写下了这篇优秀的生活随笔。

我们无法确切地知道在全国近亿中学生中，有多少人听说过"西路军"这个概念，或者是否知道有一部叫作《西路军》的记述红军西征的著作并且真的读过这部书。但可以肯定地说，热爱读书、喜读历史，肯定决定着一个人精神的高度、心灵的富足和内在的力量。而这，正是写好作文的根本性要素，是一篇作文的血肉与灵魂。如果没有对历史的实地探访与深入思考，小作者就永远也不可能写出《被遗忘的西路军》这篇具有独特价值的文字，这就足以说明这一点。

令人遗憾的是，长期以来，作文教学的通病即在于着眼点一般都放在怎么开头结尾、怎么使用比喻排比、怎么安排结构层次等方法技巧的指导上，似乎只要开头结尾、章法结构俱在，一篇文章便大功告成，而对一篇作文来说更为重要的血肉与灵魂则往往忽略不计。

这种对于作文的认识误区，让不重视读书、不强调积累、不谈文史不分家、不讲究亲身实践的社会风气愈演愈烈。既然老师的精力全部放在教学生作文如何炫技与讨巧上，学生必然也把觅得小技巧、小招数当作考场作文出奇制胜的妙药灵丹。其结果，是造成语言花哨、手法精巧但却精神苍白、没有生命色彩的作文大行其道、铺天盖地。殊不知，一个只有肉体躯壳而没有精神和灵魂的"人"只是徒具"人形"的植物人或木乃伊；而一篇没有生命内涵的作文同样可称之为"死作文"或"僵尸作文"。

这真是一种不幸。

4. 行走在日本　感受菊与刀
——参观东京国立博物馆有感
刘泽禹

东京国立博物馆位于东京市中心，是日本最大的博物馆之一。到日本的第一天，我们就慕名来到这里。

一进入大门，来到博物馆草坪上，就看到了两尊石像，走到近前，才看到这两尊石像均来自于古朝鲜，而这两尊石像是被日本人掠夺而来的，放在博物馆的草坪上。从这两尊石像憨厚而无奈的表情中，我看到了日本性格中的"刀"的一面，即武力与野蛮。这种"刀"对于日本人来说是光荣、是荣耀，但对于有的国家来说，就是一种灾难、是痛苦。这两尊石像明明就是在向参观者炫耀日本的强大。

走进东洋馆后，这种沉重的感觉加重了。东洋馆中展列着亚洲各国的许多文物：埃及、伊朗、印度、朝鲜、叙利亚均榜上有名。但文物最多的还是来自中国的：从五代十国时期的金佛像到清末做工精致考究的珐琅，甚至从石窟佛像上挖来的佛头……其中不乏在国内都罕见的珍品。这些展品大多都是在近代时被日本掠夺走的。最令我气愤的是所谓的大谷探险队，在明末清初时几次进入中国，打着探险的名义，沿丝绸之路一路掠夺了无数的珍稀文物，并将其带回日本。在我看来，他们就是彻头彻尾的强盗和贼；而在日本人眼里，他们却是英雄，我想这应该是另一种方式的"刀"吧。

从东洋馆出来之后，来到了日本馆。这里展出着日本本土的文物。看着这些文物，我有一种回到中国的感觉：从书法作品到绘画、从瓷器到佛像……这些作品非常像来自中国的文物，只是做工没有那么精致、细腻。从这些作品中，我看到了日本的第二个特点——"菊"，即向往文明、渴望文明的一面。先是古代的中国、再是近代的英国、后是现代的美国，日本永远能够把握时代的强者并向之称臣、学习，使自己强大起来。菊与刀的双重性格，正是日本能够强大的原因，也是日本可怕的原因。

从博物馆中，我看到了中国古代的辉煌与近代的没落。我们曾经辉煌过、有过灿烂的文化。我们可以自豪地说许多东西都是源自中国，可是它们却被强盗掠走，处在矮檐之下，积年累月地倾诉着无奈和屈辱。

只有国家真正地强盛了，才能真正守护住自己的文明，才能获得真正的和平！

愿历史不再重演……

【点评】

记得有人说过：要了解一个民族，必须了解它的博物馆。

小作者可谓有心人，来到日本的第一天，就忙不迭地走进东京国立博物馆。

通过参观，小作者近距离地感受到了日本"菊"与"刀"的双重性格：一方面，这是个嗜血成性、劫掠成癖的禽兽不如的民族；另一方面，这又是个畏强凌弱、不甘人下、善于学习的民族。"菊"与"刀"的结合，构成了日本这个地球上独一无二的、扭曲变态的民族性格。

参观的过程，也是思考的过程。阅读这篇随笔，我们可以明显感受到小作者心情的沉重复杂和深沉思考。

5. 风雨颐和园

王忻然

她静静地坐落在那里,看太阳将万丈光辉铺洒她的水域,看如织游人来往。人们赞美她、欣赏她,震撼于她的美丽、雄伟,又有多少人,瞥见她的伤痕?生于帝国最繁华的时期却经历了没落与百年战乱,这其中说不尽的风风雨雨,又有谁,与她同在?

感谢"颐和园公益讲解",让我有机会更深地了解她,读关于她的书籍,抑或是花整个下午,漫步在园内。我知道了,她除了那些光鲜繁华,除了湖畔精美的长廊,山上雄伟的佛香阁,还有很多很多。

有个地方叫苏州街。夹在后山葱茏的树木之中,灰白色石拱桥之下,一条人工河恬静地流淌着。两岸,错落着两排双层木质小楼,门口有的挑着一排灯笼,有的立着冲天式牌楼,满目风情,古色古香,游人穿梭在其间。如此景象,让我几乎以为误入了温婉的南国水乡,北方冷冽的寒风从未到来过——二百多年前一条一模一样的水街在此建成,后来,被一场熊熊烈火,吞噬。政府完完全全按照原来内务府保存下来的黄册、图卷,在遗址上复建才有了今天的模样。建得了建筑,却回不去曾经。改朝换代,沧海桑田,无数动荡战乱、血泪耻辱之后,只剩下风景依稀似去年。

有个地方叫赅春园。赅,即完备的意思。光从名字,也不难想象这里该是怎样的春意盎然,秋华媚艳。阳光曾经该是怎样耀眼地穿过树叶，绿意中若隐若现的小楼该是怎样的闲适，下边桃花沟汩汩流淌着。这里曾经是乾隆最喜欢的小园，年年夏天都要来此避暑，留下诗词无数。可如今，我们在深秋的一日，初到此，抬眼，入目的只有凋零的树木散落在碎石黄土坡上，一如任何一处的野山。爬上坡，仔细寻到岩石上已有些模糊、依稀可辨的刻字才知道，这里就是乾隆最为喜爱的"山阴或不来，来必憩此轩"的清可轩！管一段土叫廊，管几块石基叫轩，管一方几乎空无一物的平地叫钟亭！我感到莫名心酸。入冬，大雪，几日后去发现皑皑白雪却平整洁白，鲜有足迹，枯枝在寒风中萧瑟着，显得格外冷清。

有个地方叫智慧海。金碧辉煌，红色墙黄绿琉璃瓦的建筑群之中，有一座建筑墙面上满是一个个精致的小佛像。来此的游人大多靠着山俯视着下方的风景，感受这居高临下的气势，或是津津乐道须达多长者、祇树给孤独园的故事。有多少人知道，1900年八国联军占领北京时，曾有外国军队驻扎在此，曾有一群人，嬉笑着嘲弄着，轻蔑地争相比试用枪打掉小佛像的头。

不知道也罢。颐和园是公园，而非遗址。不同于圆明园任凄凉的残垣断壁直直地立在那里，她选择了将一切伤痛耻辱埋葬，浅笑淡然，安之若素。

也许，是为了忘却的纪念？

【点评】

　　游颐和园之后,不去写宏伟壮观的佛香阁,也不去写碧波荡漾的昆明湖,而是选了苏州街、赅春园、智慧海三个并不十分引人注意的"点",从历史的角度着眼,写其沧海桑田、兴衰变迁,进而抒发内心的无限感慨。

　　由此可见小作者的匠心。

　　收笔时,小作者将颐和园与圆明园两相比较:同样遭受劫掠,但兴衰荣枯有所不同。一个满目凄凉,任人凭吊;一个历尽劫波,景致犹在。望着络绎不绝的游人,小作者不无感伤地写道:

　　"不知道也罢。颐和园是公园,而非遗址。不同于圆明园任凄凉的残垣断壁直直地立在那里,她选择了将一切伤痛耻辱埋葬,浅笑淡然,安之若素。

　　也许,是为了忘却的纪念?"

6. 内乡县衙对联

李婧

　　今年春节,我们一家回到了我爸爸的故乡——河南内乡,在那里参观了内乡县衙。

　　内乡县衙始建于元代,是我国保存最完整的封建时代县级官署衙门,享有"龙头在北京,龙尾在内乡","北有故宫,南有县衙","一座内乡衙,半部官文化"的美誉。内乡县衙是中国封建社会县级政权衙门的实物标本和历史见证,是一座十分珍贵的文史资料库,更是镶嵌在中华大地上的一颗璀璨的明珠,被誉为"中华大地绝无仅有的历史标本"。

而其中我认为县衙的楹联大多语言精练,含义深刻,读后引人深思,令人赞不绝口。下面着重介绍几个我最为欣赏的。

大堂楹联:

欺人如欺天,毋自欺也;
负民即负国,何忍负之。

匾额——明镜高悬

我想这副对联的意思是欺负百姓如同欺负上苍,不循天理也侮辱了自己的人格,所以不要做伤天害理、坑民害己的事。而下联即辜负了百姓便失信于民,也就辜负了国家的重托,你又怎么忍心去令人民、国家失望呢?这副对联语重心长,读起来令我对身为内乡县地方官的县令肃然起敬。再加上匾额上的"明镜高悬"更显示出了县令的公正不阿,爱国爱民。

三堂楹联:

得一官不荣,失一官不辱,莫说一官无用,地方全靠一官;
吃百姓之饭,穿百姓之衣,莫道百姓可欺,自己也是百姓。

这副对联充分体现了内乡知县高以永,身为地方官,能自觉与百姓一等,视百姓为衣食父母,真是极为难能可贵。许多领导看到这副对联后都深有感触。前中共中央政治局常委李铁映挥笔题写此联作为内乡留念。前国务院总理朱镕基在视察内乡县衙时对这副楹联所阐明的官与民的关系给予了充分肯定和高度赞扬。由此可见，这副对联的历史和文化价值，可谓是警世名言，绝无仅有。

县丞衙门联：

宽一分，民多受一分赐；

取一文，官不值一文钱。

这副对联的意思是当官施政要宽厚一点，减轻百姓负担，百姓就多得到一点实惠。如果非法索取钱财，收受贿赂，那就丧失了人格，自己也变得一文不值了。

内乡的楹联中还有很多很好看的，这里就不一一点评了。

"一座内乡衙，半部官文化。"内乡县衙的楹联多语言平实，哲理深刻，读之不能不令人三思。这些楹联精辟地再现了内乡县衙颇具底蕴的官署文化，更引发着我们对当今官员廉政文化的不少思考。

【点评】

对于会学语文的同学来说，语文课堂无处不在。在小作者眼里，故乡保存完好的内乡县衙就是一个丰富的语文大课堂。春节时来到这里，小作者不禁眼前一亮：

"内乡县衙是中国封建社会县级政权衙门的实物标本和历史见证，是一座十分珍贵的文史资料库，更是镶嵌在中华大地上的一颗璀璨的明珠，被誉为'中华大地绝无仅有的历史标本'"。

内乡县衙的楹联大多语言精练，含义深刻，读后引人深思，令人赞不绝口，堪称语文学习的精美教材。小作者这次参观，不

> 虚此行，收获颇丰。她深有体会地写道：
>
> "'一座内乡衙，半部官文化。'内乡县衙的楹联多语言平实，哲理深刻，读之不能不令人三思。这些楹联精辟地再现了内乡县衙颇具底蕴的官署文化，更引发着我们对当今官员廉政文化的不少思考。"

五、影视剧中体验真实

学习写作，本没有课堂内外之分，也没有命题作文与自主练笔之别。就真正提升写作能力的作用而言，自主练笔比课堂命题作文要重要得多。无论读书、看报、赏画，还是看戏、听歌、观赛，都是写作学习的契机。

一位酷爱电影的同学曾经这样写道："当你看到安迪经历千难万险后从肖申克监狱泥泞的下水道爬出，重获自由时，当你看到身患小儿麻痹症的阿甘在'快跑，阿甘，快跑'的鼓励下，跑遍整个美洲大陆时，当你看到敢于打破禁锢的老师最终被陈腐的学校驱遣，同学们竞相站上课桌高呼'船长，我的船长'时……你能不为之动容，能不泪流满面，能不在内心深处感到那一份难以名状的希望与欣慰？的确，好的电影既为作文学习提供营养，也为生命提供养分，它不仅给予我们欢笑与感动，更滋养着我们的心灵，给予我们渡过艰难、不断向前的希望与慰藉。"

这里精选了几篇随笔范文，是小作者在看了话剧、电视剧、故事片、纪录片之后写下的感受和评价。习作多以分析议论为主，不仅有真情实感，且有真知灼见，篇篇可圈可点。

范文

1. 亮剑精神

汪子骐

这是一支如狼似虎的队伍,这是一支迎难而上的队伍,这是一支机智聪敏的队伍,这是一支勇往直前的队伍……八路军独立团,经历了多少血腥的斗争,多少风雨的磨洗,坚强地屹立着。它如同一把被磨砺了无数次的宝剑,锋利的刀刃狠狠地插进敌人的心脏,让他们无法继续苟活。然而,给予他们这种力量的,不是金钱,不是官职,而是一种精神,一种战无不胜的亮剑精神!

亮剑是一种勇气。狭路相逢勇者胜,面对敌人毫不留情,要敢于亮剑。无法忘记骑兵连的战士们,以及他们与日本黑森骑兵连的那场战斗;无法忘记,当战士们的子弹都已经用尽之时,他们毅然拔出雪亮的战刀,一次又一次地喊着"骑兵连,进攻!",向敌人们策马奔去;无法忘记,寡不敌众的骑兵连只剩下了一位断臂连长,他用仅存的一只手将战刀高高举过头顶,做最后一次"注定失败"的冲锋,他的眼睛里是压倒一切敌人的勇气,是视死如归的威壮,即使知道寡不敌众,他也要与敌人血拼到底,一往无前;无法忘记,夕阳笼罩的丘陵上,血流成河,人尸马尸交错重叠在一起,独立团的骑兵连与如血残阳融为一体。但是,倒下的每一个骑兵的脸上却都写着坚毅与执着,大大睁开的双眼喷射着火焰,双手仍紧握着战刀,似乎随时都会站起来与鬼子搏斗……这才叫真正的勇气,在拔刀而起的那一刻,在喊出进攻的那一刻,在扬鞭策马的那一刻,这支队伍诠释了亮剑的真正含义。

古人曾说过,勇气分两种,一种是匹夫之勇,另一种是君子之勇。匹夫之勇是一种无理智的勇气,而君子之勇是有智慧的勇气。亮剑不仅是一种勇气,更是一种智慧的体现。中国共产党的人数少,装备差,如果没有充满智慧的战术,光凭一身胆量,又怎么可能战胜日寇呢?在亮剑中,日本军人山崎是名出色的战术家,他指挥构筑的野战工事别出心裁,反常规建筑在高地平面圆台中心,易守难攻。几个八路军主力团硬冲不上,伤亡惨重。李云龙和别人不一样,不做赔本的买卖。他观察到从山坡倾斜处到敌方工事有80多米,于是采用土工作业的方法向前掘进。为了麻痹敌人,故意提出要和山崎单挑比试剑术,待其反应过来,战壕至敌方工事已进入手榴弹射程。书中写道:"横飞的弹片带着死亡的气息呼啸而下。"如果李云龙不是凭借其过人的智慧,而只带着独立团凭借匹夫之勇猛攻,恐怕早已全军覆没了。

共产党的军队是有军魂的。他们不为钱财所动,不为官职所动,他们懂得牺牲小我,顾全大局,只因为他们有着共同的信仰,他们愿意为这信仰奉献自己的所有,乃至生命。亮剑,更需要懂得奉献。我的脑海中不禁浮现出了李云龙攻打平安城的那幅画面。城已经快要收复了,守城的日本士兵也剩得不多了,独立团的几门大炮对准了紧闭的城门。然而就在此时,山本押着李云龙的妻子秀芹上了城楼。这就意味着,如果独立团炸掉了城楼,秀芹将尸骨难存。我能感受到李云龙的心在颤抖,结发的妻子与唾手可得的县城，他到底该选哪一样。终于，他作出决定了，就在他声嘶力竭地喊出"开炮"的那一刻，我被他的奉献精神深深打动了。我想，尽管失去妻子的他是痛苦的，但是，他用他的行动证明了他是一位懂得牺牲、懂得奉献的军人，一位合格的军人。其他的人，亦如此，战场上奋勇杀敌的战士们；为战士们缝补鞋子、煮粥做饭，默默支持他们的妇女们；手握红缨枪，为大人们通风报信的童子军们；还有在背后运筹帷幄的指挥官们……如果没有他们，没有他们的奉献，还会有新中国吗？奉献，是一种崇高的感情，它不受金钱的束缚。你是富翁，就可以让很多吃不上饭的人吃上饭；你是穷人，也可以用自己的爱去温暖那些无助的人。在你把钱投入募捐箱时，在你把温热的一碗粥递给路边饿晕的乞丐时，你就是在亮剑，亮出一把温暖、令人感动的奉献之剑。

　　这支与亮剑精神共存的队伍，我们不仅记住那一道道威武不屈的身影，更记住了他们敢于亮剑的勇气、智慧、奉献与气魄！"面对强大的敌手，明知不敌也要毅然亮剑。即便倒下，也要成为一座山、一道岭。"我相信，这是对亮剑精神的最好诠释。宝剑出鞘，豪气万丈，锐不可当！

【点评】

《亮剑精神》不是通常的观后感，而是一篇影视评论。

"观后感"与"影剧评论"的区别在于：前者重在抒发观后的内心感受，主观色彩较强；而后者重在对作品做出客观评价，阐述事理，通过分析论证来支持自己的看法。

"亮剑精神"四字，既是文章的题目，又是通篇的立论。全文紧紧围绕着"亮剑精神"，通过"勇气""智慧"和"奉献"三个层次展开论述，并运用剧中三个感人至深的典型而具体的战例作为论据支撑，有理有据地诠释了"亮剑精神"的深层内涵。

文章由感性到理性的跃迁，足以见证小作者的认识能力和思维水平有了喜人的提升。

2. 海豚的悲歌
——观《海豚湾》

季北辰

我没见过几次海豚，但在我的印象中，它们温顺、聪明而善良。它们甚至救过人的生命。它们似乎是具有灵性的，我想。我原以为没有人会忍心伤害这样可爱的生灵。然而《海豚湾》让我看到了这种暴行，把人类残忍的一面暴露无遗。

在日本一个宁静的海湾，平日阳光明媚地照下来，温暖宜人。深蓝色的大海泛着细碎的波浪，缓缓流动着。海湾两旁的岩石上点缀着几棵青翠的树木，更使这里增添了一份生机。尽管这里的风景十分美丽，但除了当地渔民，没人能够看到。因为这里受到层层封锁，以掩盖这里发生的肮脏勾当。经过长期努力，摄制组终于录下了这里的画面。

起先听到的是一阵慌乱的叫声。这种平日温和的动物，此时惊慌失措，被人类驱赶着游向这个宁静的海湾，它们还不知道将要发生什么，但我们却知道迎接它们的将是死亡。这种叫声是它们最后的呼救！

它们被赶进了海湾。不久就有几个渔民，不！是屠夫，血腥的刽子手，手持利器，划船向海豚靠近。到了海豚的近旁，他们举起了屠刀，向海豚刺去！一下又一下，屠夫们将屠刀刺向海豚，被刺中的海豚在水中挣扎着，一会儿勉强跃出水面，一会儿又隐没在水里。这是它们生命的最后挣扎！它们身上沾满了自己的和同伴的鲜血，而鲜血在海水中却已难以分辨了，因为碧蓝的海水已被染成了一片让人惊骇的鲜红！鲜红向四周扩散着，视野之内，原本美丽的深蓝已经全部变为可怕的红色，弥漫着血腥与暴力。看到它们最后奋力跃出血水，之后又瘫软地沉入水底，再麻木的人也会为之震惊。而那些刽子手，看到海豚生命最后的挣扎，看着鲜红的血水，竟然没有一丝一毫的愧疚，仍然奋力将屠刀刺向渴望生存的可怜的海豚！我不禁怀疑这些刽子手是人类，还是已经变成了魔鬼，邪恶地杀死无辜的生灵。我又想起了南京大屠杀，同样是日本人，如此残酷，残酷到惨无人道！不知道这是不是原先的日本军人传下来的恶习，造就了这些冷血恶魔！这种惨状和南京大屠杀相比，除了杀戮对象一个是人类，另一个动物外，毫无差别。它玷污了这美丽的深蓝，将血腥与暴力注入了纯洁的大海，更玷污了人类的道德，把人类最基本的同情心丢得一干二净。

等所有的海豚最终都被杀死，他们才停止这一批的屠杀，然后以每条600日元的低价把含有大量汞的海豚肉卖到市场，再以鲸鱼肉的名义高价售出！这正是人类的"杰作"。为了这点小利，每年屠杀二万三千条海豚，再用他们的肉去毒害自己的同胞！更令人匪夷所思的是，日本政府竟然支持这件事，并在全球捕鲸大会上提出要中止捕鲸禁令！他们不仅要杀死无辜的海豚，还要残害巨大的鲸！他们不仅对海豚的悲歌无动于衷，还要去听鲸的哀号！他们还似乎想对世界示威！不让别国丝毫约束他们嚣张的行为！但是，这样的代价太大了，甚至不仅仅是道德的代价，尽管他们并不在乎。

但是，日本一个发言人看到这段影像时，他的内心似乎没有发生任何的波动！他若无其事地看完，然后可耻地问道："这是在哪里拍到的？什么时候拍到的？"

看到这里，我不仅仅感到愤怒，更有一种深深的悲哀。海豚的悲鸣声又在耳边响起，似乎在向我呼救。可是，我能做到的，又有什么呢？只有愤怒和悲哀罢了。而这世界上还有多少像这些海豚一样命运的动物呢？我突然感到这不仅仅是海豚的悲歌，更是世界上所有生灵对人类唱出的一曲挽歌！

【点评】

你也许没看过这部记录日本血腥屠戮海豚的影片《海豚湾》,但银屏上一幕幕惨不忍睹、令人发指的画面却直逼你的眼前。

这篇随笔告诉我们:借助描写,是可以把诉诸形象的屏幕语言转换为生动形象的书面语言的。小作者就是这样做的:

"屠夫们将屠刀刺向海豚,被刺中的海豚在水中挣扎着,一会儿勉强跃出水面,一会儿又隐没在水里。这是它们生命的最后挣扎!它们身上沾满了自己的和同伴的鲜血,而鲜血在海水中却已难以分辨了,因为碧蓝的海水已被染成了一片让人惊骇的鲜红!"

从他的出色描写中,我们看到了"海豚湾"发生的一切,并通过凶残杀戮海豚的行为看到了日本民族穷凶极恶的本性。

面对血腥杀戮以及杀戮之后的毫不在乎、无耻谎言,小作者深感愤怒、悲哀和无奈:"这世界上还有多少像这些海豚一样命运的动物呢?我突然感到这不仅仅是海豚的悲歌,更是世界上所有生灵对人类唱出的一曲挽歌!"读来发人深思。

3. 苦涩的完美
——《钢的琴》观后
车凯

这是一部感人的电影,因为它展现了最尖锐的现实,传达了最大众化的坚强的生活态度。

比起其他的所谓"大片",它并没有高级的特效,亦无紧张扣人心弦的情节,却能抓住观众的心,靠的是源自最朴素情感的信念:为了女儿,造一架钢琴。

影片所讲述的故事其实很简单,所有情节几乎围绕着一个约定:离婚夫妇中先给女儿一架钢琴的,便可获得女儿的抚养权。这看似容易的要求,对于父亲,一个下岗工人来说,却是难以完成的。他与落魄的朋友们,在买钢琴、偷钢琴的尝试一一失败后,最终决定用钢造一架琴。似乎有些滑稽,带有喜剧的夸张色彩,背后却是说不完道不尽的无奈现实。于是坎坷与矛盾,热情与失望,随着决心一同展开。

正如同一部好的小说,因其细腻描写才得以传神,电影也因其恰当的场景与镜头设置才富有表现力。《钢的琴》反复出现的灰蒙蒙的天、高大的烟囱、近乎废墟的厂房、荒草丛生的土地、锈迹斑斑的巨型管道、历经岁月的标语的特写,不仅是对充满红色激情的工业时代的记忆,也营造出压抑的氛围,喻示那时代已是日落西山,只好做一声声无可奈何的叹息。

除去视觉方面,在听觉方面电影制作也有一番用心。人物间的对话是最朴实的东北方言,遣词造句都极符合平民性格。将每个人物的个性展现得淋漓尽致。同时,还有民歌、流行歌曲,不过带有怀旧情结的俄罗斯歌曲才是主旋律。或忧郁或欢快或苍劲有力,都与情节结合十分紧密,旧得几乎生锈的旋律,便也是人物们心灵的写照。

由影片的背景设置,便已说明了主要人物的身份:工人,中年,与潮流脱节的一代。他们因萧条的现实而不得不改操他业，置身于社会底层，有的还骑在法律的边缘上。主人公"父亲"则是一个乐观而幽默的人：他组建自己的乐队，曾让女儿在硬纸板上练琴还自我陶醉，然而幻象被现实无情打破后，他也敢于应对。至于他的朋友们，有的彻底逃避现实，有的敏感却有理想，有的灰色却讲义气，有的和蔼而文质彬彬，无不是缩影，概括出最大众化的几种性格。当他们团结时，又表现出无穷的信念与智慧。最终那信念与智慧化为炽热火红的铁水，铸成一架凝聚着泪与汗的钢琴。琐碎与失败属于他们，伟大与胜利同样属于他们。

电影还有另一条关于两根旧烟囱命运的暗线。工人们无论如何努力，却无法改变它们被从地面上抹掉的结果，因为那是时间前行的必然。同样也暗示了这群小人物无法逃避的被遗忘的悲剧命运，他们的举动至多也只能是毁灭前的挣扎。正是因为这无情的必然命运，再加之压抑无奈的背景，他们的坚强付出、乐观以及亲密友情才更加可贵。

《钢的琴》是一部真正的艺术品，荒诞喜剧背后则是象征主义，通过具有高度概括性的几个人物，象征着整个中国的平民阶层，无论命运如何，总是坚韧地活着。它不仅具有时代性，表现了衰落的老东北，而且因展现了平凡而伟大的人性之美这一永恒主题而具有长久的价值。

影片最后，如流水般清澈的琴声响起，把谜底与感动一同留给观众，让人不禁因苦涩的完美而泪水朦胧双眼。

【点评】

　　书读得多了，可以提高人的艺术鉴赏力，看懂真正的艺术作品。

　　电影《钢的琴》是一部"真正的艺术品"，"苦涩的完美"是一个耐人寻味的题目。

　　"苦涩"与"完美"看上去是彼此矛盾的，很难统一起来。既然"苦涩"，何来"完美"？既然"完美"，岂能"苦涩"？但是，当看了这篇影评之后，你就会疑问顿消，同时还会觉得"苦涩的完美"是一个无可取代的好题目。

　　为了最先拿出一架钢琴以争得女儿的抚养权，"父亲"与他那群落魄的哥儿们经历了说不完道不尽的曲折与艰辛、坎坷与矛盾、苦涩与失望。最终，"那信念与智慧化为炽热火红的铁水，铸成一架凝聚着泪与汗的钢琴。琐碎与失败属于他们，伟大与胜利同样属于他们。"——"苦涩的完美"！这是一个多么意蕴丰富的表达。

　　小作者不仅对影片《钢的琴》在视觉方面的表现力与听觉方面的"用心"称赏不已，而且从"两根旧烟囱命运的暗线"看到"荒诞喜剧背后则是象征主义"，关注到人物的性格和命运。尤其是看到了压抑无奈的背景下的坚强付出、乐观开朗以及亲密友情的可贵；看到了在衰落的大环境面前，平凡的人们"无论命运如何，总是坚韧地活着……因展现了平凡而伟大的人性之美这一永恒主题而具有长久的价值"，较好地把握住了这部影片的基本格调和艺术主题。

第八章

走进名著　全面提升人文素养
——名著阅读课程建设成果报告

注：名著阅读活动开展5年后，2015年，"走进名著 博览群书——提升学生人文素养实践研究"教科研课题，被北京市基础教育课程教材改革试验工作领导小组评选为"北京市基础教育课程建设优秀成果"二等奖；"走近文学经典名著，推进语文课程改革"教科研课题，被北京市海淀区教育科学研究所评选为"海淀区基础教育课程建设优秀成果"一等奖。

一、名著阅读课程的开发与实施背景

很久以来，中学语文一直是社会的关注焦点。尽管语文老师在勤勤恳恳地努力工作，各种教学改革也在繁管急弦、紧锣密鼓地进行，然而一番又一番的关切与期待，盼来的往往是一次又一次的失望与沮丧。学生不会读书，不会写作，不会学习，语文综合能力每况愈下，人文素养着实堪忧，语文教育问题似乎成了难以救治的顽疾，痛心疾首的呼喊声不时见诸报端：

语文教育少慢差费。（吕叔湘《语文随笔》）

误尽天下苍生是语文。（王学进《且看语文怎样误尽天下苍生》）

中学作文教学全线崩溃。（温儒敏博客）

语文教育已经支离破碎。（王旭明《语文教育已经支离破碎》）

那么，问题的症结何在呢？

著名教育家苏霍姆林斯基说过："应该让孩子生活在书籍的世界里"。著名学者、书香校园的首倡者朱永新先生则说：没有阅读，就没有学生的精神成长。北大资深教授钱理群先生和温儒敏先生有更为明确、直接的表述："学好语文有很多要素，但最核心最根本的方式就是阅读"；"阅读最接近教育的本质，是语文教育的灵魂，是语文教育之本"。语文一旦失去了"读书"这个核心、根本和灵魂，怎么可能不百病丛生、身染沉疴呢？

不读书，背离了《语文课程标准》的要求，让语文陷入画地为牢的误区。

"语文课程应该是开放而富有创新活力的。""语文课程应注重引导学生多读书。""要引导学生多读书,好读书,读好书,读整本的书。"(《义务教育语文课程标准》)这里的"书",显然不是"教科书",而是指教科书以外的书。相对于语文教育而言,教科书充其量只是滴水,课本之外则是浩瀚的海洋。语文教育应该扩大阅读面,增加阅读量,去引导学生"多读书,读好书,读整本的书",把世界当作课本,而不是把课本当作世界。而长期以来,把语文等同于语文课本,把教科书当成语文课程的全部。这种局限于课本教学的做法,与玻璃杯里栽松树、小水沟中赛龙舟、蜗牛角上展拳脚无异。对于读书,不是《义务教育语文课程标准》没要求,而是教学实践中没落实,用王旭明先生的话说,是我们自己把路走歪了。当前语文教育的种种弊端,大都可从这种作茧自缚、画地为牢的现状中找到原因。

不读书,让语文失去生命根基,魅力尽失。

读书之于语文教育,如同树根之于枝叶,源泉之于河流,基础之于大厦,血脉之于躯体,灵魂之于生命。树根萎缩则枝叶枯黄,源泉枯竭则河流干涸,基础不牢则大厦倾危,血脉不足则躯体羸弱,灵魂缺位则生命失色。不读书,让语文失去了生命根基,变成了无源之水,无本之木,无魂之体,导致学生的语文学习远离了宏大语境和整体感知,再没有独立阅读的个人体验,因此不会产生强烈的情感共鸣与心灵震撼,原本最有魅力、最为丰富、最为生动的语文,因此变得最枯燥、最单调、最苍白。加上目前符号化、技术化、标准化的教学和考核,日甚一日地消解着语文学科所特有的情感和魅力,"让本该快乐的读写变成了苦不堪言的负担"(钱理群)。教来教去,语文被教成了一条风干的丝瓜,干瘪丑陋,食之无味。

不读书,让学生综合素养惨不忍睹,读写能力每况愈下。

读写能力的形成必须建立在大量阅读的基础之上,这在古今中外早有共识。"博览而约取""厚积而薄发"是古人的警语;"写作重要,阅读第一"是当今欧美发达国家推崇的教育理念。而我们多年来却把"以本为本"奉为圭臬,把教学内容框定在教科书中。初中3年,上千个日日夜夜,600多个课时,我们的老师、学生围着6本教科书,百多篇课文,从早学到晚,经冬复历春,目标高度集中在中考划定的1000个词语、20篇古文、25首古诗,平均每天掌握一个汉语词汇,40天学习一首古诗,50天学习一篇精短古文。在课堂上,对教材的单篇课文,老师不厌其详,不厌其烦,基本采取文章学的教学模式,以"生理解剖"的方式肢解文本,以获得"生理解剖"结果为认知目的,把学生的学习活动仅仅作为"仓储式"的简单的积累手段。全国每年数以亿计的学生,全部的时间精力就这样虚耗在极其有限的应考知识上,日复一日年复一年地去苦苦打拼而无暇读书,何谈提升语文素养和读写能力?

不读书,严重影响学生的精神成长和终身发展。

朱永新先生有言:一个人的精神成长史取决于他的阅读史。读书,让语文有了教化、益智、审美、励志、养心等多重教育功能,学生在读书的过程中,通过和古今中外圣哲贤达的对话,可以开阔视野,陶冶性情,锻造精神,陶冶人格,滋养心灵,升华境界。由此可见,对处于人生成长关键阶段的学生来说,读书的重要性怎样形容也不过分。遗憾的是,我们的学生在初中甚至整个中学时期,普遍埋头在"不属于真正意义上的书"(朱永新)的课本上,除此之外基本上不读书。古语云:一日不读,百事荒芜。那么,在中学这一重要时期,整整3年甚至6年不读书,会给人的精神发育、生命成长带来多大的损失!更不要说中学没有养成读书习惯,此生就很可能不再读书,这对其终生发展怎能不带来严重影响。

最该读书的中学阶段不读书,学生本该开阔的视野就会萎缩,精神的土地就会板结,情感的田园就会荒芜,心灵的泉眼就会干涸。因此学生中随处可见胸无点墨、头脑空空的"空壳人"，疯狂做题、死记硬背的"机器人"，见解肤浅、视野狭窄的"侏儒人"，眼睛斜视、钻牛角尖的"偏执人"，情感苍白、心灵沙化的"贫血人"，心乱如麻、神思恍惚的"迷瞪人"，甚至成为价值扭曲、心理晦暗的"变态人"……

我和我的一群志同道合的同事不想带着孩子整天在蜗牛角上较雌论雄，我们渴盼抓住孩子初中一闪即逝的成长黄金期，对教材进行取舍整合，把古今中外的名著引入课堂，带着孩子们跳出题海、畅游书海，加强人文积淀，培补精气神，并同步提升读写能力及语文综合能力，为其终身发展奠定根基。这种做法不是一时心血来潮，标新立异，更不是另起炉灶，剑走偏锋，而是一条在《语文课程标准》指引下正本清源的康庄大道。

二、课程内容设计实施的框架

为贯彻落实《语文课程标准》精神，改变长期以来以教科书为藩篱所导致的少慢差费的语文教育现状，在人大附中校长大力支持下，在北京市教科院专家的悉心指导下，自2010年以来，人大附中（初中）语文教师对现有教材内容进行有机整合，把古今中外名著引入课堂，在连续5届学生中开展丰富多彩的名著阅读活动，形成了独具特色的语义课程，提升了学生的读写能力和整体素质，切实推进了语文课程建设。

三、课程实施过程与实施方式

1. 把握时机，推进名著阅读"有力"

初中，尤其初一初二，学生正处在强烈的精神饥渴期，是培养阅读能力的黄金时间，一旦没在初中阶段进行有质有量的课外阅读，错过

第八章 走进名著 全面提升人文素养——名著阅读课程建设成果报告

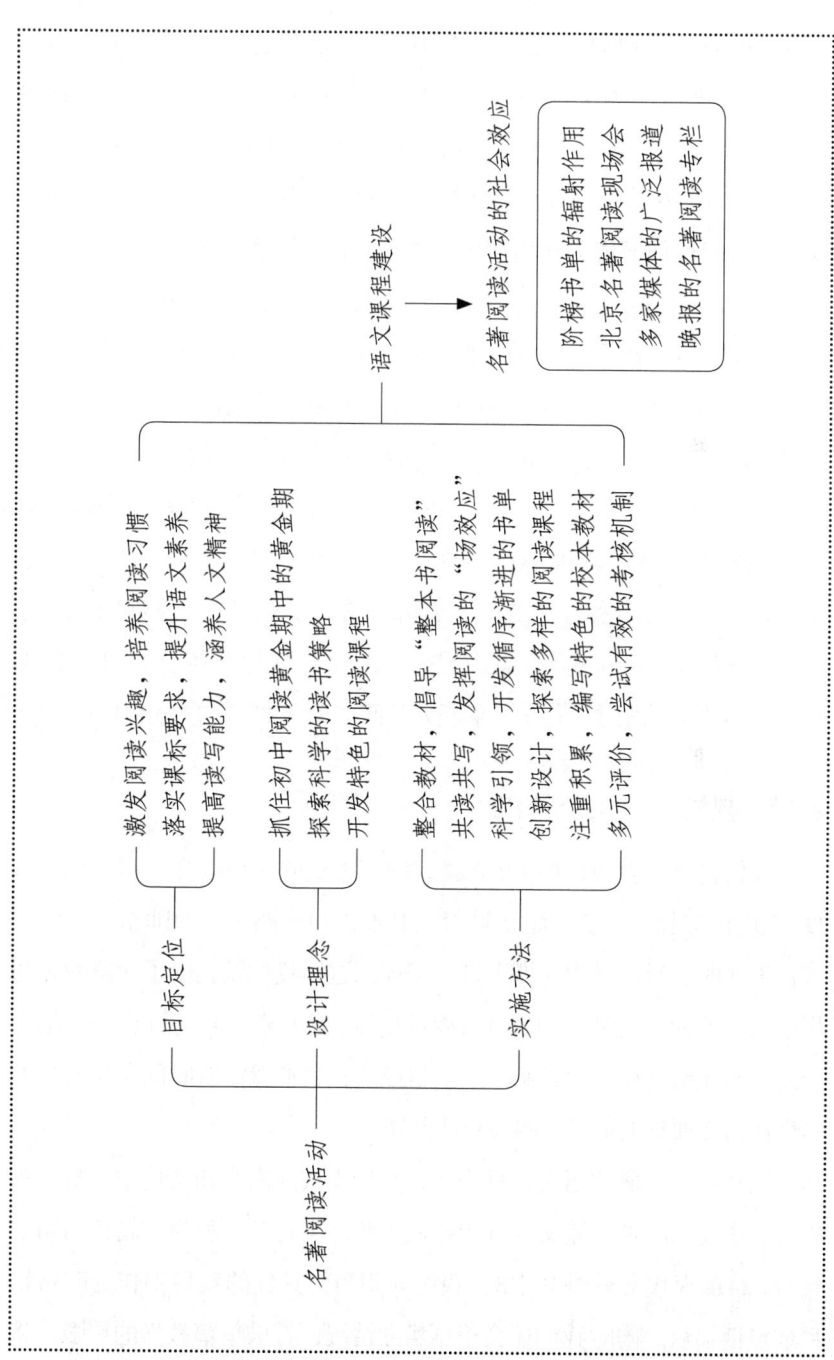

了这一读书的黄金时间,指望到高中、大学或走上工作岗位后再提升读写能力,实际上已经意义不大。因为,一旦初中阶段学生的读书兴趣没激发出来,读书习惯没有养成,阅读视野没有打开,那么在今后的日子里,他们就会对读书心存障碍和抵触,不会读书将导致不去读书、不想读书,其阅读理解能力也将因此被终生"定格"在一个很低的层面上,再难补救。温儒敏先生关于大学生读书的调查结果即是明证。

人大附中的老师们正是抓住了这一闪而逝的两年时光,充分加以利用,自2010年起,在连续五届初中学生中开展名著阅读活动,取得了如此成绩。

一个个文学大家——鲁迅、茅盾、老舍、巴金、沈从文、钱钟书、宗璞、路遥、余秋雨、史铁生、林清玄、龙应台、莫言……向孩子们翩翩走来;一部部堪称经典的文学名著——《呐喊》《茶馆》《子夜》《红岩》《边城》《四世同堂》《狼图腾》《文化苦旅》《野葫芦引》《平凡的世界》《穆斯林的葬礼》,让孩子们浸入其间,如醉如痴,欣然忘我……

2. 整合教材,让学生"有空"

我们整合苏教版6本语文教材,保留古代的经典散文、古诗词,将123篇现代文加以整合,精讲45篇,其他篇目则略讲,教师布置一些思考讨论性的题目,学生在课下自主阅读。这样我们就省出了大量的时间用于名著阅读。同时我们尽量减少重复性、机械性的练习和作业,把大量的时间还给学生,也还给了老师自己,让我们可以有时间和精力带领学生在语文课堂上走进广阔的阅读世界。

以八年级上册的语文教材为例,我们先按照内容和文体把课文分为古文、古诗、小说、散文等几个板块,然后实行单元教学,精读与略读结合,24篇现代文只讲其中的6篇经典篇目,其他的篇目则作为略讲篇目或自读篇目。同时我们还会根据实际情况,打破单篇教学的局限,将课本单元教学与名著阅读打通，实现课文教学与名著阅读的同步推进。我们会用一节课的时间，把七年级上册二单元中的四篇课文拿来和长篇小说《平凡的世界》进行比较，使课堂教学的容量大为增加，效率大为提高。

3. 设计梯度，让名著阅读"有序"

不同年龄阶段的学生其阅读兴趣和认知水平也有所不同，推荐适合的读物对名著阅读活动的顺利开展至关重要。作品过浅过易不利调动阅读兴趣，而过难过偏——譬如厚古薄今、厚外薄中的倾向，同样会形成阅读障碍，影响阅读的展开。我们采取的方法是：由浅而深、由易而难（朱永新先生称之为"智慧的阅读策略"），即从学生容易读懂、较少障碍的中国现当代经典作品阅读起步，逐步形成了一个有利于名著阅读活动顺利展开的作品序列。

当学生对现当代名著产生浓厚的阅读兴趣之后，老师们在推荐作品时，从时间上适当向古典名著扩展，从空间上逐步向外国名著扩展，从体材上则向散文、人物传记、纪实作品扩展，逐渐拓展孩子的阅读视野。我看到孩子们去司汤达、莫泊桑、小仲马、高尔基、狄更斯、雨果、梭罗的著作中畅游；托尔斯泰《战争与和平》的崇高，莎士比亚"四大悲剧"的震撼，《堂吉诃德》中的荒唐骑士，《静静的顿河》中骁勇非常的哥萨克，《百年孤独》里触目惊心的布恩迪亚家族传奇等都不仅带给孩子们以巨大启迪，同时带给孩子们以极大乐趣。就这样，孩子们对阅读经典产生了强烈兴趣，阅读的局面就随之打开。

4. 明确标准，让名著阅读"有纲"

书籍是精神食粮，中学生正处在精神成长的关键阶段，"读什么书"直接影响到他们的健康成长。孩子们代表希望，他们延续着民族的发展方向，续写着祖国的未来。因此所推荐的读物，既要符合孩子的年龄特点，又要有利于精神成长，我们以"美"、"健康"、"正能量"为基本标准，在推荐名著时，尽可能慎之又慎，精益求精。有的作品虽然不属名著，但也应是同类中的精品，即便是公认的经典，也要考虑是否适合学生当下去读，切不可一味地厚古薄今、舍中趋外、偏深偏难、盲目随意、好高骛远，让孩子一上来就产生排斥和拒绝，更要坚决抵拒花里胡哨、小里小气、旁门左道、俗不可耐的读物。我们带领学生先后走进弘扬民族大义的《四世同堂》、"茅盾文学奖"获奖的扛鼎作品《穆斯林的葬礼》、当代文学的不朽经典《平凡的世界》、荣获亚洲最高文学奖的《狼图腾》等。从反映人大附中学生名著阅读情况的已出版的图书中可以看出，书中涉及的学生读过的上百部作品，都符合这样的推荐标准。

我们还会把一些反映现实生活、时代色彩很强的作品推荐给学生，这些作品可能一时还不能成为经典，但一定是同类作品中的精品，或者有望成为未来的经典。比如，我们给孩子推荐了两部狼书，都取得了很好的阅读效果。从《狼图腾》中，他们懂得了狼性的价值和环保的重要；从《重返狼群》中，他们懂得了什么是超越族群的大爱。《重返狼群》是80后作家李微漪创作的纪实作品，记述作者自己舍生忘死，历经艰险，把小狼放归狼群的真实经历，创造了迄今为止历史上首例成功放归的神话。这本书文笔优美，故事富传奇性，孩子们沉醉其中，既陶冶精神，又开启心智，李微漪也因此成了孩子心目中"让人最佩服的人"。这本书虽然眼下不能称为经典，但未必不能成为未来的经典。正如《狼图腾》的作者姜戎在《重返狼群》的序言中所言："我已经精读四遍《重返狼群》，仍想再读。这部狼书经常让我冷汗淋漓，或热血沸腾，抑或潸然泪下……给予了我精神上空前的震撼。"他还预祝《重返狼群》走遍中国，冲出亚洲，长啸世界。

5. 讲究方法，让名著阅读"有趣"

开展好名著阅读活动，激发兴趣、培养习惯是第一位的。我们发现，推荐作品后，老师不应喋喋不休地讲读书的技法技巧，而要让学生径直走进作品，在一个完整而丰富的语境中，自主自在地去读，无拘无束地去读，轻轻松松地去读，这样，学生就会沉浸在书中，和作者、和书中的人物同喜悲、共忧乐，尽享读书的快乐。在人大附中，无论课间、午休，还是楼道、操场，随处可见一道美丽的风景：三五成群的孩子抱着一部大部头在专注地捧读，或在热烈地议论……

读书兴趣形成后，学生会产生难以想象的爆发力，他们的理解能力、思维水平、读写能力突飞猛进，自主的读写能力明显提升。他们会刚读完一本，就追着老师去推荐下一本……

初二年级要求寒假读《骆驼祥子》、《茶馆》、《莎士比亚四大悲剧》、《悲惨世界》4部书，结果有半数同学在完成规定的阅读书目后，去自主选择其他读物。经统计，贺思凯、石宗华、高可心等同学另外读了20多部书，阅读量达500万字以上。石定川、孙闻溪等同学在完成规定的两篇读书笔记之外，自主增加练笔十几篇，写下上万字的读书生活随笔。班里特地为孙闻溪出了一期个人随笔专辑。初一初二两年，学生人均完成规定读物20部以上，自主选择读物10部以上，包雨轩、孙嘉悦等同学可达50部以上，其中《走进名著》（人大出版社）一书涉及学生阅读的古今中外名著达百部以上。

6. 读写结合，让名著阅读"有法"

在名著阅读过程中，我们要求学生边读边写下自己的真切感受，每周不少于一篇，篇幅长短不限，体裁形式不限，内容角度也不限。关键是要放手放胆，写出真意和个性，展示思考和才情。每次的读书笔记，老师有批阅，有讲评，有指导。优秀的读书笔记作为范文印发全体学生，既是示范，又是激励，充分调动同学读书和写作的热情。

以阅读带动写作，以写作深化阅读，这是我们一直坚持的做法。每周一篇的读书笔记，学生想写什么就写什么，想怎样写就怎样写。最初，有的孩子只能写几十字，坚持一段时间，从几十字写到几百字，再到后来，一两千字也一挥而就。胡雨石同学曾这样写道："阅读让我现在能在纸上挥洒自如，让我能有自己的见解和思想，并自如地表现。"

这种以阅读带动写作、以写作深化阅读的做法，使学生的阅读速度、阅读兴趣、阅读质量不断提高，读书笔记越写越好，达到了读写结合、读写共进的目的，形成了"以读促写，读写结合"的语文教学法。每周写读书笔记1篇，初中两年间人均写读书笔记两万字以上。

7. 开发资源，让学生举目"有得"

语文教育可供开发的课程资源无限广阔，既有经典名著这浩瀚的"有字书"，又有社会自然这本更为广阔的"无字书"，还有可供选择的优秀音频、视频作品。在走进名著的同时，我们还带领学生走进鲁迅、老舍等名人故居，徜徉南锣鼓巷、四合院等古老街巷，参观现代文学馆、"复兴之路"等展览，凭吊卢沟桥抗战纪念馆……去回顾历史、开阔视野，体验生活。在讲苏教版八年级（上）长征单元课文时，我们让学生去读王树增的纪实文学《长征》，读背精选毛泽东诗词40首，欣赏诗词艺术片《独领风骚》，观看反映长征题材的电影《万水千山》。课程资源的开发使课本内容得到极大的丰富和拓展，原本单薄的课文就立体化了。一个同学在读书笔记《意外的发现》中写道："我突然感到课文学习和名著阅读是分不开的，那些逼真的场景、真实的故事、浓浓的情感，无一不令人深深感动。如果光凭课文中的'红军都是钢铁汉'，你怎能相信这一切呢？"

有一位同学在读了《南京安魂曲》之后，在一个周末自己去南京进行实地寻访，由于年代久隔、物是人非，几经周折之后他才在现在的南京师范大学院内找到了金陵女子学院旧址。他写道："南京师范大学从前的这些厚重的历史，正迈着沉重的步伐向历史的深处走去，而这些动人的故事也会随着时间的推移被人们渐渐遗忘。这让我深思我们应该怎么样面对历史。"在立体阅读中，孩子们的思考更深了，对家国天下责任的那份担当更强了。

8. 创新机制，让教学评价"有谱"

在名著阅读过程中，人大附中从普遍性号召逐渐摸索出切实可行的过程性评价与考试评价方法，并将其纳入学生的整体评价体系。"过程性评价"包括平时课堂的读书交流、读书笔记和年级"笔会"的表现，以一定成绩计入学期总分；"考试评价"体现在期中、期末考试，试卷中的阅读写作试题均和名著阅读密切挂钩。通过丰富和创新名著阅读的评价体系，调动了学生的读书积极性，促进了名著阅读活动的开展。

把名著阅读纳入评价体系的目的不只在于评价本身，还在于表扬激励。如推选"阅读十佳"、"阅读之星"活动时，兼顾了表现突出与自身进步明显的同学，通过张贴海报给予表彰，促进了整体提升。"狼影依稀"、"星空下的小王子"、《四世同堂》书签展、《重返狼群》插画展、"经典润我心，书香伴成长"征文比赛等独具个性的"名著阅读文化墙"活动，让更多的同学有了展示才华的舞台，让名著阅读活动开展得更为丰富多彩。

9. 专题共读，让名著阅读"有场"

在名著阅读活动中，"场"的作用非常重要。为了营造一个浓浓的"场"，我们引导学生进行了一系列富有创意的阅读活动。我们发现，

"专题阅读"容易聚"场",因为面对的是同样的题材、相关的内容、一致的话题。为此,我们先后开设了动物作品专题、纪实作品专题、战争文学专题、人物传记专题、红色经典专题、茅盾文学奖获奖作品专题、老舍作品专题、当代散文专题等等。另一个发现是"集体阅读"最易强"场",因此我们在推荐作品后,倡导在一方校园、一个年级、一间教室之内,同学、师生、亲子共读一本书,共读、共写、共议论,共喜、共忧、共成长,以酿造浓浓的读书氛围。如朱永新先生所言,这种共同的阅读,已经不再是一项简单的阅读活动,"而是一种以团队智慧补个体思考之欠缺的有效阅读,尤其在形成共同的语言和密码、共同的价值和愿景上效果显著,对于班级文化和学校精神的构建,具有重要的作用"。

10. 积累提升,让名著阅读"有成"

开展名著阅读活动以来,通过随时总结得失,不断积累经验,逐渐改进提升,时有发现收获:

(1)形成了有梯度设计的覆盖北京、影响全国的名著阅读书目。

(2)编辑了两本校本教材:《古诗文选萃》与《名联、名诗、警句、寓言集萃》(张璇、吴凌、于树泉编辑)。

(3)出版两部反映人大附中名著阅读的著述。

《走进名著》(于树泉、吴凌编著)

《人大附中学生这样学语文》(于树泉、吴凌编著)

(4)促成北京市名著阅读现场会在人大附中召开。刘成章、许晓颖的两节现场课亮相全市,于树泉的主题发言《读书比什么都重要》内容被多家报刊转载。

第八章 走进名著 全面提升人文素养——名著阅读课程建设成果报告

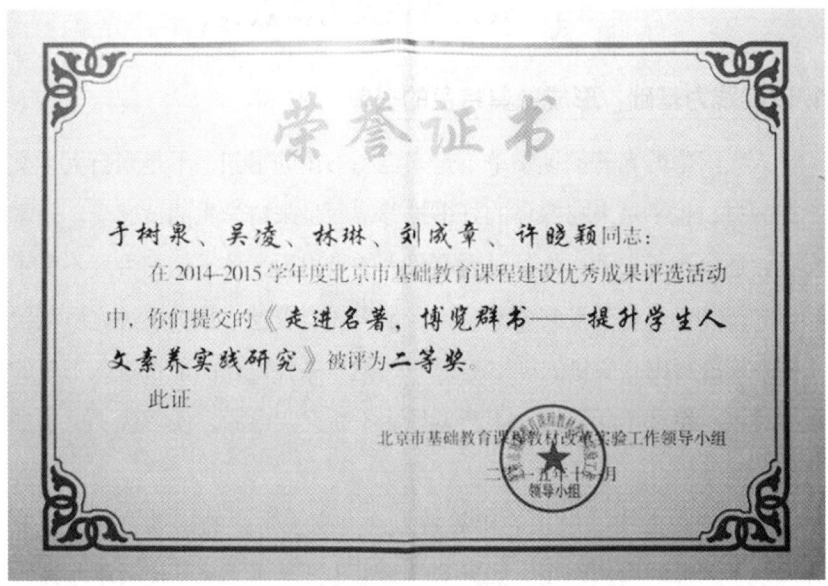

荣获"北京市基础教育课程建设优秀成果"二等奖。

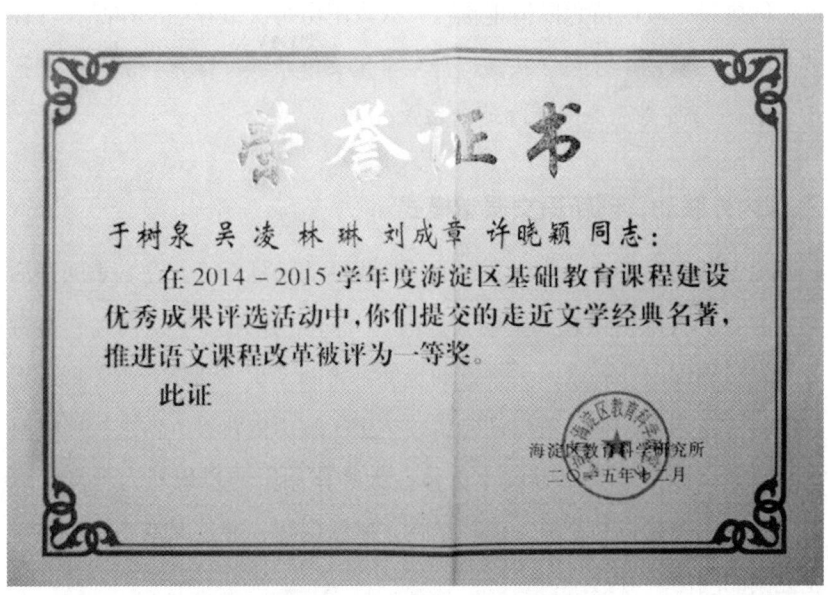

荣获北京市"海淀区基础教育课程建设优秀成果"一等奖。

四、成果特色及创新点

1. 以实践为基础，形成独具特色的书单

人大附中的名著阅读书单不是来自图书馆的书架，不是来自大学文学史教材，也不是来自媒体的好书推荐，而是来自学生阅读感受。一本书是否适合孩子去读，作品是否有极大的吸引力，孩子们是否爱不释手读得如醉如痴，是否受到强烈感染、带来强烈震撼，是否读过之后欲罢不能，连连写出高质量的读书笔记……这些条件是作品能否进入书单的重要标准。经过不断筛选、不断发现、不断充实之后，便形成了这份独具特色的书单。

这份书单考虑了学生的年龄特点，提高了学生的阅读兴趣，也充分体现了老师的引领作用。如果老师给学生开具了书单，但对学生读没读、怎么读，很少去做具体的指导和持之以恒的引领，这样的经典阅读就形同虚设，难以持之以恒地推广。人大附中每次推荐一部作品，往往要求师生共读，年级同学共读，甚至学生父母共读。读完一部，再推荐下一部。（参见第三章整本书阅读书单。）

2. 课内外联动，创新语文课堂模式

为名著阅读正名，让语文的外延与生活的外延相等。在名著阅读活动中，我们打破传统意义上的"课内""课外"界限，一方面大力整合教材，提倡课内外联读，另一方面也使名著阅读从"课外阅读"真正走进课堂。在课上，有名著导读，带领学生了解历史背景、作家经历，有作品赏析，引导学生细读文本，体会大师作品里的思想魅力与文学风情，也有读书笔记的交流，读写结合，以读促写，通过课堂点评激发学生之间的同伴学习。

3. 创新课程内容，引领学生"读整本的书"

根据《课标》"读整本的书"的要求，把古今中外名著引入课堂，凡是老师推荐的名著，一概要求整本阅读，不可选读跳读。努力实现从"教单篇文章"向"教整本书"的转变，推进了语文课程建设。为此，我们陆续开展了一系列专题阅读，如战争文学专题、红色经典专题、动物文学专题、人物传记专题、史传文学专题、外国文学专题、中国当代散文名篇专题（毕淑敏、周国平、余秋雨、林清玄、史铁生、蒋勋）等。

4. 创新课程设计，推广名著阅读的课堂教学方法

创新语文课堂模式，提高语文教学效率。为了实现课程从"教单篇文章"向"教整本书"的转变，初中语文备课组、教研组多次对"名著阅读"课程教学进行研讨，并形成了许多特色鲜明的名著阅读公开课：由刘成章执教的市级公开课《心灵的温度——重读〈四世同堂〉》是探索重读经典、挖掘人物性格复杂性的阅读鉴赏课；由李立华执教的区级公开课《追求生命的丰盈——读〈平凡的世界〉》探讨主人公的精神品质，通过与主人公的心灵对话，丰富学生的生命体验；由许晓颖执教的市级公开课《〈狼图腾〉〈重返狼群〉对比阅读》尝试比较阅读的实施样式，通过对比两部作品的人狼关系，探讨"人狼情"背后的生态主题；由胡晓丹执教的区级公开课《〈平凡的世界〉读书随笔写作》探讨随笔的写作样式、写作技巧；由于树泉执教的国培项目公开课《〈明朝一哥王阳明〉随笔点评》展示了长期推进名著阅读、坚持读写结合的成果，让台湾高雄前来听课的老师和学生赞叹不已……这些名著阅读公开课不仅大大拓展了语文的教学内容，同时也形成了一些可供推广的、具有鲜明特色的课程设计。

5. 发挥教师专长，开展富有创意的"名著阅读研修课"

研修课是人大附中的特色课程，每周有1—2个半天可以让学生自由选课。语文组的老师们根据自己的专业特长，开设了多种研修课，比如：吴凌老师的"老舍"专题，带领学生精读老舍作品《茶馆》及《四世同堂》；解村老师的"世界文学巡礼"，带领学生走近莎士比亚、川端康成、马尔克斯等不同时代、不同国家的"文豪"；周景萍老师的"世界文学名著电影赏析"，带领学生对比《简·爱》《静静的顿河》的影像改编；庞美玲老师的《论语》专题，从训诂的角度引导学生深切感受儒家思想的精髓；于树泉老师的《史记》专题，精讲《项羽本纪》《刺客列传》等，让学生感受"无韵之离骚"的艺术魅力……特色研修课的开设，进一步推动了名著阅读活动的开展。

6. 提倡博览群书，推荐门类丰富的作品

传统文化精华方面，先后推荐了《论语》选读、《庄子》寓言、《诗经》、《楚辞》精选、《菜根谭》以及古诗百首、对联百副、名言百句、寓言百则等，利用早读时间去读去背。历史方面，先后推荐《大秦帝国》《蒙古帝国》《1901》《1911》《左宗棠》《南京大屠杀》《苦难辉煌》等。哲学方面，推荐"老庄"、《王阳明》、周国平等。经济方面，推荐《现代化的陷阱》《猎杀中国龙》等。社会学方面，推荐《中国在梁庄》《出梁庄记》等。军事方面，推荐《长征》《解放战争》《决战朝鲜》《西路军》等。心理学方面，推荐毕淑敏、卡耐基等人的作品……我们引领学生读书，并不是为了培养文学家，而是着眼于培养视野开阔、积淀深厚、全面发展的人。为此，在给学生推荐读物时，我们是以文学为主，兼顾历史、地理、哲学、经济、军事、心理、时文等等。我们还把梁鸿的《中国在梁庄》、《出梁庄记》推荐给学生，旨在引领学生关注社会、

关注生活，提升整体素质，获得健全发展。

7. 为学生铺设走近经典的台阶

古今中外堪称经典名著的作品浩如烟海，有一些作品偏深偏难，不要说孩子，就是成人接受理解起来都有相当困难。比如老子的《道德经》、王阳明的《传习录》、歌德的《浮士德》等，初中的孩子不是一下子就能读得进、读得懂的。如果上来就给孩子推荐此类作品，孩子很可能一下就会呛水，进而产生畏难排斥心理，从此拒绝读书。有时学生走近经典要有一个由浅而深、由低而高的渐进过程，这就需要老师去给学生搭一个台阶。比如：为了让孩子走近《老子》，先让孩子读蔡志忠的漫画《老子说》；为了让孩子走近《庄子》，先让他们读《庄子》白话寓言故事；为了让孩子走近《传习录》，先把《明朝一哥王阳明》推荐给他们……待产生强烈的兴趣后，孩子们就会一步步走近名著。

8. 同伴激励，发挥名著阅读的"场效应"

一个班、一个年级、一所学校、一个家庭都可形成一个"场"，读书的"场"一旦形成，读书效果就大不相同。营造读书的"场"，学生读、师生读、家长读，形成良好的读书氛围。

让孩子们展开宏大的集体阅读是我们语文老师努力在做的，我们每个学期和寒暑假会向学生推荐3~5部文学名著。有的时候，随着孩子的年龄增长，我们也不限于文学类名著，引导全体学生进行阅读，每周完成读书摘记或读书笔记，老师进行点评指导，定期安排读书心得交流会，让学生在思想交流碰撞中获得同伴间的教育。我们还安排阅读课让学生到图书馆阅览室集体阅读，或者就在教室阅读，体会书香世界的宁静。我们还定期举办读书讨论会，讨论会上孩子们人手一本名著，真是书香飘满课堂。有的时候，他们甚至会争论不休，甚至与老师争论，这一切都让语文课堂生机勃勃。

这种做法与新教育实验倡导的"共读共写共同生活"理念完全一致。正如朱永新先生所说的那样:"共同的阅读,不是一项简单的阅读活动,而是一种以团队智慧补个体思考之欠缺的有效阅读,尤其在形成共同的语言和密码、共同的价值和愿景上效果显著,对于班级文化和学校精神的构建,具有重要的作用。"

9. 读写结合,注重范文的引领作用

读写结合是我们推进名著阅读时始终坚持的做法。学生每周读书,并按时完成一篇读书笔记。我们对写法不做限制,只要求学生写下自己的真切感受,每周不少于一篇,篇幅长短不限,体裁形式不限,内容角度也不限。关键是要放手放胆,写出真意和个性,展示思考和才情。每次的读书笔记,老师有批阅,有讲评,有指导。我们还将优秀的文章收入年级范文选,打印下发,让学生们相互点评,在课堂上进行分析和讨论。

将优秀的读书笔记作为范文印发全体学生,既是示范,又是激励,充分调动了学生读书和写作的热情。两年来,老师们一直坚持这种以阅读带动写作、以写作深化阅读的做法,使学生的阅读速度、阅读兴趣、阅读质量不断提高,读书笔记也越写越好,达到了读写结合、读写共进的目的。

10. 创新评价机制和方法,推进全员阅读

老师倡导名著阅读,往往止于一般号召,依靠学生的自觉自愿。至于读与不读,多读少读,读好读坏,一切皆无从考评,与学生的学习态度、成绩考核无关。这种管理上放任自流的状态,不利于调动学生的读书积极性,这样的名著阅读一般难以持久,更难深入。我们尝试把名著阅读纳入过程性评价和考试评价,推进了名著阅读活动的持续深入开展,取得了可喜的成果。

我们的具体做法是，通过具体的量化细则将过程性评价与考试评价结合。根据学生读书随笔的写作情况，定期评选"阅读之星"，每班推选10人，兼顾表现优秀和进步明显的同学，张贴海报表扬，并在过程评价上给予相应的加分；其次，在期中期末考试中直接使用文学名著的段落作为阅读语段，并在试卷之外安排语文二试，设计与名著阅读相关的话题作文练习，分数以相应比例计入期中期末考试成绩；再次，创办"名著阅读文化墙"，每次一个阅读专题，如"狼影依稀""星空下的小王子"随笔展、《四世同堂》书签展、《重返狼群》插画展等；最后，我们还与学校图书馆联合举办"经典润我心，书香伴成长"的征文比赛，对比赛中获奖的学生，同样给予加分奖励……将名著阅读引入过程性评价，既创新了评价机制和方法，又起到了激励和推动作用。

五、成果应用及应用效果

1. 名著阅读活动激发了阅读兴趣，培养了读书习惯，提升了读写能力

阅读名著丰富了学生的知识，开阔了视野，提升了读写能力。

以人大附中2010级学生为例，他们在初一年级所阅读的文学名著中最有代表性的五部作品是：红色经典《红岩》，老舍长篇小说的扛鼎之作《四世同堂》，"首届曼氏亚洲文学奖"获奖作品《狼图腾》，茅盾文学奖获奖作品《穆斯林的葬礼》和《平凡的世界》。学生对这五本书特别喜爱，读起书来手不释卷。每天早读和午休的时间，一个个捧着书专注阅读的身影是教室中最动人的图画；读书讨论会上孩子们争先恐后地朗读精彩篇章是课堂上最动听的声音；同学们写了大量的读书笔记，表达了自己真挚的读书感受。他们对书中人物的爱与恨，对书中情节的理解与感悟，对书中主题的思考与探究，对自己人生之路的选择……都融入了阅读后笔下流淌的文字中。课余时间图书馆就成了他们最流连忘返

的地方。

我们的学生从小学时代的只喜爱看漫画笑话、读科普自然到热衷阅读文学、历史、军事、经济作品，从只关注情节、爱看热闹到细品人物、感悟人生；从迷恋电脑游戏、上网聊QQ到端坐台灯下与一本好书相伴相知；从觉得"阅读名著"于考试分数无益反而耽误时间到把阅读名著当作最重要的精神食粮；从皱着眉头、咬着笔杆苦苦写不出读书笔记到酣畅淋漓、不吐不快地尽诉心声……

名著阅读带入课堂，使学生们拥有了浓厚的阅读兴趣，培养了良好的读书习惯。相信："阅读者"这个身份将永远伴随他们的一生，并受益一生。

2. 名著阅读涵养精神、陶冶性情的功用得以彰显

通过名著阅读，学生不仅丰富了知识、提升了能力，更重要的是充实了学生的精神内存，净化了学生的心灵，提升了综合素质。

他们曾经打趣革命烈士的照片为"傻样"，而今心中对先辈充满最崇高真挚的敬意；他们曾经质疑中国落后的装备怎么可能在抗美援朝时打得过先进的美国军队，而今他们相信信仰的力量是无穷的源泉；曾经作为小学时被光环笼罩、眼中有不屑、心中有傲气的骄子，而今懂得了生活中有无数值得敬畏的事物，于是日益沉静谦逊……

这种成长的过程是神奇的变化，悄悄地、静静地、默默地发生在每一个孩子身上，这种成长不仅仅是能看到的长高大了、变健壮了、知识渊博了、能力增长了，更重要的是他们得到了一种能一直向前、不畏艰险的勇气，拥有了一种明辨是非、拒绝诱惑的力量，获得了一种陶冶性情、滋养心灵的妙方。初一胡雨石同学的话道出同学们的共同心声："感谢读书，让我树立了新的人生观，找到了前进的方向！让我现在能在纸上挥洒自如，让我能有自己的见解和思想，并自如地表现……"我们的

孩子们正坚实地走在属于他们的人生路上。

3. 与北京教育科学研究院合办北京市名著阅读现场会

在推进《北京市中小学语文学科教学改进意见》的背景下，由北京教育科学研究院基础教育教学研究中心、中国人民大学附属中学和北京市海淀区教师进修学校联合举办的"北京市名著阅读研讨会"于2014年11月19日在人大附中召开。

北京市委、北京市教工委、北京教科院等相关领导出席会议。人大附中校领导作了大会发言，全国政协常委、"书香校园"倡导者朱永新、北大资深教授钱理群到会并作讲座。著名语文专家、首都师范大学教授饶杰腾先生，首都师范大学教授、语文课程标准核心组成员王云峰先生等也参加了本次会议。

本次现场会有全市19个区县的中学语文教研员和语文教师近800人参加，还有近300人参加了当日下午进行的深度研讨。诸多媒体纷纷报道大会盛况，对推进名著阅读产生了很大影响。

本次会议的主题是"走近文学经典名著，推进语文课程改革"，这个主题与当前大力推进社会主义核心价值观教育、推进优秀传统文化教育、推进名著阅读密切相关。

北京教育科学研究院基础教育教学研究中心中学语文教研室教研员王彤彦老师在发言中说："党的十八届三中全会在提到教育改革的时候，特别强调要坚持立德树人，为落实中央关于教育改革的精神，新近公布的《北京市中小学语文学科教学改进意见》提出了具体的要求，即要充分认识继承和弘扬民族传统文化在语文教学中的重要地位。把优秀传统文化的学习当作立德树人的一项重点。要重视民族文化的熏陶，要加强革命传统的教育，要让学生了解中华文化的悠久历史，增强继承和弘扬优秀传统文化的历史责任感。人大附中开展名著阅读已经有几年的时间了，以特级教师于老师为代表的人大附中初中语文组，把名著阅读引进语文课堂，这种做法为学生提供了丰富的阅读素材，提高了学生的阅读水平，陶冶了学生的精神世界，同时也实现了语文学科传承经典、弘扬文化、立德树人的教育目标。从他们出版的《人大附中学生这样学语文》这本书当中我们可以看到他们的做法以及他们所取得的成绩，它的价值就是将名著阅读与语文课程标准当中的阅读教学目标相结合，实现课内外教学资源的相互整合，从7年级到9年级的名著阅读系列，根据学生的心理设计不同的阅读方案。"

4. 起到名著阅读示范引领作用的现场课

由刘成章老师、许晓颖老师分别展示了两节"名著阅读"课：《"心灵的温暖"——重读〈四世同堂〉，瑞宣的心灵世界探寻》、《〈重返狼群〉〈狼图腾〉的比较阅读》。课后专家老师对两节课给了高度评价。

北京教育科学研究院基础教育教学研究中心中学语文教研室主任刘宇新评价说："许老师的这节课让我们期待的就是把名著阅读引入课堂，把最有价值的文化元素输送给学生，让他们成为中华文化的传承者，成为见证和学习社会主义核心价值观的一代新人。语文学习天地广阔，要使用最丰腴的经典滋润学生的心灵，传承文化义不容辞，要选择最有效的方法履行教师使命。"

在本次现场会上及会后专家学者对人大附中的评价可以概括为六点：

（1）人大附中将名著阅读与语文课程标准当中的阅读教学目标结合起来，实现了课内外教学资源的相互整合。

（2）名著阅读把最有价值的文化元素输送给了学生，为学生提供了丰富的阅读素材，提高了学生的阅读水平。

（3）名著阅读是在用最丰腴的经典滋润学生的心灵，陶冶学生的精神世界。

第八章 走进名著 全面提升人文素养——名著阅读课程建设成果报告

刘成章老师在第一届名著阅读现场会上讲授《四世同堂》。

在北京市第一届名著阅读现场会上，许晓颖老师作长篇小说《狼图腾》的示范课。

（4）人大附中通过开展名著阅读活动，实现了语文学科传承经典、弘扬文化、立德树人的教育目标。

（5）名著阅读的大会主题与当前大力推进社会主义核心价值观教育、推进优秀传统文化教育密切相关。

（6）在推进《北京市中小学语文学科教学改进意见》的背景下，现场会的召开具有特殊意义。

5. 媒体广泛报道，读书成为热点话题

《光明日报》《中国教育报》《现代教育报》《人民政协报》《中华儿女周刊》《北京晚报》、新华网、央广网、搜狐教育等多家媒体直播、报道、转载了在人大附中举办的"走近文学经典名著，推进语文课程改革——北京市名著阅读现场会"的大会内容。人大附中"名著阅读走进课堂"引起了社会各界的关注。一时间，于树泉老师的主题发言《读书比什么都重要》和人大附中的书单成为微信公众平台、线上网络等媒介争相转发的社会热点。

6. 人大附中名著阅读书单的辐射和引领作用

名著阅读现场会之后，人大附中书单引起了人们的广泛关注。书单中的《红岩》《茶馆》《长征》《目送》《狼图腾》《四世同堂》《林海雪原》《苏东坡传》《决战朝鲜》《文化苦旅》《平凡的世界》《穆斯林的葬礼》等多部作品已被诸多区县和学校确定为必读书目。

7. 携手《北京晚报》开辟"跟我读名著"专栏

《北京晚报》携手人大附中开辟"跟我读名著"专栏，在专栏创刊号上，中国教育界、语文界著名专家学者朱永新、钱理群、饶杰腾、温儒敏、刘宇新、王旭明、王本华、王云峰等先生纷纷寄语，高度评价人

第八章 走进名著 全面提升人文素养——名著阅读课程建设成果报告

在全国创新人才研究会年会上,于树泉作《读书比什么都重要——大语文教育浅谈》讲座。

在北京师范大学全国名师大讲堂上,于树泉作《读书与核心素养》的讲座。

大附中的名著阅读活动。

8. 明显的辐射作用，广泛的社会影响

"跟我读名著"专栏每周一期，创刊以来，至3月中旬已连办6期，发表多篇人大附中学生的读书笔记及教师点评，产生很大社会反响，调动了全市中学生的名著阅读热情，《北京晚报》目前已收到来自全市学生的多篇稿件，陆续有学校提出了加盟"跟我读名著"专栏的要求。

此项活动对人大附中学生也产生了极好的推动作用，同学们阅读名著和写读书笔记的劲头更足了。

六、成果的完善与提升

在初中全面开展名著阅读活动、推进语文课程改革，这不仅是一项全新的工作，而且是一个复杂的系统工程，涉及语文教学方方面面的问题，譬如读什么与怎么读、写什么与怎么写、过程性评价与考试评价等；同时，还需协调好、解决好诸多因素之间的关系，如教材与非教材的关系，课内与课外的关系，阅读与写作的关系等等。面对诸多崭新课题，我们知难而进，在实践中学习，在探究中改进，在总结中提升，自2010年至今的5年来，陆续积累了一些经验，取得了一定成果。尽管如此，仍有许多方面需要改进和完善，比如怎样使名著阅读的日常管理更为科学有效，如何使过程性评价更为规范合理，如何使考试评价更准确地检测出读书质量等。更何况，随着名著阅读活动的推进，还会有新情况、新问题不断出现，需要我们去研究解决。我们相信，着眼于名著阅读，大力推进语文课程改革的工作，是新版《语文课程标准》所引领的一条正本清源的康庄大道，只要坚持不懈走下去，前程将无限美好。

附录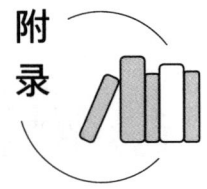

延伸学习视频集锦

1. 中央电视台中华诗词吟唱晚会《心灵对话》(附《心灵对话》背后的故事)

2. 中国教育电视台名师讲堂《古诗鉴赏》

3. 中国教育电视台名师讲堂《诗词比较鉴赏》

4. 北京市第一届名著阅读现场会主报告《读书比什么都重要》

5. 北京市第二届名著阅读现场会主报告《语文教育的灵魂》

6. "国培计划"全国中小学名校长领航班会议讲座《我的大语文教育探索》

请扫二维码
可观看视频

语文特级教师于树泉
微信ID：Yu_shuquan

学习大语文　掌握真本事

名校经典课

语文取胜　读写双赢

人大附中"金牌教师"于树泉 点拨之作
传授阅读、文言文、作文取胜之道

精读三国演义20讲

读写与思辨能力提升之道

王迪 著

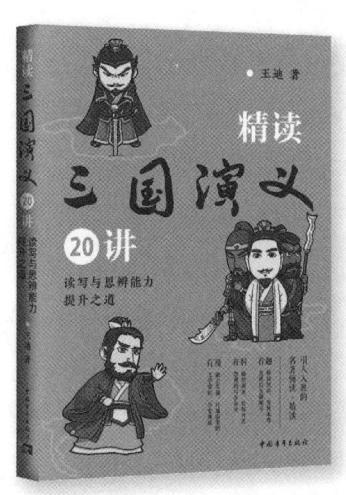

小升初、中高考语文名著配套阅读

专为学生阅读量身打造

有阅读新见解，融学习知识点，含思辨读写题

名校名师阅读课
引人入胜的名著领读精读

➪ 有趣：横读竖读，发现你未曾发现的关键细节

➪ 有料：抽丝剥茧，提炼你可能忽视的写作养分

➪ 有用：融会贯通，打通你需要的文学常识、历史典故